現代に生きるマルクス

思想の限界と超克をヘーゲルの発展から考える

中井浩一 著
Nakai Koiti

社会評論社

現代に生きるマルクス　思想の限界と超克をヘーゲルの発展から考える　＊目次

第Ⅲ章　マルクスの人生——『経済学批判』への「序言」から……71

第Ⅳ章　若きマルクスの闘い「フォイエルバッハ・テーゼ」

はじめに

1　マルクスの思想は世界を変えた

マルクスの思想、特にその弁証法（発展という考え方）と唯物史観とを検討したい。それが本書の目的である。

マルクスは、人類解放の運動の理論と実践を試みた人間である。「哲学者たちは世界をただざまざまに解釈してきたにすぎない。しかし大切なことは世界を変革することであろう」とマルクスは述べた（フォイエルバッハ・テーゼ11）。

そしてマルクスの思想は、実際に世界を変えた。啓蒙思想がフランス革命を用意したというようなことが言われるが、実際に思想が革命を引き起こしたのはマルクスの思想が初めてである。その影響は全世界に及び、かつてのどの時代よりも深く、根本的な変革であったと言える。

こうした人はかつていなかったし、こうした思想もかつてない。

それまでの思想とは、一部の知識人にとってのものでしかなかった。それが賃金労働者（今でいえばサラリーマン）に働きかけることで、全人類のものとなった。

まず思想の枠内では、唯物史観やイデオロギー論によって、上部構造（精神労働）は下部構造（肉体労働）によって、その階級的立場によって規定されることが示された。

マルクスが掲げた目標は、プロレタリアート独裁（革命）と企業の国有化と国の計画経済であり、私有財産の止揚、精神労働と肉体労働の分業の止揚、都市と農村の分裂の止揚であり、バラバラの個人を止揚した「共同」「協同」「協働」の建設であった。

こうして、マルクス以前と以後で世界はその姿とその見え方を変えてしまった。もはや二度と元に戻ることはできない。それ自体は人間の前史と後史の違いと言っても良いほどのものだと思う。

マルクスの革命の思想は、その生前には革命に成功することはできなかったが、その死後に大きな成果を上げ、現実の世界を変えてしまった。

経済恐慌が繰り返される中で二〇世紀になると、共産党はロシアと中国で革命を成功させ、二〇世紀後半では東西冷戦下で、社会主義と資本主義のせめぎ合いを指導した。

しかしそのしのぎ合いの状況は七〇年代までであり、八〇年代になると社会主義の敗色は濃くなり、八〇年代後半から九〇年代にかけて社会主義諸国は崩壊していき、中国共産党も事実上の資本主義的経済体制へと転換した。

今では、マルクスの革命は、結局後進国でしか成功しなかったとされている。それは工業化の一つの段階、大工業化の過程においては極めて有効であり威力を発揮した。物質上の生産力のレベルにおいてそれは成功した。

しかし、大工業化の先の時代、物質からサービスや情報自体が価値を持つ時代、金融資本主義に至った今の状況では、それが有効ではなくなっている。

この段階にあって、「マルクスは死んだ」としてその思想を捨て去る人々もいる。

私がそうしないのは、マルクスの思想が今もなお、人間とその現実社会を考える際に、圧倒的な意義を持つと考えるからに他ならない。

例えば、東西冷戦下の資本主義と社会主義との勝負の理解においてだ。この戦いでは結局のところどちらがどちらを止揚するかが問われた。したがって社会主義が資本主義に負けたと言っても、社会主義は契機として現在の資本主義社会の中に生きている。相手を止揚できたのは資本主義側だったのだが、その内部の社会主義の契機もしっかりと見ていかなければならない。

そしてこうした理解の仕方を教えてくれるのがマルクス（ヘーゲル）なのである。

つまり、必要なのはマルクスの思想の意義と限界の理解である。それが私たちにとって、今の世界を理解し、次の世界を構想し、闘っていく上で、重要だからだ。しかしこれほどの巨大な思想を検討する際に、どうしたらよいのだろうか。

以前は、マルクスの信奉者、信者のような人々がいた。もちろんマルクスを批判的に乗り越えようとする者も多かった。

しかし、その多くは、マルクスの巨大さ、その根源性に太刀打ちできず、それに引きずり回され、せいぜいがマルクスが設定した枠内での批判に留まり、その枠自体の批判を行えない。

他方でマルクスの敵対者は、はなから無視するだけだ。または能力的に全く理解できないのでそうなる。ではどうしたらよいのか。

2　マルクスを超えるために

マルクスから学ぶ努力は、すでに一五〇年以上続けられてきた。

ロシア革命、中国革命の指導者たちは、革命を成功させるためにマルクスに学びながら、現実社会との闘い方を学び、現実社会との闘いに鍛えられることで、マルクスの思想を現実に適応させる方法を学び、マルクスの思想を深く理解することを学んだ。

その中でロシア革命の指導者たち、特にレーニンは、単にマルクスから学ぶだけではなく、その思想的源泉としてヘーゲルを挙げ、特にその論理学を学ぶことを必須と考え実行した。マルクスの思想はヘーゲル論理学を発展させたものであるからだ（レーニンの『哲学ノート』を参照）。レーニン以降は、ヘーゲル哲学の学習は、マルクスの思想を理解するための必修科目とされてきた。それにはもちろんそれなりの成果が出ている。

しかしそれはマルクスのヘーゲル理解を前提とした上でのものであり、マルクスがヘーゲルを全体として超えている、ヘーゲルを発展させている、ヘーゲルを止揚しているという前提のもとでの、その基盤としての学習であった。つまりマルクスの設定した枠内での研究である。

東西冷戦下で、社会主義が資本主義に勝つことを夢見、そのための模索をしていた中ではマルクスはまだまだ絶対視されていたから、マルクスの枠組み以外のヘーゲル研究は生まれなかった。

一方、思想・哲学上でのヘーゲル研究そのものは二〇〇年以上も続けられてきているが、マルクスや現実の革命、現実社会の変革と結びつかないヘーゲル研究からは、ほとんど成果は出ていない。

ヘーゲル哲学の研究の成果は、やはりマルクスや実際の社会変革の立場からしか生まれていない。しかしその全てはマルクスによるヘーゲル理解という枠内でのものだ。

それが東西冷戦の終結により終わった。

社会主義の敗北の意味を、マルクスの限界として考えなければならなくなった。そこでマルクスをその根底から再考する必要があり、それは再度、ヘーゲルからとらえなおすしかない。しかし以前の枠内で考える限りそれはできない。

そこで大きな転換が必要になる。

マルクスが何と言おうとも、マルクスの思想の根幹にあるのはヘーゲル哲学であり、マルクスの思想はヘーゲル哲学を継承し、それをさらに発展させたものである。

従って、マルクスがヘーゲル哲学のどこをどのように発展させたのか。その全体を、その核心部分を発展させることができたのかどうかを問うしかない。

その際、マルクス自身が設定した枠組みの内部で考える限り、マルクスを相対化し、それを超えることはできない。例えば、ヘーゲルの弁証法はいいが、それは観念論だとか、頭で逆立ちしているからそれを再転倒すればよい、といった理解である。

なぜなら、こうしたとらえかたは、悟性的で一面的な理解であり、マルクスの唯物史観から見ても妥当ではないからだ（「付論」を参照されたい）。

私は、マルクスがヘーゲル哲学を真に発展させ、止揚したとは考えていない。マルクスが発展させることができたのは、あくまでもヘーゲル哲学の一部でしかない。

マルクスを、その発展という立場から相対化できる視点は、ヘーゲル哲学との関係しかない。マルクスが、ヘーゲル哲学の大枠の内の、どの部分の仕事をしたのか、それが示されて初めて、彼が何をしようとして何ができたのかがわかる。また、何をしようとしなかったか、何ができなかったのかもわかる。

それを私は本書で試みた。私がそうした試みをしようという欲求を持てることの中に、それを実現できる可能性があり、それには時代背景が関わっている。それが私に可能なのは東西冷戦の結果を見てきたからであり、その後の世界を生きてきたからである。

3　唯物史観とは何か

唯物史観の内容は、人間社会の上部構造（社会的意識、つまり国や法制度、宗教、思想、科学などの文化）を下部構造（生産関係）が規定するという柱と、生産力が生産関係を規定する、全てを生産力が規定するという柱の大きくは二本柱からなっている。

すべての基礎に生産力を置くことは、人は結局は自分の能力の内にあることしかできないということを意味する。

この能力の観点については当たり前のことではないかと、読者の皆さんは思うのではないか。そうなのだが、それをどこまで本気で真剣に考えるかで大きな違いが生まれるのだ。このことを本当に理解したならば、能力を高めるにはどうしたらよいのかという切実な問いが生まれ、その答えを出しそれを実践することになるはずだ。それをしているだろうか。

実は、この唯物史観の創始者マルクスにあっても、この点が決定的に弱かったのではないだろうか。マルクスは本来なら、能力の観点を運動や仲間の教育へと実現していかなければならなかったはずだ。しかしそれはあまりにも不十分なままに終わった。

つまり人間にはこのように、言っていることとやっていることには対立、矛盾がいくらでも起こる。マルクスにおいても変わらない。マルクスもただの人間であるからだ。

4 「ブルセラショップの女子高生」

「上部構造を下部構造が規定する」と言われれば、わかった気になっている人が多いだろう。そこで、ちょっとしたショック療法を施したい。

一九九〇年代に大きな話題になった「ブルセラショップの女子高生」のことを思い出していただこう。ブルセラショップでは、女子中高生たちの着用した「ブルマー」や「セーラー服」が販売されていた。スクール水着や使用済みのショーツ・ブラジャーなどの下着類までもそこに並んでいた。

女子中高生がブルセラショップで取引する目的は、生活費のためというよりも小遣い欲しさであり、娯楽やファッションなどのためだった。当時はさらに、彼女らの「援助交際」も話題になった。

「私のものをどうしようが私の自由でしょ。それをどうして他人にあれこれいわれなければならないの。誰の迷惑にもならないのに」。「私の体を私がどう使おうが私の自由でしょ。それをどうしてあれこれ言われなければならないの。勝手にさせてよ」。

そこで彼女らが言い放つ言葉は強烈だった。当時、それに反論して、多くの識者や文化人たちが、あれこれ批判や説教を試みたのだが、私の見るところ、女子中高生に圧倒的に軍配が上がると思った。彼女らには誰もかなわない。

なぜか。女子中高生らの言葉、論理は、今の私たちの社会、つまり現代資本主義社会の原理、論理そのものだからである。

つまり私的所有が認められ、それが自分の所有物である限り何をしても許される。また私たちには「自由」が保障されていて、他人の迷惑にならない限り何をしても良い。かつ、すべてのものは商品になることができる。そこにあるのは需要と供給の関係だけだ。

私たちの社会はこうした原理・原則の上に成り立っている。誰もがその原理の下で日々生活し、生きているのである。誰もそれを根本から否定することはできない。

その原理・原則を、ただ剝き出しの形で、一切のきれいごとなしに、露骨に、シンプルに言ってしまえば、女子中高生らの言葉になる。それに勝てる論理は誰も持っていないのではないか。

マルクスの唯物史観、つまり上部構造は下部構造が規定する、社会の経済のあり方がその社会の人々の意識を決定する。イデオロギーは経済関係の反映でしかない。

この意味を考える時、「ブルセラショップの女子高生」を思い出すことには大きな教育的効果がある。

マルクスが言うように、私たちは自分の社会のあり方や、その経済原則を意識しないままに生きているが、実際にはそれに支配されているのである。自覚のないままに、それらに支配されて生きているのである。

いや、自覚がないからこそ、それに支配されるのである。これを、哲学では「存在」が「当為」を決めるという。

こうした自覚を持ったことがない人には、マルクスは縁がないだろう。こうした自覚を一度でも持った時、人は考え始めるだろう。今の社会のあり方や経済の原則の意味を考えていこうとするだろう。それに無意識に支配されることを止め、自分の考えで自分の人生を生きていくためである。

しかし、唯物史観の創始者のマルクス自身もそれを完全にできたわけではない。要は、それは難しいのであり、それを自覚した生き方をするには、それが可能な人間関係と学習・教育が必要だということだろう。

5　構成

本書の構成については、前もって説明しておかないと、理解していただけないと思う。

Ⅰ章の冒頭からいきなりヘーゲルが出てきて、驚かれるだろう。マルクスについての本ではなかったのか。マルクスの思想について書くのなら、普通は本書のⅢ章から始め、Ⅳ章からⅥ章までを順番に書き、最後に資本論について検討して終わりにするだろう。ところが本書ではⅠ章でヘーゲル哲学の理性と現実の一致という有名な一節から始め、この観点でのヘーゲルとマルクスの関係を述べ、Ⅱ章では、そこから存在の運動と認識の運動の関係という大きな論点を出し、さらに私たち人間の限界、私たちは時代の子であり、時代の限界の中にいるという問題を出している。そしてその問題の解決策を出しているが、そこではこの観点からのヘーゲルとマルクスの関係が説明される。最後のⅦ章では最初のⅠ、Ⅱ章の問題に戻って、一応の結論を出して終わっている。

マルクスはというと、そのⅠ、Ⅱ章と、最後のⅦ章の間に置かれている。つまり本書ではマルクスの思想の発展（Ⅲ章からⅥ章）を、Ⅰ、Ⅱ章と、Ⅶ章で包み込んでいるのである。マルクスの思想を、ヘーゲルが打ち出した存在の運動と認識の運動の解明という文脈に落とし込んでいるのだ。

何をしているのか。マルクスを本当に理解するためには、そのままのマルクス、ありのままのマルクスを読んでも、その字面に引きずり回されるだけで、その本当の理解には届かない。マルクスが設定した枠組みがあまりに強固で強烈なので、それに縛られその中でジタバタし、あがくだけに終わる。

マルクスが必死で学んだヘーゲル哲学に、私たちも立ち戻り、ヘーゲル哲学を理解し、その発展としてマルクスをとらえようとしないと、マルクスの全体が見えない。ヘーゲル哲学の中にマルクスを置くことでマルクスの総体を、マルクスの真実を何とかとらえることができるのではないか。少なくとも私にとってはそれ以外ではマルクスと対峙し対決することはできない。そのためにこうした構成になっている。

6 『資本論』はどこに行ったのか

本書ではもう一つ、お断りしておかなければならないことがある。本書はマルクスの思想を対象としているのだが、マルクスの最後の大著である『資本論』への言及は少ない。一九四八年の革命までのマルクスの思想を中心に検討している。

それは、『資本論』についての検討まで収録するには、本書はすでに大部になっていたという物理的な理由がある。しかし、それが本当の理由ではない。

マルクスが世界を変えたという時に、世界を直接に動かしたのは『資本論』ではなく、『資本論』を生んだ基礎部分、その前提となる唯物史観によるところが大きいと思うからだ。

プロレタリアートの独裁、私有財産の止揚、精神労働と肉体労働の分業の止揚、都市と農村の分裂の止揚、個人を止揚した「共同」「協同」「協働」。これらはすでに初期マルクスの中に、すべて出そろっている。

本書では、一九四八年の革命までのマルクスの思想の成長、発展を考えることを中心とした。『資本論』は、唯物史観を基礎としたその後の研究の大きな成果であるが、マルクスの中にあった豊かな可能性の一部の実現でしかないともいえる。『資本論』については次の機会に詳しく検討したい。

7

本書は前著『ヘーゲル哲学の読み方』を前提としている。本書と併せて読んでいただければ幸いです。

【凡例】

（1）「存在の運動」と「認識の運動」

Ⅱ章では「存在の運動」と「認識の運動」という用語を使用した。この用語は牧野紀之のものだが、これは普通には「存在論」と「認識論」と表現されている。私は牧野の使用法を継承したい。これは存在も認識も「発展」の運動としてとらえる立場を意味しているからだ。

「存在の運動」と「認識の運動」、「存在論」と「認識論」は、認識対象の側に関しては「存在の運動」「存在論」として、認識側に関しては「認識の運動」「認識論」として使用する。

なお、この意味での「存在論」と、ヘーゲル論理学の内部構成の、存在論、本質論、概念論の中の「存在論」とを区別しないと混乱する。本書では、それが誤解されることのないような叙述を心掛けたつもりだが、始めに一言お断りしておく。

（2）発展においては三段階による説明がよくなされる。しかし、発展には本質レベルの発展と、概念レベルの発展の二種類があり、二つは発展の意味も違うし、その三段階の意味も違う。詳しいことはⅡ章3節（5）の③④で説明した。

ある個所に出て来る三段階中の第一段階とか、第三段階とかの意味は、本質レベルと概念レベルのどちらが問題になっているかで意味が変わる。混乱が起こらない叙述を心掛けたが、読者の皆様もどちらのレベルが話題になっているのかに、注意して読んでください。

（3）許万元、牧野紀之

本書で取り上げた論点の多くには膨大な先行研究がある。しかし、私にとって重要なものは限られる。日本の戦後では、許万元、牧野紀之の二人だ。二人はマルクスの思想を理解するために、徹底的にヘーゲル哲学から学んだ。二人の研究成果は私にとっての前提であり、その上に私の考えを作り上げようとしてきた。したがって、本書でのヘーゲルやマルクスの思想についての研究者の見解や引用は、この二人にほぼ限られている。許万元、牧野紀之の二人については前著『ヘーゲル哲学の読み方』のあとがきで説明した。

（4）著作タイトルの表記では、雑誌掲載のものは「　」、本としての刊行、刊行予定だったものは『　』にした。雑誌名は『　』、新聞名は「　」とした。

（5）引用

本書には、ヘーゲル、フォイエルバッハ、マルクス、エンゲルスの著作からの引用がある。『経済学批判』の「序言」、「フォイエルバッハ・テーゼ」、「経済学の方法」の訳注では、その個所で訳文や注解などについて説明した。それ以外からの引用については、次の通り。ただし、私が一部を変えた箇所がある。

ヘーゲル
『法の哲学』中央公論社『世界の名著』版、『小論理学』二四節付録三は中井浩一訳

フォイエルバッハ
『将来の哲学の根本命題』岩波文庫版

マルクス
「ユダヤ人問題によせて」、「ヘーゲル法哲学批判序説」、『経済学・哲学草稿』、『ドイツ・イデオロギー』、『共産党宣言』、以上は岩波文庫版。『哲学の貧困』、『ゴータ綱領批判』、『資本論』は大月書店マルクス・エンゲルス全集

エンゲルス
『空想より科学へ』、『フォイエルバッハ論』、書評「カール・マルクス著　経済学批判」、以上は岩波文庫版。
「サルの人間化における労働の役割」牧野紀之訳

第1章

理想と現実の間

マルクスによるヘーゲル評価の二面性

マルクスの思想を考えようとする本の第Ⅰ章の冒頭をヘーゲル哲学から始めることに驚かれる読者もいるかも知れない。その理由は「はじめに」に書いた通りである。ヘーゲル哲学との関係の中でしか、マルクスの思想の理解は不可能である。またそれはヘーゲル哲学の中でも何よりも『法の哲学』との関係において現れる。マルクスの関心が国家と憲法などの諸制度から始まったからである。

1「理性的なものが現実的、現実的なものが理性的」

「理性的なものが現実的、現実的なものが理性的」。ヘーゲルの、このあまりにも有名な言葉は『法の哲学』の序文にある。

理性的なものは、現実の外ではなく、現実の中にこそ、自己を実現している。現実的なものは、理性的なものがまさにそこで実現したもののことである。ヘーゲルはこう主張したいのであろう。

この意味は、私たちの眼前のこの現実、つまり今ここに、理性的なもの、理念が、理想が実現しているということである。『法の哲学』は、正義、法律、道徳、国家を対象とする。それらが、「理性的なもの」である。そしてヘーゲルは、「理性的なもの」はすでに現実社会に現実として実現しているととらえているのである。その現実社会とは、ヘーゲルの眼前に存在する現実の国家とその諸制度であり、その内外の世界全体であり、つまり近代の世界である。

ここにヘーゲル哲学の核心がある。この理解の深浅によって、その人のヘーゲル哲学との関係が決まる。

「理性的なものが現実的、現実的なものが理性的」。これはヘーゲルの時代にあって衝撃的な言葉であったろう。そして今もそれは同じく衝撃的である。

これは普通の人、特に若者やいわゆる「理想主義者」の、理想と現実の関係の理解と正反対だからである。理想と現実は対立し、現実的な人は理想を捨てており、理想を追求する人は現実を否定する人である。

ヘーゲルはこの理想主義者の立場を現実世界に対する外的な批判として厳しく退け、それへの代案としてヘーゲルの立場を強く打ち出している（それは同時に現実主義者の立場への批判でもある）。

外的な批判とは、人々が自分の主観で勝手な思いつき

（「空虚な理想」）、を、現実世界に投げつけるものでしかない、とヘーゲルはとらえる。

哲学の対象は理性的なもの、真実や理念であるととらえることでは、ヘーゲルと理想主義者は一致している。その違いは、その理念は現在の現実世界に実現しているととらえるか否かである。彼らは、理想や理念を現実世界の内には実現していないととらえ、その外に探し求めている。だから必然的にそれは空虚なものになる。

ヘーゲルは理性的なものはすでに現実社会に実現しているととらえるのだから（ヘーゲルの存在論）、問題は現実の側ではなく、現実の中に理性的なものを見抜くことができないでいる認識の側にある。どうしたらそれを認識できるのか（ヘーゲルの認識論）。これがヘーゲルの問題の立て方、問題への取り組み方である。

ヘーゲルのこの問いへの答えは、概念的把握（対象を発展してきたものとして理解する方法）、対象の内在的（発展の根本動因を外的要因よりもその主体の内的要因に求める）認識である。それはまずヘーゲルの論理学に示され、その具体的な内容は自然哲学、精神哲学（その中に『法の哲学』も入る）で展開される。

この概念的理解、対象の内在的認識が生まれるのは、存在は自ら運動し、自らの本質をそこに明らかにし、自らの本質を実現して行くからだ。したがって認識は対象の本質をとらえることができる。ヘーゲル哲学における、存在論と認識論がいかに一体となったものかがわかる。

2　マルクスによるヘーゲル評価の二面性

こうしたヘーゲルの主張に対しては、当然ながら強い批判がある。

これはただの現状肯定でしかない。これでは現実世界への批判が生まれない。この現実世界の諸問題をどうとらえたらよいのか。その改善、改革はどうしたらできるのか。

さらには、これを現実への追従ととらえる人からは、ヘーゲルがプロイセン政府の御用学者であり、保守反動であるとの批判もある。

ヘーゲルは『法の哲学』の序文ではこうした疑問や批判に答えていないが、それまでの著作や講義ですでにそれに答えている。それが概念的把握、対象の内在的認識である。それがそのまま対象の内在的批判になるのだ。

「理性的なものが現実的、現実的なものが理性的」とは、現在が最高の完成された世界だと言うのではない。だからといって、それへの不平不満を言い、理想を言いつのればよいのでもない。

理性的なものはすでに今の現実に実現してきた。そしてこれからもさらに実現していく。その未来の理性的なものは、今実現している理性的なものの中にあり、それが外化し、実現していく。これが「発展」という考え方である。

もし現実的なものが本来の理性的なものでなかった場合には、それは滅び去り、真に理性的なものが、新たな現実的なものとして生まれていく。こうした理解は、ヘーゲルの考えのうちに最初から含まれているのである。このことが理解できるかどうかで、ヘーゲルの評価は百八十度変わる。

ではこうしたヘーゲルの方法に対して、マルクスはどう評価していたのだろうか。

若きマルクスは、ヘーゲル哲学の「観念論」という否定面を強調し、後年『資本論』を執筆する時点では存在の運動をとらえたという肯定面を強調するに至った。

『資本論』第一巻第二版の後記で五〇歳をこえたマルクスは次のように述べる。

「ヘーゲルの弁証法の神秘的な面を私は三〇年ほど前（の二〇代だった時）に、それがまだ流行していた時に批判した。（中略）弁証法はヘーゲルにあっては頭で立っている。神秘的な外皮の中に合理的な確信を発見するためには、それをひっくり返さなければならないのである」

これがヘーゲル哲学への観念論批判である。しかしそういう一方で、次のように高い評価もする。

「弁証法はその合理的な姿ではブルジョワジーやその空論的代弁者たちにとって腹立たしいものであり、恐ろしいものである。なぜならば、それは、現状の肯定的理解の内に、同時にまたその否定、その必然的没落の理解を含み、一切の生成した形態を運動の流れの中でとらえ、従ってまたその過ぎ去る面からとらえ、何者にも動かされることなく、その本質上批判的であり革命的であるからである」。

この「肯定的理解」が「理性的なものが現実的、現実的なものが理性的」であり、その「概念的な理解」の内に、その否定、必然的没落の理解がある、とマルクスも認めているわけである。そしてその方法への絶対的な賛辞。「その本質上批判的であり革命的である」。

マルクスを検討すると、マルクスは常に「概念的な理解」をしようと努力したように思われる。しかし他方では常に、ヘーゲルを観念論として批判し「それをひっくり返さなければならない」と言ってきたことも明らかである。マルクスを本当に理解するには、このヘーゲル評価の二面性を理解できなければならない。可能ならば概念的にである。

3　自然と社会の関係

『法の哲学』は人間社会を対象とし、そこに実現されている「理性的なもの」を明らかにした。しかしそれはあくまでも人間社会内の「理性的なもの」を問題にする。したがってこの命題を検討する際には、自然における「理性的なもの」をも問題にしなければならない。

ヘーゲルは言う。

「自然はそれ自身において理性的である」。だから、「自然のうちに現にあるこの実現した理性的なもの（自然の内在的法則）をとらえること」が、認識の使命となる。これはみなが認めている。

ところが、社会の問題になると急に態度が一変する。「社会は偶然と恣意に委ねられており、真なるものは現実世界の外（自分の頭の中）にある」と主張する。これはおかしい。

ヘーゲルは人間社会も自然と同じであると反論し、その根拠としては、人間社会の理性的なるものが、宗教や道徳として、人類の歴史の古くから表されてきたことを挙げる。序文ではヘーゲルはこれで問題を切り上げて、他の論点に移るが、ここは重要なところである。

世間の人が、自然と社会とを区別し、社会には理性的なものはないと思うことには相当大きな根拠がある。

自然がその内なる必然性、法則に支配されているとしよう。また人間社会も同じであると仮定しよう。しかし、そこには明確な違いがあることは、みなが知っている。人間の場合は、それは人間の意識によって媒介されて実現されるということだ。すべてを意識が媒介する。したがってそこには必然的に偶然と恣意が入ってくる。これをどう考えるか。それでもそこに理性的なものが実現していると言えるのはなぜなのか。

ヘーゲルは、生物一般と人間を、自己意識の有無、つまり意識の内的二分の有無で区別する。自己意識こそを人間の本質としてとらえている。生物一般、つまり植物や動物の成長・発展は、自己意識を介さないが、人間の成長・発展は自己意識を介する。

人間は意識を持つ。これは他の動物もそうである。人間の他との違いは意識が分裂し、自己意識と対象意識とを生み、それぞれの内部でもさらに二分を重ねていくことになったことである。つまり、意識の内的二分の有無の違いである。

人間が生きること、また人間が作り上げた社会は、常に人間の意識の内的二分に媒介されたものである。では、なぜ人間社会を、理性的なものの実現と言えるのか。

人間は生きるためには労働して自然に働きかけなければならないが、その際には、人間の集団、社会としての関わりが大きな役割を果たす。労働とは自然法則にしたがうことで成果が上がるが、また大きな成果を上げられるような社会のあり方（社会の法則）があり、それにも従おうとする。したがって、人間は意識による媒介をするが、それは自然の法則とそれが要請する社会の法則に従うためである。それに従わない限り、成長と発展はできず、滅びるからである。そうした死や滅びという強制力の中での意識の媒介であり、その媒介は理性的なもの、つまり自然の法則と社会の法則とによりよく従うためのものである。したがって、紆余曲折はあるものの、大枠においては社会には理性的なものが実現していると言ってよいのである。

そしてマルクスの唯物史観はこれをマルクス流に言い換えたものなのである。

第II章

存在は運動し、自らの本質を外に現わす。だから認識はそれを見ているだけで良い。

Ⅰ章では現実と理想の関係を考えた。そしてそれをとらえるためには人間社会だけではなく、自然と人間との関係についても考えなければならないことを示した。現実と理想の関係を考えるには、人間の現実（存在）とそれについての理想（当為）の関係が問われ、それには存在の運動と認識の運動が問われることになる。

ここでの「存在の運動」とは、自然から生命が生物が動物が生まれ、人間が生まれるまでの全過程であり、その人間の在り方までを意味し、「認識の運動」とは人間だけの反省能力、認識能力を意味する。この両者の関係が存在と当為の関係になる。マルクスの唯物史観とはこの両者の関係のマルクス流のとらえ方なのである。

本章の1節では、ヘーゲル哲学における存在と認識の関係。2節ではヘーゲル哲学とそれを継承するマルクスの思想における認識論上の問題点。3節はその問題に対する答えだが、それをヘーゲル論理学の存在論と本質論と概念論の三段階からなる発展の中に位置づけたもの。この3節の（5）が本章の核心である。4節はその答えの応用の具体例として、私が実際に私塾・鶏鳴学園で実践していることを紹介した。

本章は長くなりますが、Ⅲ章以降のマルクスの思想の検討の前提となるので、辛抱してお読み下さい。

1 ヘーゲル哲学における存在の運動と認識の運動

（1）ヘーゲルの時代とマルクスの時代

ヘーゲル（一七七〇年～一八三一年）が生きた一八世紀後半から一九世紀の前半は、まさに世界的な激動の時代である。アメリカ独立戦争にフランス革命が続き、ナポレオンが全ヨーロッパを席捲した。自由と平等の理念が全世界にとどろいた。

しかし、そのナポレオンの没落の後は、イギリス、フランス、オーストリア、ロシアなどの主導による、ウィーン体制（一八一五年～一八四八年）が支配する。反動と反革命の時代である。

政治上は絶対王政、自由主義、民族主義などが対立していた。産業革命以降、経済の発展はめざましく、工業化が進み、その原料と市場を求めて全世界の植民地化が推し進められ、西欧の列強間の闘争が激化した。アダム・スミスの『国富論』は資本主義社会の原理を解き明かし、経済発展の方向を明確に指示した。スミスによって経済学は政治学から独立した学問になった。

科学技術が飛躍的に発展し、実験・観察の経験主義が旧来の形而上学を圧倒した。普遍的理性を掲げあらゆる現実を批判するフランス啓蒙思想が、フランス革命を用意していた。

そんな中で、ドイツは後進国の悲哀を味わっていた。一八世紀のドイツは三〇〇にも及ぶ小国、領邦が分立し、その領邦内では独裁的専制政治が行われた。

一九世紀初頭にはプロイセンはナポレオン（フランス）との戦争に敗れ、ドイツ全土は占領統治下に置かれる屈辱も受けた。ドイツにとっては、民族の自立、ドイツの統一、近代国家の建設、民衆の自由の獲得が大きな課題になっていた。

ウィーン体制下で成立したドイツ連邦においても、連邦の議長国オーストリアとそれに対抗するプロイセンの二大勢力の対立抗争により、ドイツの統一国家の実現は阻まれていた。

プロイセンはフリードリヒ・ヴィルヘルム三世のもとで、身分代表制ではあるが国会を持ち、上からの政治・経済の改革を進めていた。

ヘーゲルは一八一八年から三一年に亡くなるまで、プロイセンのベルリン大学の哲学教授として仕事をした。ヘーゲルは、プロイセンにドイツの統一と国民の自由の実現の可能性を見て、ドイツに確固たる自由の王国を実現することを目指していた。

若き日のヘーゲルは、啓蒙思想とフランス革命に熱狂したことが知られている。しかし後年には啓蒙思想に批判的になった。啓蒙思想は理性・理想の名のもとに現実の諸制度や法律をことごとく否定する。理想と現実は対立、矛盾し、現実は理想に置き換えられなければならない。その思想はフランス革命として実現し、王制は倒され、共和制が生まれた。しかし、そこに実現された政治や社会は理想とは程遠いものだった。混乱が続き、抑圧と恐怖政治に陥り、そこからナポレオン皇帝が生まれた。

これに対して、ヘーゲルの代案は、世界の政治、経済、文化のあり方、一般に存在の運動のすべてを発展としてとらえ、その運動は対立・矛盾を含み、それゆえに発展することを示すことだった。そして認識はそうした現実世界を反映しなければならないから、同じく対立・矛盾を孕むが問題はない。むしろ矛盾を含むからこそ、存在の運動を反映することができる。

こうしてヘーゲル哲学においては、「発展」がすべてを貫く原理とされ、対立・矛盾こそが発展の原動力として位置づけられるようになった。

ヘーゲルはアダム・スミスが明らかにした近代社会、市民社会、資本主義社会の構造とその意義を『法の哲学』にまとめた。これらがマルクスにとっての前提である。

ヘーゲルがベルリン大学の哲学教授として仕事をした期間は、ウィーン体制下でのドイツ連邦の枠内でドイツの独立と自由を模索する時代だった。

ヘーゲル哲学は世界的にも認められるようになり、ヘーゲルの弟子たちが集ってヘーゲル学派を形成した。ヘーゲルは一八三一年に亡くなるが、その死後もドイツではヘーゲル学派が哲学界を支配した。

しかし、ヘーゲルの死の前年一八三〇年七月にはフランスに七月革命が起こり、ウィーン体制は崩壊の過程に入り、一八四八年の革命でウィーン体制は終わる。

この激動の中、ヘーゲルの時代には進歩的側面があったプロイセンだが、一八四〇年にヴィルヘルム四世が即位すると、絶対主義的で反動的政策が前面に出てくる。そして、これが若きマルクスの生きた時代である。

こうした時代背景の違いが、ヘーゲルとマルクス（一八一八〜一八八三）の違いとなる。「保守反動のヘーゲル」と「革命児マルクス」。

哲学では、ヘーゲル死後も十年ほどはヘーゲル学派の支配が続いていた。しかし一八三〇年代の終わりになると青年ヘーゲル派（左派）が現われ、ヘーゲル学派内の対立・分裂がはっきりしてくる。青年ヘーゲル派は宗教と国家を問題とし、ヘーゲル左派の中からフォイエルバッハが現れる。フォイエルバッハの『キリスト教の本質』は、その唯物論でヘーゲルの観念論的世界観を激しく批判した。そこからマルクスが出る。

ヘーゲルとマルクスの時代背景を見てきたが、ヘーゲルの『法の哲学』の「理性的なものが現実的、現実的なものが理性的」という考え方は、啓蒙思想家の立場への批判である。

また、ウィーン体制下のプロシア政府の上からの改革に期待し、プロシアにドイツの統一と近代化、国民の自由の実現を託したヘーゲルが、その自分の希望を『法の哲学』として表現したという側面がある。

またウィーン体制下で、ドイツの独立と自由を願う若者たちの一部が急進化し、自己の内心の確信さえあればいかなることをしても許されるという思想さえ生まれた。それへの当時のプロシア政府の危惧の念から、若者たちへの教育がヘーゲルに託され、ヘーゲルはベルリン大学の哲学教授に就任した。そこで出版されたのが『法の哲学』である。

しかしそうした時代状況に、ヘーゲルがただ対応してこうした文言を述べていただけではない。これは人類の哲学史におけるヘーゲル哲学の根本思想の表現である。

ヘーゲルの認識方法とは、存在の運動から本質的なもの、理性的なものが現れるから、それを認識すれば良いとするもので、それはヘーゲルの存在論であり、それがそのままにその認識論でもあるのが、ヘーゲルの独自性である。

それは当時の哲学界が人間の認識の可能性の吟味をしていたこととも深く関係する。

（2）ヘーゲルの存在論と認識論

産業革命以降、科学技術が飛躍的に発展し、思想界では実験・観察の経験主義が旧来の形而上学を圧倒した。そこからは、従来の認識方法の吟味が始まる。その中ではヒュームがとくに有名である。人間にとって、なぜどのように真理や本質の認識は可能なのか。

本質についての従来の考え方はこうである。

すべて存在するものは、変化し、移ろいゆき、死滅する。しかし、そうした現象の奥に、変わらないものがあり、それが対象をその対象としている。それが対象の本質である。

では、その本質はどのようにとらえることができるか。本質は現象の中に現れるから、現象を分析すればよい。存在するものはすべて個別であり、その個別とは、その類に属するすべての個別に共通する普遍性とその個別に特有の特殊性とからなっている。そしてすべての個別に共通する普遍性を、分析してとりだすこと、個別からその特殊性を切り分けて、普遍性だけを抽象することが認識である。

ヘーゲルは、こうした考え方を対象の外から人間が行うものなので、外的反省と呼び、低く位置付ける。なぜならば、外的反省では、難問がたくさん出てくるからだ。

一つの対象や現象に対する本質（理由、原因）は、常に複数挙げられるだろう。そのうちのどれがなぜ重要なのかを示す基準は何なのか。それがわからない。しかも、そこで挙げられる本質の中に、相互に対立するものすら出て来る。それらはどう関係するのかがわからない。それらの全体の関係は不明なままである。

ヒュームやカントが提起した問題もある。人間という認識主体が現象を分析することによって本質を把握すると言うが、そうした主観的なものがどうして客観的認識を保障するのか。対象の外から人間が行う認識には、最初から矛盾があるのではないか。主観性と客観性の対立はどう超えられるのだろうか。

中世以来の大論争、普遍論争もある。実際に存在しているのは、個別なのか、それとも普遍性そのものか。

ここには矛盾のとらえ方の問題がある。個別から普遍性を認識することには、どうしても矛盾があり、同一律、排中律、矛盾律に抵触する。他方で、同一律、排中律、矛盾律は、あらゆる科学や哲学、形而上学の前提であり、認識に矛盾はあってはならない。矛盾した場合は、その認識は間違いである。この二つの命題の対立・矛盾をどう克服したらよいのか。

こうした様々な問題の解決を、ヘーゲルは存在の運動と認識の運動を区別した上で、存在するものは、自ら運動し、自らの本質を外に現わしていく、ととらえることで一挙に解決しようとしたのだ。

存在は大きく全体を見れば、発展していく。それによって自らの本質を明らかにしていく。そしてそうであるならば、人間はその本質を認識できる。ただそれを見ているだけ（zusehen）で良いのだ、とヘーゲルは言う。これが対象に外的ではない、内在的な反省である。

ヘーゲルにとっては、これが主観性と客観性との対立の解決であり、両者の一致の保証である。

本質に見えるものが複数あったり、対立する本質があったりしても、真の本質はその対象が発展する中で、明らかになっていく。

普遍性は個別に内在しているのだが、それは発展の過程の途中における形態（ここでは抽象的普遍として感性的個別に対立）であり、その始まりでは本質はまだ潜在的（個別と普遍性は一つ）であり、その終わりにおいてもまた一つになる（これが具体的普遍、概念的個別）。この発展の運動をヘーゲルは普遍→特殊→個別として、また逆に個別→特殊→普遍としてとらえる[(1)]。

こうしたヘーゲルの本質のとらえ方は、それまでの常識的な理解をひっくり返す、衝撃的なものだったろう。ここからヘーゲル哲学のすべてが始まる。ヘーゲルの発展観、その弁証法は、それを深めたものなのである。

ヘーゲルのこの立場は、それまでの認識論、また存在論とは全く異なるもの、画期的なものだったが、それだけにあまり理解されず放置されてきた。

そのためにその問題点も多数指摘されるだけで、そこからヘーゲルの考え方を深めるまでにはなかなか至っていない。

2　認識論上の問題

（1）認識論の難問　「ただ見ているだけ」、結果論的考察、「ミネルバの梟」

存在は自ら運動し、その運動の結果、自らの本質を現していく。したがって認識はその事物の本質、その真実をとらえることができる。

ここから、認識は存在の運動を「ただ見ているだけ」で良いというヘーゲルの考えが生まれる。

この考え方では、対象の本質、真実とは、最終的にはその発展した姿に現れるのだから、最初からそれをとらえることはできず、発展した段階で、それが何であったかがわかる。それは発展の結果からの考察になり、結果論的な考察[2]になる。

しかし、結果論的な考察だけが正しいとすると、人間は常に現実の後追いでしか認識できなくなるのではないか。

もし結果論的に考えるならば、対象がその発展を終えたとき、その本質、その真実が曇りなくすべて露になっているはずだ。そうであるならば、発展を終えた段階ならば、すべてが露になっているのだから、それをよく観察すれば、すべてが理解できる。

しかし、そうならば逆に、「終わり」以前の段階では、完全な理解は不可能であり、不十分な理解しかできないことになる。

これがヘーゲルの有名な「ミネルバの梟」の問題である。

「〔これまで〕世界がいかにあるべきかを教えること〔がいかにバカげたことかを述べてきたが、これ〕にかんして、なお一言付け加えるなら、そのためには哲学はもともといつも来方がおそすぎるのである。哲学は世界の思想である以上、現実がその形成過程を完了しておのれを仕上げた後ではじめて、哲学は時間の中に現れる。これは概念が教えるところであるが、歴史もまた必然的に示しているように、現実の成熟の中ではじめて、観念的なものは実在的なものの向こうを張って現れ、この同じ世界をその実体においてとらえて、これを一つの知的な王国のすがたでおのれに建設するのである。

哲学がその理論の灰色に灰色をかさねてえがくとき、生のひとつのすがたはすでに老いたものとなっているのであって、灰色に灰色ではその生のすがたは若返らされはせず、ただ認識されるだけである。ミネルヴァの梟はたそがれがやってくるとはじめて飛びはじめる」（『法の哲学』の序文）。

対象の発展段階によって、その認識もまた限界づけられるという考え方では、対象の本質、真実とは、最終的にはその完成した姿に現れる。しかし、そうならば逆に、「完成」「終わり」以前の段階では、完全な理解は不可能であり、不十分な理解しかできないことになる。それで良いのかどうか、ではそれ以前では我々は何をどう認識できるのか。それがここで問題とされた(3)。

ただし、ここでヘーゲルが、世界が完成しないとその認識は完全にはできないと主張しているととらえるのは、ヘーゲルの真意をまるで理解しないものだと思う。そもそもこの引用箇所は序文のラストに、それまでの主張への補足、付けたしとして書かれた部分である。その主張とは、世界に対して世界がいかにあるべきかを教えるような態度は間違っている、それは時代を飛び越えようとするものだ、というものだった。

だから、ヘーゲルはここで、そうした態度は間違っており、無意味なものだと批判したいのである。そこから「ミネルバの梟」との主張がなされている。

ヘーゲルが言いたいのは、

第一に、世界の理念が既に実現しているのであるから、世界にそれを教えることはそもそも不要である。

第二に、世界に世界がどうあるべきかを教えられる時がもしあるのなら、世界が完成した時である。そこにすべてが実現しているから、それを認識できるからだ。しかし、その時すでにそれは実現しているのだから、そもそも教えることが無意味である。

つまり、ヘーゲルは世界が完成するというようなことを主張したいわけではないし、そこで完全な認識が生まれると言いたいわけでもない。外的な批判を繰り返す輩に対して、揶揄し、バカにし、からかっているのである。

しかし、ここには発展という理解の上での大きな問題があり、だからこそ有名になり問題とされてきたのだ。それは、対象とする存在の発展段階によってその認識も限界づけられるのではないかという問題と、そもそも発展に完成とか終わりとかがあるのかどうか、完成以前では認識はどうしたらよいのか、発展の「始まり」と「終わり」をどう理解するのか、といった問題である。こうした問題がここに内在している。

また、ここにはもう一つの問題がある。「時代を超える」という論点である。この引用文の少し前でヘーゲルは次のように述べる。

「個人にかんしていえば、だれでももともとその時代の息子であるが、哲学もまた、その時代を思想のうちにとらえたものである。何らかの哲学がその現在の世界を越え出るのだと思うのは、ある個人がその時代を跳び越し、ロドス島を跳び越えて外へ出るのだと妄想するのとまったく同様におろかである」。

人は皆時代の子であり、哲学もまた時代の子である。時代を越えると称することがいかに愚かなことであるかを説明している。では、この時代の子としてのあり方、および時代を越えるということについては、本来はどのように考えたらいいのだろうか。

ではこうした問題に対するマルクスの答えはどうなっているのだろうか。

現実の後追いでしか認識できない、存在するものの発展段階に、その認識は規定される、という理解は、マルクスの唯物史観の基底にある。以下は若きマルクスによるその表明として有名な一節である。

「経済学者たちがブルジョア階級の科学的代表者であるのと同様、社会主義者たちと共産主義者たちとはプロレタリア階級の理論家である。

プロレタリアートがまだ自己を階級に構成するほどにまで発達していない限り、〔つまりブルジョアジーとプロレタリアートの階級対立が『事実上』存在しない限り〕したがってプロレタリアートとブルジョアジーとの闘争そのものがまだ政治的性格を持たない限り、そしてまたブルジョアジー自身の胎内で生産諸力がまだプロレタリアートの解放と新しい社会の形成とに不可欠な物質的諸条件を予見させるほどにまで発達していない限り、社会主義者と共産主義者〔プロレタリア階級の理論家〕たちは、抑圧されている階級の窮乏を予防するために、もろもろの体系を一時のまにあわせにつくり、社会を再生させるような科学を追い求めたりする空想家にとどまるしかないのである。

しかし、歴史が前進し、それとともにプロレタリアートの闘争が一層あからさまになってくるにつれてプロレタリアートの理論家たちはその科学を自分の頭の中に探し求める必要はなくなるのである。彼らは自分の目の前で起っていることを理解し、その器官になりさえすればよいのである」。（『哲学の貧困』第二章第一節第七の考察）

問われるのは「発展」の段階であり、未発展な段階で革命の主体が外化していない状況では空想的で抽象的で、主観的な思想が生まれ、発展した段階では革命の主体としてのプロレタリアートの存在が現われているので、その意味を具体的に考えることが可能であるから客観的で科学的な思想が生まれる。

これは、ヘーゲルの「存在は運動し、自らの本質を外に現わす。だから認識はそれを見ているだけで良い」と同じ考え方であることが確認されるだろう。

ここに、前者を「空想的社会主義」とくくり、自分たちを「科学的社会主義」とするのちの考えがすでに内在していることがわかる。

しかし、これが正しいのなら、生まれた時代が全てを決めることになるが、それでいいのか。またそれでは、マルクス自身にとっても、革命後の新たな世界を構想することは不可能にならないか。

認識が、存在の運動、時代を超えることはできないという主張としては理解できるのだが、「空想的社会主義」と「科学的社会主義」との区別は本当に絶対的なものなのだろうか。これが時代を超えられないと言うことの意味なのだろうか。また、「自分の目の前で起っていることを理解」できるかどうかは、どのようにして決まるのだろうか。それができない人が多いことをどう考えるのだろうか。「その器官になる」ことはどのようにして可能なのか。

後年、成熟したマルクスは、これも有名な「経済学の方法」でこの問題に言及している。

「人間生活の諸形態にかんする反省は、したがってまた、その学問的分析なるものは、一般に、現実の発展とは反対の道を進むものである。このような反省は、後からはじまり、したがって発展過程の完成した成果とともにはじまる。」

「ブルジョア社会は、最も発展した、また最も多様な、生産の歴史的組織である。だから、その諸関係を表現する諸カテゴリーは、その仕組みの理解は、同時に、没落しさったすべての社会形態の仕組みと生産諸関係への洞察を可能にする。」「すなわち、人間の解剖は猿の解剖にたいする一つの鍵となる。これに反して、下等な種の諸動物にあるいっそう高等なものへの諸暗示は、このいっそう高等なもの自体がすでに知られている場合にのみ、これを理解することができるわけである。こうしてブルジョア経済は、古代等々の経済への鍵を提供するのである。」（『経済学批判』の「経済学の方法」より）

こうした側面があるのはもちろん認めるが、本当にそうなのか。本当にそれだけなのか。

人間の解剖がサルの解剖のカギとなるのはわかるが、私たちに大切なのはサルの解剖ではない。私たち人間の解剖であり、人間社会の現状分析と未来社会の提示である。しかし人間の解剖のカギをは存在しない。人間以上の存在はないからである。では人間の社会のカギを与えるのは何か[(4)]。

私は、この叙述の後に、マルクスが「自己批判」の必要性に言及していることに注目している。

「いわゆる歴史的発展という考え方は、一般に、最後の形態〔である自分たち〕が過去の諸形態を自分自身にいたる段階だとみなすということにもとづいている。〔そこで、自分たちにとって都合の良いように考えやすいのだ。〕そしてこの最後の形態は、自分自身を批判的にみることはまれにしか、かつまったくかぎられた条件のもとでしかができないから（もちろんここではそれ自身でも崩壊期だと思われるような歴史的時代のことをいっているのではないが）、いつでも過去の諸形態を一面的にしか把握できないのである。

キリスト教が、それ以前の神話を客観的に理解することに寄与することができるようになったのは、キリスト教自身の自己批判がある程度まで、いわば可能な限りでできあがったときだったのだ。そのようにブルジョア経済学も、ブルジョア社会が自己批判をはじめたときにはじめて、封建的、古代的、東洋的諸社会を理解するようになったのである」（傍線は中井）。

この「自己反省」の意味は、今現在の自分の置かれた社会への評価や態度が、現在と過去の社会を認識する上での前提になるという意味であろう。現状に満足している人には、現在の認識もできず、ましてや過去の認識はできない。

ここに「自己反省」という言葉を出す点に、マルクスの真っ当さがある。ここに彼が結果論的な方法の危険性をとらえていた証がある。また自己反省と他者批判の統一、また人間による人間の認識の困難さが意識されていた可能性もあると思う。しかし、それで問題は解決できただろうか。

(2) 難問への答え　結果論的考察、「ミネルバの梟」の検討

こうした認識上の諸問題に対しては、牧野紀之が示した答え（以下の①と②）があるので、それを参照しながら考える。

①現在と未来の認識はできる

結果論的考察を、結果からしか認識はできないといった意味で理解するなら、それは間違いである。それは認識にとって必須だが、一つの契機でしかないからだ。結果は重要だが、それだけでは認識はできない。

私たちにとって大切なのは、あくまでも今現在であり、今の選択・決断である。それが私たちの未来を決めるからである。ではその現在の選択・決断の正しさ、それによる未来はどのように認識（予測）できるのか。これには牧野紀之がすでに「『パンテオンの人々』の論理」で答えている。

まずは現在の世界を理解しなければならないが、そのためには、現在から過去にさかのぼり、現在の世界を過去の世界の発展としてとらえ直し、そのとらえ直された現在から、過去から現在までの発展の延長として未来をとらえていけばよい（以上が牧野の主張の骨子）。

私たちにとって、これまでの自然と人類社会の発展の結果とは、すべてが今、この現在に現れている。

したがって、以下のようにとらえることができるのではないか。

まずは、現在の確認、現在の問題の確認から始まる。現在に外化されているもの、現象しているものの確認である。これが、結果の確認、終わりの確認である。これが結果論的な考察の始まりであろう。しかし、もしそうならば、この現在の確認、現在の問題の確認がどれほどのものであるかがすべてを決めるだろう。

次に、現在の問題に、過去のどのような本質、どのような概念が現われているかを考える。これは過去から現在までの発展の運動を考えていくことになる。これは結果から過去にさかのぼることになり、それは結果論的な考察そのものである。しかしそれは同時に、過去から現在への発展の運動の確認でもある。

そしてそのようにしてとらえられた現在は、過去からの発展の運動の成果としてとらえられているので、その発展の運動の延長上に、未来が浮かぶことになる。未来の予測である。

この予測の正しさは、未来にそれが結果として現れた一つ一つの時点で、確認されていく。これが結果論的な考察の意味、役割になるのではないか。

②ヘーゲルの「ミネルバの梟」

ヘーゲルの「ミネルバの梟」はどうだろうか。

これが対象や社会の発展段階が、認識を大きくは限界づける、という主張ならそれは正しい。

しかし、対象や社会の完成した段階なら完全な認識が可能で、そうでない段階では完全な認識は不可能である、という主張であり、その区別が絶対的なものだと考えるなら、それは間違いとなるだろう。

牧野紀之は、この問題については、真の意味での絶対的な完成はないし、絶対的な認識もない。しかし相対的な完成はあり、したがって相対的な真理の認識はできる。したがって私たちにできるのは、「未来社会を追考で『科学的に認識する』ことは不可能である」ことを自覚し、「最大限広く深く現状を認識しそれを体系にまとめようと努力することである」(5)。

現実の完全な完成はない。大きな全体の中の一部における完成があるだけである。つまり絶対的な完成はなく、相対的なもののみがあるだけだ。

そうであるならば、いつであっても相対的な認識しかできないことになる。実際にそうであるし、それでよいのである。

③目的を実現するための認識

①からは結果論的な考察によっても、現在も未来も考えることはできることがわかる。しかしそこで示される未来とは、現在と過去に媒介された未来である。

これに対しては、ただ直接に未来に向き合う方法があり、しかもそれこそが人間にとっては根源的なのではないか。それが目的や夢を持ち、それを未来に実現しようと強く意識して生きることである。

私たち人間は目的を持って生きる。私たちは目的のために生きるのだが、その目的の実現は常に未来で起こることであり、私たちの意識は常に未来を見据えており、私たちは未来を生きようとする。その時、現在は未来の目的実現のためのものであり、私たちは目的実現のための計画を立て、それを実行していく。これは人間ならばみなが行っていることである。

ここでの「目的」だが、それは最初は漠然とした「夢」や「空想」「幻想」でしかない。それが明確な形になった時に、それを目的と呼ぶだけである。

ヘーゲルやマルクスは、一方では結果論的な考察を強調するが、それは実は目的による人間の活動をより確かなものにするためである。つまり目的、夢がなければ何も始まらない。

結果論的考察は、目的的活動をより確かなものとするべく、それを支えているのである。結果論的考察が単独で意味を持つのではない。

④変革意志と衝動、欲求

では、その目的とはどのように形成されるのか。漠然とした「夢」や「空想」「幻想」は、どのようにして目的となるのだろうか。

目的は常に、今、現在の反省形態から生まれる。過去も未来も、結局は現在の自分、その主体性からすべてが始まるのである。

それは、今現在に対する変革意志、つまり何か「おかしい」と感じることから始まっているのであり、それが認識の始まりなのである。だから、マルクスは「自己反省」を強調したのであろう。

このマルクスの「自己反省」という考えに対して牧野は次のように批判している。

「一般的に言えばどの時代でもどの社会でも自己批判、自己反省はある」「人間の根本的特徴は自己意識なのだからである。そして自己反省は自分の立っている時点から過去を反省することである。だからそれは広い意味で追考なのである」「しかし同時にそれは厳密な意味での追考ではあり得ない。現在が終わっていないのだからである」[6]。

おかしいという感覚、直感は、人間のその時点の衝動、欲求として現れて来る。確かな認識にはならないが、自己の深いところからの訴えかけである。

人間の目的とは、その根源にさかのぼれば、それは人間の夢、幻想や空想なのではないか。そこには、知性以前の欲求、衝動、感情、情念、情熱などが渦巻いている。

もちろんそれだけではそれを実現する力はないから、それを実現していくための確かな認識方法として、結果論的考察やヘーゲルの概念的理解が生まれた。

そこで、この欲求、衝動、感情、情念、情熱などに対する態度が問われるのだが、よくあるのは、それを抑圧し、支配し、コントロールすべきものとすることである。その混沌とした中から合理的に整理された部分だけを目的としてとらえようとする。ヘーゲルやマルクスの中にもそうした記述がある。

しかし本来は、欲求や衝動は発展させられるべきだと思う。すべてを外化させ、その意味を思考に対して徹底的に明らかにするのだ。それらが曇りなく透明な姿になるまで、もっともっと発展させるべきなのだ。

存在の運動の中で生まれてきているのは、人間にあってはまずは幻想、欲求、衝動、感情、情念、情熱などであり、それをとらえていく努力が必要ではないか。それが本当の発展の立場であると私は考える。

(3) マルクスとヘーゲルの行ったこと　その矛盾

ヘーゲルは、世界が完成した段階で、哲学がその世界の認識ができる、としたとされている。マルクスも一応それには同意しているように見える。

しかし、それは現在の現実を批判できないとか、未来について考えられないとかという意味ではない。

ヘーゲルの『法の哲学』は、実際は未来の先取りである。時代を一つの完成の中にあると仮定し、具体的にはプロイセンが実現しようとしている立憲君主制が実現したと仮定し、それが実現した場合の全体像を示したものである。それにドイツ民族の未来への夢を託したのだ。当時のドイツには、いまだ近代国家が成立していなかった。

もちろん単なる空想ではない。前提としてはアダム・スミスが明らかにした近代の経済と国家と法体系の実態と相互関係の理解を踏まえている。それを基盤に置きながら、ヘーゲルの夢と希望を持って、ドイツのあるべき社会を描いているのである。人にはそれ以外にできることはない。

マルクスも同じである。マルクスは『資本論』第一巻で当時の資本主義社会の資本家と賃金労働者の対立、矛盾を批判し、そこから資本主義社会の没落の必然性をとらえ、社会主義社会の到来の必然性を証明しようとしている。

マルクスは、彼の現在が資本主義社会がほぼ完成した段階だから、それを全体として認識できるとした。それまでの社会の契機を含み持つから、それが過去の社会を理解する鍵になると（「経済学の方法」）。

さらにマルクスは自分の時代の資本主義は既に盛りを過ぎ、その限界が明らかになりつつある段階、つまり当為（社会主義社会）が現れており、それによって限界が制限となった段階ととらえており、そこから、資本主義社会の終わりと、社会主義社会の始まりがとらえられるとした（この限界、制限、当為については本章3節の（2）を参照）。

資本主義社会がほぼ完成した段階だから、それが過去の社会を理解する鍵になるだけでなく、その社会の没落、新たな当為（新たな社会、社会主義社会）の出現が予想できる。それだけではない。その新たな社会の内容にまで、マルクスは具体的に言及している。国家や私有財産が廃止されること。「階級と階級対立とを持つ旧ブルジョワ社会の代わりに、一つの協力体が現れる。ここでは一人一人の自由な発展がすべての人々の自由な発展にとっての条件である」（『共産党宣言』）、「各人はその能力に応じて、各人はその必要に応じて！」（『ゴータ綱領批判』）といった原則にまで踏み込んでいる。

これをどう考えたら良いのだろうか。

マルクスが未来を示すのは、運動には目標、目的が必要だからである。その目的は後ろ向きなもの、つまりマイナスをゼロにする、問題を解決するだけではなく、さらにその先の新しい世界、新しい社会、それは圧倒的にプラスの面を持った社会なはずだが、それを運動の目標として示していく必要がある。

ところが、古い世界のマイナスから、そのマイナスを解決する方向を示せても、そこから自動的に次の世界の具体像を示せるわけではない。

マルクスの思想は、彼の死後、ロシアや中国で革命を実現させた。しかし、生前のマルクスには資本主義社会を真に超える社会のリアルな姿は打ち出せなかった。新しい社会像は彼の頭の中から産むしかなく、それができなかったからである。マルクスが打ち出せたのは古い社会の否定面の指摘でしかなく、それに代わる新たな具体的で積極的な社会像を打ち出すことはできなかった。しかし運動のためにはそれを無理にでも出さなければならない。

結局マルクスも、空想的社会主義者と同じく、未来の理想世界を「頭の中から産む」ことをしているのである。そしてこれ以外にどうすることもできないのだ。

しかもマルクスの示した未来像や目標は、いかにも抽象的なお題目で貧弱であった。それに対して、オーエンらの空想的社会主義者の描き出す未来像のなんと具体的で魅力的なこと。

マルクスにはそこでの葛藤を解決できなかった。しかも、オーエンらを空想的社会主義とし、自らを科学的社会主義などと言ったものだから、いっそうその罪は重い。

以上、ヘーゲルの結果論的考察、ミネルバの梟、つまり対象（存在）の発展段階によって認識は制限されるという考えを検討してきた。

しかし、それを深めるためには何よりも、存在が運動するというヘーゲルの考えを深く理解しなければならない。そもそも、存在が自ら運動して自らの本質を明らかにするとはどういうことなのか。

3　問題の真の答え　存在の運動と認識の運動

（1）存在が運動する　三段階からなる運動

存在自らが運動するとはどういうことか。それを論理的に、原理的に明らかにしたのがヘーゲルの論理学である。

ヘーゲルの論理学は三部構成となっており、存在論と本質論と概念論からなる。これは存在の運動が三段階から成ることに対応しているから、この順番に検討していこう。

まず存在論では、存在は他者に変化（移行）する。本質論では、存在は他者に反省、反照する。そして概念論はその両者の統一の運動であり、それが発展の運動である。

発展の運動はまずは存在の運動であるが、それを反映、反省する認識の運動でもあることになる。

しかし、存在のこうした運動が、なぜ本質を現わす運動だと言えるのだろうか。

存在論のレベルでは、存在は自らの他者へと変化する。これがこのレベルでの存在するものの運動である。そして変化によって、どのような他者が内在していたのかが明らかになる。変化とは内なる他者が外化する運動だからである。

本質論のレベルでは、存在の運動とは他の物と関係することである。そして、何とどういう関係を持つかに、その本質が現われる。

ここではすべてが相互に関係しあっている。AとBがある時、AもBも相手との関係の中でその内的本質（性質）を現すことができる。これをヘーゲルは本質へと内化したととらえる。自己に反省すると同時に他者に反省し、相互に根拠と根拠づけられるものとして関係する。ヘーゲルはこの関係を「反省」「反照」と呼び、これを本質論の運動とする。

概念論のレベルでは、存在の運動とは発展する運動である。それは存在の変化（外化）の運動と反省（内化）の運動の統一の運動であり、存在の変化がその本質の現れである場合であり、それが発展である。

ある対象が生まれた時に、その本質はその対象の内にすでに存在しているのだが、まだ潜在的である。それが次第に外化し、現象し、実現していく。この過程を、ヘーゲルは、本質が外化する過程であると同時に、本質に内化する過程でもあるととらえる。本質は外化の過程で現れて来るからである。

以上がヘーゲルの考えの大枠だが、次の節から、それぞれの段階を詳しく検討していく。

(2) 存在論レベルでの存在の運動　変化の中の「当為」

存在するものの世界は無常であり、ただ変化していく。それをヘーゲルは「生成」（Werden）と呼ぶ。生まれ（Entstehen）、変化し（Verändern）、消滅する（Vergehen）ことである。

存在論では、存在するものはすべて有限であり、それは他者へと変化（移行）する。これがこのレベルでの存在するものの運動である。そしてその内にどのような他者が内在していたのかが明らかになる。

この変化の運動、AからBへの変化、Bが生まれAは消える、この論理をヘーゲルは限界（Grenze）と制限（Schranke）と当為（Sollen）とで説明する

牧野紀之がわかりやすく説明してくれているので、まずはそれを引用する。

「存在するものはみな有限です。有限ということは自己の外に他者をもちそれによって『限界』づけられているということです。ヘーゲルはこの『自己の外にある限界』が実際は『自己の内にある限界』＝内在的限界が外に定立されたものに過ぎないと見抜いたのです。これがヘーゲルの

功績です。ですから、有限者の質、つまりそれをそれとしているものはそれが有限者であるがゆえに否定性＝他者＝限界を含んだ質であり、そこに矛盾があり、したがって運動が起こるのです」[7]。

ヘーゲルは、存在するものが自らの限界を超える運動を起こす時、その内部に自らの限界とともにその限界を超えたあり方（「当為」と呼ぶ）の両者が存在し、当為によって限界は「制限」となると考え、その時、その制限は必然的にその制限を超える運動（当為の実現）を生むととらえた。存在するすべてのものには限界があり、その限界には常に、その制限と当為（制限を超える）の両契機が含まれている。そして、それゆえに、すべての存在は変化し、消滅する。

ここにすでに、存在から当為が生まれるというヘーゲルの理解がはっきりと示される。本来は人間において使われる「当為」という言葉を、非有機体を含むすべての存在に対してヘーゲルが使用していることには驚くが、この背後に自然から生命、生物から人間が生まれるまでの全過程を見据えているのであろう。

すべての存在において、自己の内部に当為が潜在的には含まれており、それが変化の中で現れてくる。だから、当為が重要である。しかしまだその当為の内容は問われていない。当為の内容が問われ、それが対象の本質かどうかが問われていくと、概念論の段階、発展の段階になる。

変化の運動は、自然界でも、社会の内部でも変わらない。その基底には同じ論理が貫かれている。そしてそれが発展の運動の前提なのである。

以上はヘーゲルによる存在が変化する運動一般の解明であるが、それがそのまま、存在に対する認識の運動、認識がどう認識できるのかを説明したものでもあるのだ。

この変化の論理を、マルクスは時代の転換点の説明に応用している。

『共産党宣言』では封建社会からブルジョアによる資本主義社会への移行について以下のように述べている。

「ブルジョワ階級の成長の土台をなす生産手段や交通手段は、封建社会の中で作られたということである。この生産手段と交通手段の発展がある段階に達すると、封建社会の生産や交換が行われていた諸関係、農業と工場手工業の封建的体制、一言で言えば封建的所有関係はその時までに発展した生産諸力にもはや適合しなくなった。それは生産を促進しないで阻害するようになった。それはいずれもみな変じて足かせとなった。それは粉砕されなければならなかった。そして粉砕された」（傍線は中井）。

さらにブルジョア世界の限界とプロレタリアートによる社会主義革命の可能性について商業恐慌をとりあげて、以下のように述べている。

「ブルジョア的生産並びに交通諸関係、ブルジョア的所有諸関係はかくも巨大な生産手段や交通手段を魔法で呼び出した。数十年来の工業及び商業の歴史は、ブルジョア階級とその支配の生存条件である所有諸関係に対する近代的生産諸力の反逆の歴史に他ならない。ここにはかの商業恐慌をあげれば十分である。それは周期的に繰り返しながらますます強迫的に全ブルジョア社会の存立を脅かす。社会が自由にすることのできる生産諸力はもはやブルジョア的文明及びブルジョア的所有関係の促進には役立たないのだ。反対に生産諸力はこの関係にとって強大になりすぎ、生産諸力がこの関係によって歯止めをかけられるのだ。そして生産諸力がこの歯止めを突破すると、たちまち全ブルジョワ社会は混乱に陥りブルジョア的所有の存在が脅かされる」（傍線は中井）。

こうした移行を、当為と限界と制限の論理を駆使してもっとわかりやすくマルクスが説明している個所を紹介する。(8)

「自由競争が以前の生産諸関係と生産諸様式との諸制限を解体させたという場合、まず考察されなければならないのは自由競争にとって制限であるものは以前の生産様式にとっては内在的な限界であったということ、そして以前の生産様式は当然のことながらこの限界の中で発展し運動したのだということである。これらの限界は生産諸力と交易諸関係とが十分に発展しその結果、資本そのものが生産の規定的原理として登場することができるようになって初めて制限となるのである。資本〔資本主義社会〕が打ち壊した諸限界は資本の運動、発展、実現にとっての制限であった。したがって資本が廃棄したのは全ての限界でも全ての制限でも決してなく、ただ資本に照応しない資本にとっては制限である限界だけなのである。資本自身の限界の内部では（それはより高次の見地からすれば生産の諸制限として現れまた資本自身の歴史的発展によってそのようなものとして想定されるのだが）資本は自己を自由なもの、制限なき者、すなわちただ自分自身によってだけ、ただ資本自身によってだけ限界付けられたものと感じるのである」

「資本が自分自身を発展の制限であると感じ意識し始めると、資本は次のような諸形態に、すなわち自由競争の抑制によって資本の支配を完成するように見えながら、同時に資本の解体の、また資本に基づく生産様式の解体の告知者でもある諸形態に逃げ場を求める」(『経済学批判要綱』大月書店第三分冊五九九ページ、六〇一ページより。傍線は中井)。

ここでの当為とは資本(資本主義社会、つまり資本を中心とした経済の社会)である。そして資本(その契機としての自由競争)が生まれたためにそれまで内在的な限界だった生産諸関係と生産諸様式、言い換えれば生産諸力と交易諸関係が一転して限界から制限となった。これは封建制社会から資本主義社会が生まれた経緯であり、資本は封建社会の内部に潜在的には存在していた。

その資本によって成立した社会(その社会の生産諸力と交易諸関係)もまた次の当為(社会主義社会)が現れることで、内的限界から制限に変わる。これが社会主義革命である。

このように時代の変革、社会の変革を、マルクスがヘーゲルの存在論の論理を使いながら考えていることが分かる。

しかし、ここで注意しておきたいのは、ここでは発展が問題になっていることだ。つまり、これは概念論レベルの問題なのだ。ところが限界、制限、当為の論理は存在論レベルのものである。つまり、発展の前提としての変化一般の説明である。それは当為が何かがまだ問われていないからである。

(3) 本質論レベルでの存在の運動 反省、反照

存在するものの世界は無常であり、ただ変化していく。生まれ、変化し、消滅する。その中に変わらないもの(本質)があるのではないか、ととらえた時に、私たちは本質論の入り口に立つのだろう。

では本質論の段階では、存在はどう運動するのか。

本質論のレベルでは、他者が現われ、自己と他者との関係が始まる。そこでの存在の運動とは他者と関係することである。そして、何とどういう関係を持つかに、その内的本質が現われる。

ここでは本質を認識する際の、関係の重要性がわかる。本質が現象していなければ認識できないから、私たちは関係を通してしかその本質を把握できないということになる。

AとBが関係し、その中で一つの共通した側面が現れる。この側面はAとBの関係の根底に内的本質として存在する。これが一般的に「比較」という認識方法だが、この関係には同一と区別の二つの側面がある。こうとらえた時AとBは現象と本質とに二重化される。

同一と区別とは切り離すことはできない。その同一の側

面から現象をとらえた時、自己内に同一と区別の二つの契機を止揚（aufheben）した存在（AとB）が現れる。この止揚をヘーゲルは観念、観念化と呼び、こうした存在を総体性（Totalität）ととらえる。対立、矛盾からなる全体（総体性）であり、対立や矛盾はこの全体の契機となってその中に止揚されている。

こうした内なる側面と外化され現象する側面への分裂は、世界を二重化し、その内なる側面が一般に法則としてとらえられる。これが現象の世界とその法則である。

現象と本質、その法則は、自然にも社会にもある。自然の法則は、物質、物質レベルでの物理的、化学的なものから始まり、生命、生物の世界にまで及ぶ。

この生命、生物こそが、総体性のあり方が発展した存在である。生物は自己という中心を持ち、自己維持という目的に貫かれ、自己内のすべての物質を、自己の契機として止揚して生きる。私たち人間も同じなのだが、それを意識や思考を媒介に行い、生きていく点が違う。

このヘーゲルの本質理解を継承したのが、まずはフォイエルバッハであり、次いでマルクスである。

フォイエルバッハは、ヘーゲルの本質認識の方法を理解し、実際にその方法を駆使するだけの能力を持っていた。

そして、そのとらえ方を宗教やヘーゲル哲学自体に投げかけて、ヘーゲル哲学を批判するまでになった。

『将来の哲学の根本命題』から、有名な節を紹介する。

「神が人間の客体から主体に、すなわち人間の思考する自我になる内的必然性は、すでに述べたところから、詳しく言えば次のようにして生じる。すなわち、神は人間の対象であり、しかも人間だけの対象であって、動物の対象ではない。

ところで、ある存在がなんであるかは、ただその対象からのみ認識され、ある存在が必然的に関係する対象は、その明示された本質にほかならない。

たとえば、草食動物の対象は植物である。ところでこの対象によってこの動物はそれと別な動物である肉食動物から本質的に区別される。たとえば、目の対象は光であって、音でもなく、においでもない。ところで目の対象においてわれわれにその本質が明示されている。だから、ある人が見ないということと、目がないということは、同じことである。われわれはだから実生活においても、多くの事物や存在をただそれらの対象によって呼んでいる。目は「光の器官」である。土地を耕す者は耕作者であり、猟を自分の活動の対象とする者は猟師であり、魚を捕える者は漁師である、等々。

だからもし神が（実際そうなのだが）必然的および本質的に人間の対象であるならば、この対象の本質においてただ人間自身の本質だけが言い表わされている」（第七節傍線は中井）。

あざやかである。

神と呼ばれるものは、人間の本質を外化させたものでしかないのだ。そうならば、それを本来の人間に戻すべきである。人間が、神なのである。人間の本質が、神と呼ばれるものの本質なのである。

そして、神と人間では、主語と述語が転倒しているから、それを再転倒し、本来の姿に戻すべきだと、フォイエルバッハは主張するのだ。神が人間なのではない。人間が神なのである。神が人間を作ったのではない。人間が神を作ったのである。

このように、フォイエルバッハはヘーゲルの本質認識の方法を最大の武器として、その本質論の提唱者であるヘーゲルの批判をし、ヘーゲルを観念論として批判した。

フォイエルバッハの本質理解を、さらにおし進めたのがマルクスである。

『資本論』第一巻冒頭の商品分析で、マルクスはある商品の価値の関係（二〇エレの亜麻布＝一着の上着）において、上着が価値の現象形態であることの説明をし、そのことのわかりやすい例として重量関係（棒砂糖の重さを測るために鉄片を天秤の向こう側に置いた関係）を持ち出している。

「いかなる商品も自己自身に等価体として関係することはできず、したがってまた商品自身の生まれつきの姿を商品自身の価値を表現〔する形式〕にすることはできないのだから、〔自己の価値を表そうとする〕商品は、等価体としての他の商品と関係しなければならないのであり、あるいは他の商品体の生まれつきの姿を商品自身の価値の形式としなければならないのである」[9]。

ここでは商品はその内的本質（価値）を、他の商品との関係の中でのみ示すことができると説明され、ここから一転、その商品の使用価値としての側面に話を変えて、それに帰属する性質（ここでは重さ）は、他の重さを持った物質との関係の中で現れることを示す。

「人はどんな棒砂糖についても、その重さを見て測ることも感知することもできない。そこで我々は、その重さがあらかじめわかっているさまざまな鉄片を取り出す。それ自体として観察すれば、鉄の物体としての形式は、棒砂糖の物体としての形式と同様に、重さの現象形式ではない。それにもかかわらず重さあるいは重量としての棒砂糖を表現するために、我々は棒砂糖を鉄との重量関係のうちに置くのである。この関係の内では、鉄は重さあるいは重量以外の何ものをも表示していないような〔そういう性質を持った〕物体として妥当している。従って、様々な鉄片は砂糖の重量の尺度として役立っており、そして砂糖という物体に対する限りでは、たんなる重さの現象形態つまり重さの現象する形態を表しているのである。この役割を鉄が果たすのは、その重量が見出されるべき砂糖あるいは何かある他の物体が鉄と取り結ぶところの関係の内部でだけのことなのである」(10)（傍線は中井）。

ここでマルクスが「この関係の内では」「関係の内部でだけ」と強調していることを確認してほしい。

ある物が、商品としての価値という側面を現すのは、それが他の商品と交換されるという関係の中でである。それはその物がその重さという側面を現す際には、他の物との重量比という関係の中でであることと、同じなのである。

さらに、マルクスは次のようなことを確認していく。

これはある物の社会的な性質（価値）は社会的な関係に現れ、自然的性質（重さ）は自然的な関係に現れるということでもある。

また「ある物の性質は他のものへの関係の中から生まれ出てくるのではなく、むしろその関係の中で確証されるにすぎない」(11)。それは内的なものの外化でしかない。

マルクスにあっては、自然レベルの関係と社会レベルの関係（商品＝社会関係）との区別と関係をとらえている。これがフォイエルバッハとの大きな違いである。

しかし、ここでは疑問が出てこないだろうか。

このように物が何とどう関係するかに現れるのがその内的側面であるのは認めても、それは多数あることになる。物は、たくさんの他者と関係を持ち、その中にたくさんの本質が現れるからである。そのうちのどれが本当の本質なのだろうか。それが他の側面よりも重要であることを示す基準は何なのか。それがわからない。

それは結局は主観の側が決めるだけなのではないのか、主観的なものではないのか。そうであるならば、話は元に戻る。認識とはしょせん主観的なものであり、そこには依然として主観と客観との対立は残り続ける。

ヘーゲルは、存在は多数の側面を持つが、それらの側面の中に対立を生み、それが矛盾にまで深まり、新たな運動を生むとする。その運動を追うことで、認識はその本質へと迫ることができるという。

つまり、「ただ見ているだけ」はただ見ているだけではないのである。

(4) 主体的な働きかけ

ヘーゲルの「ただ見ているだけ」ということは、何もしないということではない。外的反省をしないという意味である。そして、存在が自らその正体を現すということを実現するためには、対象への働きかけは不可欠なのである。従来の認識とヘーゲルの認識との違いは、働きかけの有無ではなく、その方法が違うだけなのだ。

ヘーゲルでは、認識主体は自分の好き勝手でなく、あくまでも存在が運動するように、存在が自らの本質を表わすように働きかけるのである。それが認識主体にとっての本当の主体性、変革意志の正しい関わり方だというのである。

人間がある対象を認識したいなら、その対象が何とどういう関係をしているかを丁寧に観察する。しかし、それだけでは、知りたいことのすべてがわかるわけではない。そこで人間は、自分が知りたい側面について、対象をいろいろなものと関係させることで見ていくのである。観察だけではなく実験も行うのだ。

牧野の説明を引用する。

「ある物Aは他の物Bと関係して甲という本質を現象させ、第三の物Cと関係して乙という本質を現象させるのだが、Aは自分で運動してBやC……と関係する場合もあるが、それでは人間の思う通りにAのいろいろな面を見ることはできない。したがって、人間はAを認識しようと思うと、人間が自分でAとB、またはAとC……を関係させてみることになるのである。しかるに、この『人間が関係させる』ということは、AやBやC……に対する、人間の実践的、変革的な働きかけである。かくして、こういう本質認識にとっては、人間の実践が不可欠となってくる。実践を介して認識が深まるとはこういうことなのである」[12]。

しかし、この牧野の説明だけでは問題の解決にはならない。こうして現れた多様な本質(性質)の中で、何がより本質的なものなのかはわからないからだ。そこで、より深い理解に到るには、その諸性質間の違いを、対立、矛盾に深めよ、とヘーゲルは言うのだ。

マルクスも実はそれを行っている。先の例で考えよう。物(商品)には社会的な関係で確認される社会的性質と自然的な関係で確認される自然的性質とがある。マルクスは商品の価値形態を研究したいのであり、それは社会的な関係であるからそれを問題にする。

また、価値については、社会的なものだが、その内部では交換価値と使用価値との対立、矛盾した両側面が現れる。そこで運動する。その運動から、貨幣が生まれ、労働力という特殊な商品が生まれ、剰余価値や搾取が生まれた。それらの運動を、マルクスは追っていくことができた。それが『資本論』である。

ここで、マルクスの有名な「人間の本質は社会関係の総和である」（フォイエルバッハ・テーゼ６）という考えを想起していただきたい。これはあまりに有名なマルクスの根本原理だが、これは本質とは関係の中で確認されるという考え方から生まれていることが確認できる。そして、マルクスがその人間の本質をその社会の対立、矛盾に見ていた（テーゼ６）ことも思い出されるであろう。それも、ヘーゲルの本質は対立や矛盾の中で運動していくという理解から生まれていることがわかるだろう。マルクスは、実際に、ヘーゲルの忠実な弟子なのである。

なおここで、存在の運動と認識の運動の関係における、認識の運動の重要性が明らかになる。存在が自らの本質を明らかにすると言っても、それには限界がある。その時、存在に働きかけて、そのより深い本質を現すような運動を引き起こさなければならない。それをするのは認識なのである。認識が存在に働きかけるのであり、適切な働きかけができなければ、深い本質は現れず、その認識ができないのである。

この存在の運動と認識の運動との関係は、マルクスの唯物史観では下部構造と上部構造との関係として現れてくる。マルクスは上部構造と下部構造の関係を後者が前者を規定するとしたが、それは一面的であり、下部構造（存在の運動）に対する上部構造（認識の運動）の自立性、重要性はここに示されているのである。

ここまでの理解に立つと、フォイエルバッハとマルクスの本質理解の違いもわかってくる。

フォイエルバッハの認識は自然の対象のレベルであり、しかもその認識には内的側面同士の対立・矛盾の観点がなく、その対象が他と関係する全体を見ようとしていない。マルクスの対象は人間社会であり、その本質を社会関係の総和であるととらえ、その人間社会の本質は対立と闘争であるととらえている。これは対象を関係の中でとらえるだけでなく、その関係の全体を、その内部の対立矛盾を深めることで、その本質により深く迫ろうとするものである。こうした理解がヘーゲルの総体性の考え方である。マルクスの「総和」にはこの総体性が含意されている（Ⅳ章３節参照）。

このようなフォイエルバッハとマルクスの本質認識の違いは、ヘーゲルの本質論段階の理解の浅さ、深さの違いが現われていることがわかる。これは次の概念論段階の発展の運動の理解に影響する。そしてさらに言えば、ここには思考能力の高低の問題がある。悟性(Verstand)レベルと理性(Vernunft)レベルの違いである。

悟性とは、事柄や用語の意味をきちんと確定し、固定してとらえ、他との違いを明確にする能力である。物事を同一と区別で考える比較の能力などが典型である。一般に、思考の三大法則とされる同一律、排中律、矛盾律の立場がこれである。この悟性の限界とは、必ず矛盾にぶつかり、それを解決できないことにある。

ヘーゲルは、そうした否定に止まらず、その矛盾が運動をもたらし、その運動が必ずその成果をもたらすことをとらえ、その全体を見て、矛盾を肯定的にとらえられることを示し、それを理性の能力とした。

本質論の段階で、すべてを関係の中でとらえるだけなら、悟性で十分である。しかし、その中に、対立と矛盾の運動があり、それによって深まっていく運動は、悟性にはとらえられない。

悟性レベルの認識の中にはすでに理性的認識が生まれている。それが矛盾の理解である。その理性的認識が理性的認識として自覚的に現れるのが概念論の段階である。

なお、この能力の問題でも、限界、制限、当為の運動があるはずである。人は、自己内に悟性を制限にする当為がない限り、そこに留まるのである。その当為はどこから生まれるのだろうか。このフォイエルバッハとマルクスの違いはどこから生まれるのか。

(5) 概念論レベルでの存在の運動　発展

①発展における「過程」と「総体性」

存在の運動において、存在論レベルと、本質論レベルを見てきたが、その最後には、発展の運動が用意されている。それが概念論の段階となる。

発展とは、存在の変化がその本質の現れである場合である。ヘーゲルは存在論の変化(外化)の運動と本質論の関係で本質を表わす(内化)運動の統一の運動として、概念論レベルとして発展をとらえる。

ここでは、存在論での変化における当為の内実が問われ、本質論の対立や矛盾を超える深まりが始まる。

発展とはただの変化ではない。変化の中には発展ではない堕落や停滞もあるからだ。変化は自己内の他者の現われだが、発展で現れる他者は、その対象の本質でなければならない。牧野はこれを「発展とは本質に帰るような変化のこと」(13)とする。

ある対象が生まれた時に、その本質はその対象の内にすでに存在しているのだが、まだ潜在的である。それが次第に外化し、現象し、実現していく。この過程を、ヘーゲルは、本質が外化する過程であると同時に、本質に内化する過程でもあるととらえる。本質は外化の過程で現れて来るからである。そしてすべての本質が外化した時、それは最初の本質の内に潜在的に存在していたすべてが実現したことになる。そして事実、最初に戻る。

この具体例としてヘーゲルがよく使うのがドングリの例である。ドングリは何ら分化のない一つの固形物であるが、そこから根や芽が出て、さらに茎や枝、葉や花、そして最後に果実ができて一つの円環が完成する。最後の果実が最初のドングリであるから。ここで始まりと終わりが一致する。

そこで、発展とは、始まりと終わりを持った三段階からなる運動であることがわかる。

始まりは分裂、対立のない一体となった状態、それが分裂した状態になると第二段階である。

第二段階は分裂、対立の段階であり、最初の状態の否定だが、次の段階に進むための必須の過程である。

第三段階は第二段階の否定であり、最初の一体の状態にもどる。もちろん、より高い、より深い段階としてである。これをヘーゲルは、否定の否定と呼ぶ。一応の完成の段階としてよいだろう。

この三段階の内の第二段階の過程では、最初の段階からの分裂が続く。それが本質の外化していく過程である。この外化における分裂の運動の中に、ヘーゲルは対立、矛盾の運動を見て、それが発展の過程を推し進める動力源となっていることを見抜いていた。

さて、こうして発展の全体をとらえると、そこには二つの側面があることがわかる。その経過していく過程の側面と、それぞれの過程におけるその全体（総体性）の側面である。両者の関係では、前者の止揚が後者であり、後者を時間の順番に並べ替えたのが前者である。ドングリから根や芽が出て、さらに茎や枝、葉や花、そして最後に果実ができていくのが過程の側面であり、そのいずれの段階でも、その時点の全体がそこにあり、それはそれまでのすべての過程を契機として止揚して自己内に持っている総体性なのである。[14]

なおマルクスが「経済学の方法」で歴史と論理の一致と相違を問題としたことは有名だが、そこで問題にされたのは、この二つの側面、つまり「過程」と「総体性」のことなのである。「過程」の側面が「歴史」であり、「総体性」の側面が「論理」である。（Ⅵ章を参照）

②本質レベルの発展と概念レベルの発展

さて、ヘーゲルはこのようにドングリの例を出して発展を説明しながらも、それはドングリからドングリという同じことの繰り返しであり、樫という一つの種の内部での発展でしかないから真の発展とは認めない。最初の種、類を超えたものが現われる段階、つまり地球から生命が生まれ、生物から人間が生まれる進化の過程、さらに人間社会の発展していく段階になって、初めてそれを本来の発展として認める。そこに現れるのは、もはやその種の本質ではなく、その本質を超える概念である。つまり、ある対象とその本質を、その生まれてから滅びるまでの前後の進化全体の中に位置づけなおしたものが、その対象の概念なのである。

発展には本質レベルの発展と、本質レベルを超えた概念レベルの発展とがあるのだ。ドングリの樫の木も、植物の進化の過程の中で生まれ、新たな種によって乗り越えられ、止揚されていく。

ここでは、限界、制限、当為の意味が変わる。ある対象が、その本質内部で発展していく段階から、その内部から新たな対象が生まれていく段階の違いである。当為はその本質内部での成長から、新たな対象、新たな本質を生み出すことへと変わる。限界、制限も、本質内部から、その本質を超えるものへと変わる。

そこでは古い世界、古い対象（A）の内に、新しい世界、新しい対象（B）が生まれ育っていく。新たな世界とは古い世界を全体として止揚した一つ上の段階の世界である。したがって、この両者の関係が大きな問題になるのだ。

古い世界、古い対象（A）の内に、新たな種（B）が生まれ、新たな本質が生まれる。Bの本質は最初はまだ潜在的であるが、生長・発展とともに外化し、すべての可能性が実現し、完成する。それが本質レベルでの「終わり」の地点である。

しかしこの終わりは、概念の立場から見るならば、まだ発展の過程の前半が終わったにすぎない。

その種が完成した段階からは、その没落への過程が始まり、次第にその種の限界が現れてくる。限界とは、その種の抱える矛盾であり、発展段階の低さである。それを超え、矛盾を克服し、さらなる発展段階に進む存在が新たに生まれる（C）。その時、古くなった種（B）は、実際に滅ぶかどうかは別にして、新たな種（C）に止揚され、その契機となっている。この段階が、概念レベルでの「終わり」である。それは新たな種（C）の「始まり」でもある。

ここで生まれた新たな種（C）が、Bの中に生まれた新たな当為であり、その当為によって、それまでの種（B）はその限界を明らかにされ、新たな種（C）にとっての制限となり、乗り越えられるのである。

この終わりの段階では、新たな種らしきものが多数生まれてくる。ただしそれらはすべて最初は新たな種の可能性でしかなく、それが実現していくかどうかはまだわからない。可能性の中で実現するものも、実現しないものもある。たくさんの可能性が新たに生まれているのだが、その内のどの可能性が実現していくかは、発展の過程を見ていくしかない。

以上が、新たな種（B）の始まりから終わりまでの過程であるが、その新たな種（B）もその終わりでは、古くなった種になってしまったが、その古い世界も始まりには新たな世界として、さらにひとつ前の世界（A）から生まれたのである。そこで起きていたことは、今、その世界（B）が終わる際の内容と同じである。

古い世界が終わり、そこに新しい世界が生まれようとする時、そこでは常に同じことが繰り返されている。

生物の進化の過程や、人類の社会発展において、絶対的な意味での完成はない。古い世界が発展し、その終わりの中に、新しい世界の始まりがある。それが繰り返されていくだけである。

一つの種が生まれてから滅びるまでの概念レベルでの過程でも、それは三段階で理解できる。この中に本質レベルの発展は止揚されている。

第一段階は、その対象が生まれる過程で、この裏では古いものの崩壊の過程が起こっている。

第二段階は、その対象が古い世界を止揚して自らの本質を実現していく過程である。この過程の終わりに、一応の完成はある。

第三段階が、その完成から崩壊の過程である。その過程の中で自らを止揚する新たな世界が生まれていく。

この発展段階でも、その発展には「過程」の側面と「総体性」の側面の両面がある。

第一段階と第三段階では、限界が制限となり新たな当為が問題になる。古い世界の止揚が問題になる。そこで重要なのは、総体性の観点である。

古い世界を構成していた契機が、新たな世界ではどうなるのか。新たな世界での総体性とその契機が、古い世界とどう関係するか、その継続、廃止、変形、奇形、そして止揚、そうしたことの調査と研究が必要になる。

なおこの概念レベルでの発展の三段階と、ドングリを例に出した本質レベルでの発展の三段階は、その内実が違うことに注意されたし。これからは概念レベルでの叙述が多くなる。混乱が起こらない叙述を心掛けたが、読者の皆様もどちらのレベルが話題になっているのかに、注意して読んでください。

③概念レベルの発展の認識

②では、存在が発展する運動、その内部での本質レベルの発展と概念レベルの発展について説明してきた。(15)

では、以上の存在の発展の運動を理解した私たちは、それをどう認識したらよいのだろうか。

ヘーゲルが言うように、存在の発展を見ていくだけで良いのである。それによって、対象の本質も概念も明らかになるのであるから。

しかし、そこには大きな問題がある。対象が発展していない時はどうするのか。この問題である。

答えはシンプルである。ただ、その対象を発展させれば良いのである。対象に働きかけ、対象を発展させ、その本質を外化させ、その概念を外化させれば良いのである。そうすればその本質も概念もとらえることができる。

すでに、対象がどのように発展するかを知っているのであるから、対象に働きかけ、対象を発展させ、その本質を概念にまで深める、つまり対象を発展させて、その終わりが終わり、新たな始まりが生まれるようにする。そうすれば良いのである。

もちろん、それがそれほど簡単ではないから問題が起こるのだが、基本の答えは明確である。

ではその認識方法を、発展の段階ごとに考えよう。

生物の発展、本質レベルの発展にあっては、その本質の認識が目標となる。

植物、例のドングリ（樫）で考えよう。その本質を知るためには、それを育て、その成長を観察すればよい。そしてその中で、始まりから終わりまでを確認していけばよいことになる。その過程では、周囲の事象とどう関係しているかも観察していく。以上の中にその本質が現われている。これは動物でも同じである。

生物の進化の過程ではどうか。そこでは生物の多様な種のそれぞれの概念が問われる。

先に述べた種の内部、本質レベルの発展は前提となる。その上で、一つの種が生まれ、展開し、滅びるまでの三つの段階とその内部の過程を観察し、その種の内部の当為、その当為によって限界が制限となる様子を観察すればよい。そこでは第一段階「始まり」と第三段階「終わり」が重要である。古い種から新たな種（当為）が生まれ、それが次世代（次の当為）によって滅びてゆく。ここでは総体性の観点で、その契機が全体に占める位置や役割の変化をとらえる必要がある。

もちろん、今現在の対象の発展段階によって認識は限定されるが、過去から現在までの発展過程を調査し、その進化の過程を理解すれば、大きな方向性は見えるのである。

以上からは、ヘーゲルが言ったと理解されている（本当は違うと私は考える）「ミネルバの梟」、世界が完成した時にその完全な認識ができるという考え方は、極めて一面的であることがわかる。

まず本質レベルの完成を問題にするのか、概念レベルでの完成を問題にするかで変わる。本質レベルなら、それでわかるのは本質にすぎず、概念はとらえていない。しかし、完全な認識とは概念の認識であろう。

次に対象の概念とは、その生成過程と崩壊過程の中で明らかになる。生成はすでにしているから認識できるが、それがまだ生成段階か、展開段階か、崩壊段階かによって、認識できる程度は大きく異なる。

崩壊段階なら認識ができるかと言えば、それも難しい。その概念は、その内部に新たな世界が現れてきた時に明らかになっていく。しかし、新たに生まれてくるものは多数あり、そのどれが本当の当為で、次の世界の芽なのかはすぐにはわからない。したがって、その概念が分かるのはまだ先になるだろう。

かくして、完全な認識などは永久に不可能であり、すべては相対的な認識でしかない。しかし、その中でも、ベストの認識は可能である。それが私たちの目指すべき認識である。

④人間社会の発展の諸段階とそれぞれの段階での三段階（生成、展開、滅び）

さて、以上は前提となるが、問題は我々人間についての認識である。

Ⅰ章3節で、自然と人間、自然法則と社会法則について言及してあった。

人間以前の世界では、存在の運動と認識の運動は一応区別できた。存在の運動を人間による認識の運動が後から追いかけることができた。しかし、ここからは違う。

本章での3節の（2）～（4）の存在論と本質論レベルまでは、自然と社会の区別はあまり問題にならなかった。人間もこのレベルでは大きくは自然や他の生物と変わらない。人間も物質であり、また物質から成立した生物の一員である。

人間が人間としての独自性を打ち出しているのは概念レベルにおいてである。なぜならここで人間は自らの存在と当為の分裂と、当為の選択の問題に直面し、人間自身の本質や概念をとらえ、それによって当為を決めようとするからだ。


　自然との間で同化と異化との物質代謝を行うことが生命維持であり、生きることである点で、人間も他の生物と変わらない。人間の自然への働きかけを労働と言うが、食べるための活動である点では、他の生物と同じである。労働の際に集団（社会）で働きかけ合うが、これも植物や動物なら行っていることである。

　では人間は何が違うのか。人間だけは、その労働が、その成長が自己意識、意識の内的二分に媒介される。それが違う。それは存在と当為の間に分裂が起こり、当為の選択が可能になることである。

　これは人間だけは悪を選択することが可能であり、悪の問題をかかえたことを意味する。だから、正しさ、正義、善とは何かが問われ、法が成立した。

　この自己意識の媒介によって、人間は個人の成長と、社会の発展にも分裂対立が起こり、それぞれの内部でも分裂、対立、闘争が起こる。これをヘーゲルは「自己との無限の闘争」と呼ぶ。

　人間による認識にとって、対象としての人間以外と人間との違いは対象にこの自己意識による媒介のあるなしである。

　この違いは決定的である。他の動物では、個体の成長過程も、社会も、基本的には同じことの繰り返しである。したがって、その認識は一世代を観察すれば終わる。つまり、種の内部にあっては、本質論レベルの発展しかない。

　しかし、人間は個々の成長でも大きな違いがあり、その社会は変化、発展していくのである。つまり、個人でも社会でも、それは数段階での発展があり、その段階にはそれぞれの本質があり、全体としてはそこにそれぞれの段階の概念があり、さらにその全体を貫く人間の概念があるのだ。人間はまだ終わりを迎えておらず、その発展の途上にある。

　人間の概念が実現していく過程には、個人の成長の諸段階、社会の発展の諸段階の運動がある。それぞれの段階において、その段階で新たな概念が生まれ、展開し、滅んでゆく。したがって、その段階の内部での第一段階と第三段階がとくに重要である。そこでは、新たな当為が生まれ、それによって限界が制限となっていき、古い世界は終わり、新たな世界が実現していく。

　したがって、新たな世界を認識するには、新たな当為が生まれ、それによって古い世界の限界が制限となっていく様子を観察し、分析すれば良い。

また、その際は、総体性の観点が重要である。古い世界を構成していた契機が、新たな世界ではどうなるのか。新たな世界での総体性とその契機が、古い世界とどう関係するか、その継続、廃止、変形、奇形、そして止揚、そうしたことの調査と研究が必要になる。

そしてこの対象のとらえ方、対象の発展を発展としてとらえる認識方法を概念的把握と呼ぶのである。またマルクスが唯物史観で問題にした革命の時代とはここで言う第三段階のことである。それは新たな当為から見れば、第一段階でもある。それは個人における革命（成長するための大きな転機）においても同じである。

以上は存在の運動と認識の運動を一般的に述べたのであるが、しかし、これは簡単ではない。ここには対象も認識も同じ自己であるという問題、自己（存在）を自己自身が認識するという自己理解の二重性がある。そこではそもそもの存在の運動に人間の意識の媒介があり、その運動を意識の媒介（認識）でとらえることになる。この意識の媒介の二重性の問題が大きいのだ。

その成長、発展の過程では、その当為や限界の意識、自覚、認識が問題になる。誰もが、自分の限界をみとめたくないし、新たな当為に脅かされたくないであろう。しかし、成長するにはそれを自覚し、自らの限界を超える努力をしていく以外にはない。そこには対立、葛藤が生まれ続け、苦悩や挫折に見舞われる。

さらに、そうした人間の存在の運動を認識する際には、その認識する人間のその認識もまた、当人の自己意識に媒介されるのである。ここに、人間の成長、発展の認識が、対象と認識の側にともに自己意識が媒介する問題があり、二重の困難さがあることがわかる。悪の選択の問題は、二重になって現れてくるのだ。

人間にあっては、自分が自分を意識的に作る、その中に自分が自分を認識し、そこから当為を引き出していく。その結果現れた人間社会について、それを認識する際もまた自己が自己を認識していくのである。存在の運動と認識の運動の関係にあって人間だけは対象である存在が自分自身であり、自分自身の中には認識を媒介にした存在という構造がある。

人間にあっては存在の運動と認識の運動とは対立、矛盾しながらも、いつでも統一されている。人間という存在の運動を人間の行う認識がとらえていき、その一方で人間の認識が人間という存在を作り上げていくからである。人間という存在だけは、存在し、それゆえに認識する。認識し、それゆえに存在する。

本章の2節で問題にしたことは、存在の発展段階とその認識の関係であった。そしてその問題が本当に問われるのもこの段階である。この段階が存在の運動とその認識の運動を考える上での核心である。ヘーゲルの「ミネルバの梟」は、人間を対象にし、人間社会の認識やその完成が問われるこの段階でこそ、問題となるのだ。

この問題は大きい。人間が人間を理解する時、それが自己でも他者でも社会でも、そこにはどうしても自己理解のレベルが問題になる。人間の成長や発展を理解するには、自己自身が成長・発展し、悪の問題を克服し続けていなければ、その成長と発展の論理がわからないからだ。

こうして、人間の認識では、結局は、その成否は認識する当人の生き方に帰着する。成長するべく生きている人間はその側面を見抜いていくし、そうでない人は、それを認識することは難しいからだ。

そしてここにマルクスの仕事が位置する。革命の時代の人間の存在の運動とその認識の運動を明らかにしようとしたのがマルクスである。

マルクスの唯物史観における上部構造と下部構造の関係を、この二章の存在の運動と認識の運動との関係と比較してみよう。すると下部構造とは存在の運動であり、上部構造とは認識の運動であることがわかる。その関係は、存在と当為とも言い換えられる。

それがわかれば、「下部構造が上部構造を規定する」と言うのは、極めて一面的な表現であることがわかる。もちろん、存在が運動することで認識が可能になるのだが、それは存在の運動を認識の運動が単に反映することを意味するのではない。

存在の運動にも限界があり、存在の「ありのまま」に、その本質がすべて明らかになるわけではない。

3節の「(4) 主体的な働きかけ」で明らかにしたように、認識の主体的な運動が必要である。それが3節の「(5) 概念論レベルでの存在の運動　発展」になれば、対象の発展が問題になり、それには認識主体の側に事前に発展的なとらえ方が可能になっていることが条件になる。そして対象が人間や社会になれば、その人間の生き方自体が問われるのだ。

認識の運動の存在の運動からの自立性、主体性がますます問われることになり、存在と当為が一致するためには、認識の主体性、変革性こそがその条件になる。

以上の理解とマルクスの唯物史観は矛盾するように見える。そこで次のⅢ章からはそのマルクスと唯物史観の検討をしたい。そしてその検討を終えて、再度本章の問いに戻り、この矛盾の意味を考えていきたい。

4 鶏鳴学園での実践

私は鶏鳴学園という中学生と高校生対象の塾を経営している。また中井ゼミでは大学生・社会人の哲学教育を行っている

その中で一人ひとりの人間の生き方、仕事や社会との関わり、テーマを持った生き方、自立した生き方を指導してきた。そこでは人生のテーマの作り方、社会問題や自分の生活上の諸問題との向き合い方が課題になるが、その前提として人の本質と概念の認識方法、人への働きかけ方、その成長・発展への関わり方が核心である。そこでは常に、ヘーゲルとマルクスの思想を念頭に置いて考えてきた。しかし、それは何か特別なものではなく、人々が無自覚に行っていることを、ハッキリと示したものでしかない。

(1) 存在論から制限と当為

ヘーゲルの存在論での、限界、制限、当為の考え方は、大いに有効である。

思春期の生徒は自我にめざめる。その過程では、両親と子供の関係の問題は極めて重要である。子供の親からの自立の問題と、親の子離れの問題は、一つであり切り離せない。依存と対立、そのせめぎ合い、これをどう考えたら良いのか

私はそうした生徒や保護者たちに、繰り返し話しているのは、思春期のテーマは親からの自立だから、それには親の子離れが必要だということである。

思春期は親や周囲からの自立が課題（当為）となる。それまでの親の庇護、子供が傷つかないようにと子供を守ってきたことが、この段階で逆の意味に転ずる。それはもはや過保護であり、過干渉となり、子供の成長にとってのマイナスに転ずる。それが親への甘えや、逆の抵抗、反発を生み、自立が難しくなる。

この論理は、自立するという当為によって、それまでの限界が制限に転じるということである。

自立とは単に経済的な自立を意味するのではない。親（が代表する世間一般）の価値観と生き方、それと自分の一体の関係から、それはそれとして相対化し、自分自身の価値観や生き方を打ち出して生きることが自立である。

そこで親の価値観と自分の価値観、親の生き方と自分の生き方が比較される。そこに対立、矛盾が起こる場合がある。

親に反発、抵抗・反抗して、親の価値観と一見正反対の言動を繰り返す場合もある。しかし多くの場合、それはただ親への依存の裏返しでしかない。親の価値観を基準にしている点では何も変わらず、それに支配されているだけだからだ。そこで真の自立が問われる。

単に親からの自立といった抽象的な一般論の段階ではすまなくなる。その生き方と思想の内容が問題になる。自分はどのように生きるのか、どのような価値観で社会に向き合うのか、社会の問題にどう対峙するのか。人間や社会の本質を問い、それを踏まえて自分を作っていくのだ。これは自分の当為の内容を厳しく問うことであり、それが深まっていくと概念論の段階になる。

(2) 本質理解の問題

私は、ヘーゲルの本質理解の方法もよく使ってきた。これも特別なことではなく、多くの人が普通に行っていることだ。

例えば、ある人を理解したければ、その人が何に関心があるか、何が好きか、どんな本や社会問題に興味を持っているか。そうしたことを知ろうとするだろう。それはすべて、関係の中にその人の本質が現われるからである。もっと簡単に言えば、その友人、その恋人、その師や弟子、その関わるサークルや社会的活動、政治行動を知ればよい。そこにその人間の本質が現れている。これが大学入試や就職試験の調査書や面接で問われていることだろう。これは「類は友を呼ぶ」という古典的な真理である。

しかし、ヘーゲルならばその先に進むはずだ。関係には、必ず対立、矛盾が起こる。人間にはそれぞれの価値観があり、生き方がある。友人と恋人が、また師と恋人が、また上司と同僚とで、対立が起こる時、いずれかを選ばなければ先に進めない時がある。そこで選ばれた相手が、その人のより深い本質なのである。そうした対立は絶えず起こり続けるから、その中で人は自らのより深い本質を現していく。それがその人の成長なのではないか。

二つの価値観、二つの生き方、二つの立場のどちらを選択するか。その選択で人は成長し、それによって自らを作っていく。

ではこうした立場では、どのように相手に働きかけたらよいのか。相手には、その対立、矛盾が明らかになるように、さらにはそれをより大きく激しくしていくように働きかければよいことになる。そこでの本人の選択を見守ればよい。これが対象を発展させるための働きかけである。

今、他者への働きかけを問題にしたが、これは実は自分自身に対してこそ必要なことである。自分が誰とどのように関わっているのか、どの組織とどうかかわるのか。対立や矛盾にはどういう選択をしてきたか、その総体が自分なのである。

その選択の基準がここで問われていく。それが深まると概念論の段階に進むことになる。それは大学生や社会人の段階である。

（3）概念を問う

大学では、自己や他者、社会問題や自然界の問題に対する関心、文化・芸術・思想・宗教などへの関心が深まり、学問・研究を始める。

そこでは自分の問題意識、テーマがまず問われ、次にそれについて学んでいく際に、どの先生を選ぶのか、どの立場を選ぶのかそれが問われる。

また、人は社会に出ると、今の現実社会の諸問題に直面することになる。それは経済の問題であり政治の問題であり、自分が就職した仕事や組織の問題である。組織には上下関係があり、そこで金と人事権の問題に出会う。組織と個人の関係、民主主義のルールが問われる。

そうした問題や、セクハラやパワハラの問題があり、自分や他者を守るためにはそれらと闘うことになる。

自分や周囲を理解しようとする時に、社会道徳や社会倫理における抽象的一般論ではすまないことが多い。そうしたものの見方や生き方の基準は、単に個人のものではなく、その社会構造、経済関係、人々の階級、階層が大きく関係するからである。

それは、学歴、職歴、年収、生活や文化レベル、どういう仕事をどういう会社でどういう役職でやっているか、こうしたことの違いとして現れる。

例えば、サラリーマンや役人というあり方は、その人の生き方を大きく決めていることが多い。（Ｖ章5節の（4）を参照）

友、仲間、恋人、師弟を選ぶ際の基準、進路・進学の選択、結婚観や相手の選択、その子育て、それらすべてに、階層、階級が関わっているのではないか。それには、直接には親や親族からの深刻な影響がある。親からの自立の困難さは、この問題があるからなのである。

こうした選択の基準の社会性、階級性に対しては、それを突き放し、客観化し、相対化し、その階層、階級の内実とその意味を考えていくしかないだろう。それが人間社会の本質、今の社会がどういう過程から生まれてきたのかを学ぶことに導く。

私たちは無意識のままに前提を持って生きている。それが無意識である限り、それに支配される。マルクスの唯物史観、上部構造が下部構造に規定されるという命題が意味を持つのはこの段階以降である。

この段階では、成長・発展の論理の自覚が重要になる。人間は、成長を自己意識、意識の内的二分を媒介にして行うからである。

成長には、内的な葛藤があまり必要のない段階と、厳しくつらい葛藤を潜り抜けなければならない段階がある。それが本質レベルと概念レベルの違いである。

思春期までは、基本的には本質レベルである。失敗や挫折や人との関係で傷つくこともあるが、それが深刻な内的葛藤にまでは至らない。多くの人にとっては、思春期から概念レベルが始まる。

問題があり、危機的状況があっても、それまでの自分の生き方のママで、「努力」すれば何とかなる段階がある。それが本質論段階。しかし、それまでの自分ではもう対処できない時が来る。それまでの自分を根本から変えなければならない段階がある。

自己内にもう一人の自己（新たな当為）が生まれ、それとの深刻な葛藤、闘争が始まる。それは内的葛藤であるが、同時に、外の人々（親や友人、世間）との対立が起こる。外との対立が生まれ、自己内の自己に気づくことも多い。両者は相互関係である。

実際に自己を変えることは苦しい。新たな当為は、それまでは無自覚な限界であったことを制限にし、自己変革を迫るから、それを自覚することは苦しい。それを無視し、流し、古い自分のままで何とか乗り切りたいとも思う。新たな自己、新たな当為を憎み、それを抹殺しようともする。そしてそれができる間は、自分を変えることはない。いよいよ追い詰められ、それまでの自己では一歩も前に進めなくなった時、しかもその自覚をしっかりと持った時にだけ、人は前に進むのだ。ここに人間の悪の問題、「絶望」の問題が顔を出す。

ヘーゲルは「絶望」だけが人間を前に進めると言うが、まさにその通りだと思う。

誰もが「絶望」したくはない。自己改造は厳しいから、それをしたくはない。だから中途半端に頭の良い人は、自分を誤魔化し、周囲をごまかして、危機をやり過ごそうとするし、それができる。だからその生き方の根本が変わることはない。

それを指導する立場にある私ができることは、どういう限界が、どういう当為によって、どう制限になろうとしているかを説明し、それについて話し合うことである。本人がそれを意識し、その意味を冷静に考えていけるようにするためである。

マルクスの唯物史観、その生産力の規定は、すべては生産力（能力）が規定するというものだが、その意味は、人間は「能力の範囲内にない事はやりたくてもできない」[16]ということだ。そのマルクスの説明の中で、私にとって大きかったのは『経済学批判』の「序文」の唯物史観の定式5（本書八〇ページ）以下の文章である。

「人類はいつでも解決しうるような〔そういう性質の〕課題しか立てない〔と言える〕。というのは、一層詳しく考察するとつねに確認できることは、〔そもそも〕その課題自身がそれの解決に必要な物質的諸条件が既に存在しているか、少なくとも生まれつつある時にしか、発生しないからである」。

私たちが何かおかしいと感ずる、どうしても納得ができないと感ずる、そこから問いを立て、何かの課題を持つ。それが可能なのは、すでにその問いの答えを出す能力があるからなのだ。私はこのマルクスの言葉に何度も励まされ、肩を押されて生きてきた。これは真剣に生きようとする人々への応援歌なのだ。このマルクスの言葉とその意味についていては、苦しんでいる仲間たちがいれば、そこでいつも紹介している。

これは個人の例だが、社会の具体的理解方法が、引用した部分の直前にある。「これまでよりも高く新しい生産諸関係は、それを生み出す物質的な諸条件〔つまり、古い社会が矛盾で行き詰まり、その矛盾を解決するための諸条件、可能性としての生産力をより実現できるような諸条件〕が、古い社会自身の胎内にはぐくまれるまでは、古い社会にとって代わることは決してできない」。マルクスが個人と社会とを常に往復して考えていることがよくわかる箇所である。

また以下もいつも心にとめている。

「社会構成体はどれもみな、その社会構成体が〔その内部の可能性としての〕生産力をまだまだ発展させるだけの余力がある限り〔つまり生産関係との決定的な矛盾にまだ到らない限り〕、決して亡びない」。

「まだまだ発展させるだけの余力がある限り」。当為が現われていてもそれによって限界が制限にならない限り、当為が実現しない。この限界を制限にするには自己意識の媒介が必要であるから、それを意識できているか否かは決定的である。

個人の例では、ここからさらに「先生」の存在の必要。人類史、哲学史、科学史を学ぶことの必要性がわかるので、「先生を選べ」[17]という原則を説明する。人は自分が関心を持つ問題についての人類史上の最高の存在、最高の立場を選んで、そのレベルに到達するための修業をするのだ。

古い自分と自己内の新たな自己との対立が、どういう意味を持つのか。それを人間の概念、今現在の社会の諸問題、人類の歴史、哲学史から、意味づけていく。

それが私たちが学び続けなければならない理由であろう。そしてそこから、各自が生きる上での目的、目標、テーマを確立していける。どういうテーマを持ち、それをどこまで実現できたかが、その人の評価になる。そのために誰を先生としたか。

以上が、ヘーゲルやマルクスから学んだことを、鶏鳴学園でどう実際に応用しているかの説明である。

本章の議論では、許万元と牧野紀之のヘーゲル研究が前提となっている。

許万元『ヘーゲルにおける現実性と概念的把握の論理』『ヘーゲル弁証法の本質』『認識論としての弁証法』、牧野紀之「悟性的認識論と理性的認識論」、「『パンテオンの人々』の論理」、「許万元のヘーゲル追考論」などから学んでいる。ヘーゲルやマルクスの「追考（結果論的考察）」について明らかにしたのは許である。そこではヘーゲルの「ミネルバの梟」やマルクスの「人間の解剖が猿の解剖の鍵を与える」が例とされている。

牧野はこの許の考えを存在の運動と認識の運動の関係としてとらえ直し、そこから「存在とともに歩む思考」という考えを「悟性的認識論と理性的認識論」などで明らかにした。また、「ミネルバの梟」や「人間の解剖が猿の解剖の鍵を与える」に対しては、大きな問題提起をした。「そうだとすると人間の解剖に鍵を与えるのは何か。それはどこにあるのかの問題が残る。猿の解剖より人間の解剖の方が重要なのである」（「許万元のヘーゲル追考論」）。

これらを前提として、私見を出したのが本章である。

(1) くわしくは牧野紀之「昭和元禄と哲学」を参照

(2) この「結果論的な考察」については許万元の『ヘーゲル弁証法の本質』『認識論としての弁証法』を参照

(3)(4) こうした問題を正面から打ち出したのは牧野紀之である。「マルクス主義哲学を笑う」「許万元のヘーゲル追考論」参照

(5)(6) 牧野紀之「許万元のヘーゲル追考論」

(7) 牧野紀之「サラリーマン弁証法の本質」

(8) このことを明らかにしたのは許万元である。許万元『ヘーゲル弁証法の本質』八九ページ、二一八ページ

(9)(10) 牧野紀之訳注『初版資本論の付録』「等価体という形式の特質」鶏鳴出版

(11) マルクス『資本論』第一巻　新ディーツ版七二ページ

(12) 牧野紀之「悟性的認識論と理性的認識論」

(13) 牧野紀之ウェブ版哲学辞典『マキペディア』の「発展」

の項から

(14) 許万元は『ヘーゲル弁証法の本質』で、ヘーゲル弁証法の三大特色として「内在的考察」「歴史主義的見地」「総体性の立場」を説明する。このうちの後者二つが「過程」と「総体性」に対応している。ただし、許はこの二つの関係を説明していない。

(15) この存在するものの発展における本質レベルと概念レベルの違いについて、牧野紀之は「帝国主義」を例として次のように説明する。

「帝国主義の『本質』は対外侵略性を持っていますから帝国主義が他国を侵略するのはその『本質』に一致した行動です」。しかし「帝国主義の『概念』は資本主義の最高段階として発生し、被抑圧人民大衆によって妥当されることですから、帝国主義は人民によって打倒されることがその『真理』（＝真のあり方）です」（牧野紀之訳『小論理学』の「付録3　ヘーゲル論理学における概念と本質と存在」）。

牧野が言っていることに異論はない。その通りだと思う。ただし、この両者の関係を詳しく解明しなければならないと私は考え、それを本節で行った。

(16) 牧野紀之のウェブ版哲学辞典『マキペディア』の「土台（と上部構造）」の項から。

(17) 牧野紀之『先生を選べ』鶏鳴出版

第Ⅲ章

マルクスの人生
――『経済学批判』への「序言」から

本章ではマルクスの人生の全体、特に一九四八年の革命までを詳しく検討したい。またその革命の失敗後の大きな転換についても押さえておきたい。

そのために『経済学批判』の「序言」を取り上げる。序言は、マルクス自身によるマルクスの思想形成のコンパクトなまとめになっており、これに依拠しながら考えるのが良いと思うからだ。

1『経済学批判』への「序言」の訳注

訳文は、牧野紀之の訳注「『経済学批判』への序言」(『マルクスの空想的社会主義』に収録)によっているが、一部を変えている。変えた中で重要な個所については注で説明をした。

私の注の中で、牧野が注記した内容を引用したり、それに言及する際は、『マルクスの空想的社会主義』のページ数と注の番号を示した。

形式段落の標題については牧野が提示したものを参考にしたが、私の理解で表題付けを行った(1、2、4－1では牧野の表題を使用した)。

〔　〕は牧野のもの。中井が入れたものは〘　〙とした。

区別がわかるためである。

段落については、「段落」を省略し、1段落を1と表記する。ただし、4段落だけはその内部をさらに三つに分け、それぞれを4－1、4－2、4－3と表記する。これは牧野がそうしているのだが、私もそれに従う。

また一つの段落内部でも、いくつかに分けたところがある。すべては読者の読みやすさを考えてのことである。

4－2、4－3では唯物史観の定式があるが、その定式が全部で六つあるから、その番号をつけてある。〔①〕〔②〕などだ。これも牧野の方法を踏襲した。

〔内容目次〕

7　おわりに

〔1　はじめに　マルクスの経済学研究の全体像と『経済学批判』の位置づけ〕

私はブルジョア的経済体制を資本、土地所有、賃労働、更に国家、外国貿易、世界市場、という順序で考察する[1]。前の三つの標題で研究しているものは、現代市民社会の三つの部分をなす三大階級〔資本家、地主、賃労働者〕の生活の経済上の諸条件[2]である。後の三つの標題の〔内的〕関連はおのずから明らかである。

資本を扱っているのは第一巻であるが、その第一部は第一章商品、第二章貨幣あるいは単純流通、第三章資本一般[3]から成り立っている。そして、前の二つの章がこの分冊の内容を成している。

〔こういう構想を実現するための〕全ての材料は〔バラバラな〕独立論文[4]という形で手元にあるのだが、これらの独立論文はかなりの期間にわたって自分自身の理解のために書き下ろしたものであって、印刷を目的としたものではない。上記の計画に従って〔印刷・出版のために〕これらをまとまったものに仕上げられるかどうかは、外的事情に依る[5]だろう〔ことでどうなるか分からない〕。

（1）これが「経済学批判序説」の第三章「経済学の方法」で問題にしたことへの回答である。これが「資本から始まって資本に戻る」という方法での説明と一致しているだろうか。

（2）「生活の経済上の諸条件」とは、具体的には「資本、土地所有、賃労働」のことである。それは「現代市民社会の三つの部分をなす三大階級〔資本家、地主、賃労働者〕」の「生活の経済上の諸条件」である。

（3）牧野は注（二六七ページ注8）で次のように書く。「この das Kapital im allgemeinen（資本一般）はヘーゲルの『概念論』の冒頭の Vom Begriff im allgemeinen（概念一般について）を想起させる。ヘーゲルのその意味は『生成したばかりの概念』ということでもあった（だから概念論の冒頭に置かれている）。マルクスにあってもやはり『一般論』は『生成したばかりの姿を論じる』ということであろう。なぜなら、資本を扱うのは第一巻全体だというのだから、第一部の最後の章で生成した限りでの資本を扱い、その細かい展開は第二部以下の課題とする、と構想していたはずだからである。従ってこの叙述の順序は『始元としての普遍から（その展開としての概念の）特殊をへて個別へ』という順序だということになる」。

（4）『経済学批判要綱』のこと

(5)「外的事情に依る」はおかしい。発展の立場、唯物史観の立場なら、「必ず出版されることになる」と言うべき。その上で、その条件を示し、その条件がかなえられるかどうかは、発展段階によると言えばよかった。

〔2 序言の目的〕

〔本書への〕一般的な序論[1]になるような文章〔「経済学批判序説」[2]〕を書いてみたのだが、それは発表しないでおこうと思う。よく考えてみたのだが、まず[3]、証明するべき結論を先取りするのはどんな事でも『本来のあるべき姿勢に対しての』障害になると考えたからである[4]。つまり[5]、私についてこようと思うほどの読者ならば、個別的な事から一般的な事へと『自分自身の足で』昇っていく覚悟が必要だからである[6]。しかし、私が政治経済学をどのように勉強したか[7]をここで簡単に述べておくのは適切だろう[8]。

(1) Einleitung。これは「経済学批判序説」のこと。

(2) 当時は一般に、本には序文〔序言とも訳される〕(Vorrede)と序論〔序説とも訳される〕(Einleitung)が頭に置かれるのが普通であった。ヘーゲルの『精神現象学』の序文(Vorwort)の異常な長さがよく引き合いに出される。

(3) erstをこう理解した。次の注(5)のundと関係する。

(4) しかし、そうだとしても一般的序説、つまり結論の先取りは、登山を大いに助けるだろう。マルクスの言うことは、能力を問題にせず、意志だけを問うことになる。それは現実的ではない。

マルクスが「ヘーゲル法哲学批判序説」では、一般的序説を書いて雑誌に掲載していることとも矛盾する。

ヘーゲル自身は『精神現象学』で同様のことを言いながらも、長大な「序文」と「序説」を書いている。

(5) undを前の注(3)のerstと関係させてこう理解した。

(6) ここは注意が必要。ここでは昇っていくとしているが、マルクスの下降法と上昇法の内の下降法に当たる。しかし、それを求めるだけで良いのか。本当に困難なのは、上昇法であり、それは普遍から特殊を通って個別に至る道である。この意味がそもそも難しいし、それができる人はほとんどいない。だからこそ、「序説」を必要とするのではないか。

事実、その後、マルクスの方法は理解されないままにあるのではないか。

牧野は以下のように注記(二七〇ページ注4)する。「マルクスは事実上(意識的か無意識的かはともかく)、一方において普遍から個別へという順序を実行しながら、他方においてここにこうして個別から普遍へと登る方法を説いている」。

(7) 研究の結論ではなく過程を書く。

(8) なぜ、「政治経済学をどのように勉強したか」を書かなければならないのだろうか。一般に、序言には何を書くべきなのか。ここでは、マルクス自身が唯物史観をどのように獲得したのか、そしてその唯物史観の概略を書いたのだと思う。それはマルクスにとっては「自分とは何か」の答えだったのではないか。

〔3 マルクスの二つの問い〕

〔大学時代〕私の主専攻は法律学だった。しかし実際には哲学と歴史学を主に勉強し、法律学はその傍らに勉強しただけだった。〔大学卒業後〕一八四二年から四三年にかけて私は「ライン新聞」[(1)]の編集に携わっていた[(2)]のだが、〔その時〕初めていわゆる物質的[(3)]な利害に関して何か発言をしなければならないはめになり、困惑した。

《問題は三つあった》〔第一に〕ライン州の州議会での材木泥棒と土地所有の分割に関する議論[(4)]、〔第二に〕当時ライン州の知事であったフォン・シャーパー氏が「ライン新聞」を相手に起こしたモーゼル河畔の農民の状態についての論争[(5)]、そして最後に、自由貿易と保護関税についての議論[(6)]、これらがきっかけとなって私は初めて経済上の問題[(7)]と関わることになった。

他方《こうした現実世界における経済の諸問題と闘う思想としては[(8)]》、当時は「もっと先に進もう」という良き意志に実際的な知識が追いついていかない時代だった[(9)]ために、我が「ライン新聞」でもフランスの社会主義や共産主義に対しての共鳴するこだまが、少し哲学的な色付けをほどこしてではあるが、聞かれるようになっていた[(10)]。私はこれらのお粗末な議論には反対であると言明したのだが、同時に「アウグスブルグ一般新聞」とのある論争の中で、フランスのこれらの傾向の内容そのものに関しては、自分のこれまでの知識では確定的な事は何も言えない[(11)]ということを表明せざるをえなかった。《以上の大きくは二つの問題が、当時の私にとっての問題であった。》

〔その頃〕「ライン新聞」の経営者たちは死刑〔廃刊〕判決を受けた同紙を紙面の調子を落とすことで生き延びようとしていたし、それが可能だと思っていた。私は《それにおつきあいする気は毛頭なかったので》この機会をとらえて公の場〔社会生活〕から身を引いて《私の二つの問題の答えを出すために》再び研究生活に戻ることにした[(12)]。

(1)「ライン新聞」とは一八四二年一月にライン地方の急進派ブルジョワジーとヘーゲル左派が協力して創刊した新聞。マルクスは四二年から四三年までそこで編集者、編集長として働く。

(2) マルクスは大学の教員になりたかったが、その思想的な立場からそれが不可能になった。そこで、新聞の編集者になったのだが、それが現実社会の問題に深く入っていくきっかけとなった。マルクスには時代の最先端を相手にするジャーナリストとしての側面がある。

(3) この文書では、一貫して「物質」と「精神」を明確に反対概念として打ち出している。「物質的」とは経済的、下部構造ということ。「精神的」とは上部構造のこと。

(4)(5)(6) 本章の4節（1）で説明した。

(7) 「経済」は「物質的」に対応するだろう。

(8) この「他方」とその前の、二つの関係は何か。現実世界における経済上の諸問題（法律と経済の関係の問題）と、その諸問題と闘う思想として、私は理解した。

(9) 一八四八年の革命前夜であり、ドイツにも革命を求める声が大きくなっていた。その時代への反省として、マルクスは「実際的な知識が追いついていかない時代」としている。この「実際的な知識」とは、マルクス自身が後に補ったものであり、唯物史観であり、剰余価値であろう。

(10) 七月革命後の一八三〇年代のフランスで台頭した社会主義・共産主義思想が一八四〇年代以降にドイツに輸出され、ドイツ国内に生まれたのが「真正社会主義」。

(11) この正直さと率直さ。

フランスで台頭した社会主義・共産主義思想の影響を受けたドイツの「真正社会主義」。それへの批判は簡単だったが、本家のフランスの社会主義や共産主義についてははっきりしたことは言えない、というのである。これは落ち着いた態度である。

当時のマルクスは共産主義者ではなく、自由主義者・民主主義者だったため、編集長就任の際に書いた論説で「『ライン新聞』は既存の共産主義には実現性を認めず、批判を加えていく」という方針を示した。

(12) もともとマルクスは研究者になりたかった。しかし、ヘーゲル左派のマルクスには大学の教員の道は閉ざされていた。そこで、新聞の編集者となったが、ここでまた研究生活に戻った。革命の理論を研究するためである。マルクスの中に、研究とジャーナリストの二面があり続けたことは重要である。

〔4 問いの答え〕

〔4−1 ヘーゲルの『法の哲学』の批判的研究から経済学へ〕

私を悩ませた疑問を解決するためにまず取り組んだ仕事は、ヘーゲルの法哲学を批判的に検討することだった[1]。それは、その序説[2]に当たる部分を『独仏年誌』（一八四四年にパリで創刊）に発表した、ああいう性質の仕事だった。

私の研究の結論は、〔第一に〕法律上の諸関係〔法律として確認されている（あるいは確認されるべき）人間の権利義務関係[3]〕や国家の諸形式[4]はそれ自身から理解できるものでもなければ、いわゆる〔ヘーゲルの言ったように〕人間精神[5]の一般的な[6]発展から理解[7]できるものでもなく、むしろ物質[8]生活上の諸〔人間〕関係（その全体をヘーゲルが一八世紀のイギリスとフランスの先輩[9]にならって「市民社会」という名前でまとめてとらえているあの関係）に根ざしているということであった[10]。〔第二に〕しかるに、その市民社会を解剖する仕事は政治経済学の仕事である、ということであった[11]。『だから政治経済学の研究を開始した。』

---

(1)　なぜヘーゲルだったのか、なぜ『法の哲学』だったのか。それを説明する必要があるはずだが、それをしない。

(2)　「批判的に」とは、フォイエルバッハの疎外論、唯物論の立場から、ヘーゲル法哲学を批判的に学ぶという意味。「ヘーゲル法哲学批判序説」。ここでは序説を書いて公表している。しかし、書き上げた総論部分をとりあえず公表したものを「序説」としたものだから、その意味は違う。

(3)　ここは牧野の理解である（二七四、五ページ注4）が、牧野はさらに「要するにこれは人間関係における善悪であり、価値判断の基準を定めたものだということである」としている。

(4)　牧野の注（二七五ページ注6）。「国家の諸形態とは、天皇制とか人民主権とか、三権分立とか婦人参政権とかいったことである。これも価値観を表現している。」

(5)　マルクスはこの「精神」とこの直後の「物質」注(8)を反対語として強く意識している。「法律上の諸関係や国家の諸形式」が精神であり、「物質生活上の諸関係」（つまり経済関係）が物質である。

(6)　この「一般的」は普通の意味

(7)　begreifen　ここではヘーゲル的意味を意識してはいないだろう。

(8)　この「物質」は直前の「精神」を強く意識している。前の注(5)を参照

(9)　アダム・スミスなどの国民経済学者やフランスの啓蒙思想家。

(10)　これがマルクスの第一の問題（物質〔経済〕と精神〔法律や国家制度〕の関係）への答えである。そしてこれが唯物史観の「下部構造が上部構造を規定する」という説明につながっていく。

　しかし、ここには大きな問題がある。物質〔経済〕と精神〔法律や国家制度〕の関係のこうしたとらえ方は、一面的である。本来は、法律はそれ自身の発展からも、人間精神の一般的な発展からもとらえる必要がある。

　さらに、両者の基本的関係については、ヘーゲル自身が大枠を示していた。そこからマルクスが学んだものである。「その全体を」という言葉からそれがわかる。ヘーゲルがその全体をとらえていたから、マルクスは上部構造と下部構造との大枠の理解に達したのである。

　なお、ここではその関係を「根ざす」としている。植物にたとえた比喩である。

　牧野の注「物質生活と精神生活との関係を、①土台と上部構造というような建築用語でとらえるのと、②作用と反作用という風に力学の用語でとらえるのと、③根と幹なり

菓なり地上に出ているものとの関係として植物学的にとらえるのと、三種あるわけである」（二七六ページ注10）

⑾ これはマルクスの個人的思想の発展の過程であるだけではなく、人類史において、近代に経済学が法学から自立していく過程と重なる。それはアダム・スミスが先鞭をつけた。

〔4-2 唯物史観の定式 その1 一般的結論〕

私はその〔政治〕経済学の研究をパリで始めたのだが、ギゾー氏の追放命令でブリュッセルに移ってからはそこで続けた⑴。私にとって明らかになった〔その研究の〕一般的な結論は、それをひとたび獲得してからは〔その後の〕研究にとって導きの糸⑵として役立ったが、その一般的な⑶結論は次のように定式化⑷できる。

〔①〕人間たちは自分たちの生活をその社会において生産していく時、確定された諸関係、即ち必然的な諸関係、即ち自分たちの意志に依存しない諸関係を受け入れる。この諸関係とは生産の諸関係のことであり、〔それがどういう風にして必然的に決まるのかというと、それは〕その人間たちの物質上の⑸生産の諸力の発展段階⑹に対応するようなそういう関係である。

〔②〕これらの生産諸関係の全体⑺が、その社会の経済機構を形作るのだが、それが〘いわば〙実在的〔実在世界の〕土台〔柱脚〕となり、その上に法律とか政治という「上部構造」〔上階の突出部〕とでもいうべきものがそびえ立つのである。そしてその社会の〘法律とか政治という〙意識の諸形態は、その社会の経済機構に対応しているのである。〔すなわち〕物質上の生産の方式が社会生活と政治生活と精神生活の過程を、広く一般的に条件付けるのである。人間たちの意識が人間たちの存在〔あり方〕を決めるのではなく、逆に、人間たちの社会のあり方が人間たちの〔社会＝人間関係についての〕意識のあり方を決める⑻のである⑼。

⑴ この説明は簡単すぎる。実は時間的には、5段落の内容がここに入るべきなのだ。経済学に関する、エンゲルスとの共同研究があり、『ドイツ・イデオロギー』の内容がある。

⑵ これが「方法」というものである（牧野の二七九ページ注3）。「研究」とその「導きの糸」は目的と手段の対になる。この関係が重要である。

⑶ この「一般的」は、1の注⑶のヘーゲルの意味としても理解できる。

⑷ この「定式化」の検討は、V章で行う。なお、牧野も岩波文庫版もここを「公式化」と訳している。大月版全集では「定式化」である。私は「定式」を採用する。「公式」

は組織上のことに使用することが普通だと思うからだ。
(5) この「物質上」とは、精神上のではない、つまり下部構造のこと。
(6)「生産力」に対応すると言っていない。生産力の「発展段階」に対応するとしている。つまり、生産関係をその発展段階からとらえようとしている。そして、それを決めるのは生産力の発展段階だとしている。つまりここでは生産力を出すことで、「発展段階」を出すことを目的としているように見える。
(7)「全体」というとらえ方。ヘーゲルの総体性。
(8) 牧野はこの「社会のあり方」(存在)と「意識のあり方」(意識)を、存在と当為ととらえている(二九二ページ注15)。本文Ⅴ章を参照。
(9)「対応している」「条件付ける」「決める(規定する)」と言い換えている。ここでのマルクスの真意を、牧野は「大きな根本的な枠組みを与える」という意味だとしている(二九二ページ注15)。

〔4―3　唯物史観の定式　その2　革命の時代〕

〔③〕その社会の内部での物質上の生産諸力は、ある発展段階に達すると、それがこれまでその中で運動してきた既存の生産諸関係と、あるいはその生産諸関係のたんに法律上の表現にすぎない(1)所有の諸関係と、矛盾するようになる。『つまり』　これらの〔生産あるいは所有の〕諸関係は生産力を発展させる形式から〔その発展を阻害する〕鎖(2)に一変する。これが社会革命の時代(3)なのである。〔すなわち、社会の〕経済的な基礎(4)が変わるにつれてかの巨大な上部構造全体が、あるいはゆっくりと、あるいは急激に転覆される(5)のである。

〔④〕これらの〔基礎部分における変革と上層部分における変革との二種類の〕変革を考察する時には、つねに、生産の経済的諸条件の中に起きる物質上の変革、つまり自然科学的に忠実に確認できる変革(6)と、法律や政治や宗教や芸術や哲学といった形式、つまり端的に言えば、イデオロギーの諸形式(7)〔の中に起きる変革〕とを区別しなければならない。そしてこの中で〔こそ〕、人間たちはこの〔基礎部分での〕闘争(8)を意識し(9)、かつ戦い抜く(10)のである。

或る人が何であるか〔どんな人であるか〕を判断する時に、その人自身が自分についてどう考えているかを基準にしないように(11)、そのような諸変革の時期『に下部構造に起こっていること』を人々の意識〔人々がその変革をどう考えているか〕から判断することはできない〔し、してはならない〕。むしろ、人々の意識を物質上の生活〔下部構造〕の中に含まれている諸矛盾から、すなわちその社会の内部での生産諸力と生産諸関係との間にある闘争〔矛盾〕が眼前に実際に展開されている姿(12)から、説明しなければならない。

〔⑤〕《どんなに問題があるように見える》社会構成体[13]〔でも〕、その社会構成体が《その内部の可能性としての》生産力をまだまだ発展させるだけの余力がある限り[14]《つまり生産関係との決定的な矛盾にまだ到らない限り》、決して亡びない。そして、これまでよりも高く新しい生産諸関係は、それを生み出す物質的な諸条件《つまり、古い社会が矛盾で行き詰まり、その矛盾を解決するための諸条件、可能性としての生産力をより実現できるような諸条件[15]》が、古い社会自身の胎内にはぐくまれるまでは、古い社会にとって代わることは決してできない。従って、人類はいつでも解決しうるような〔そういう性質の〕課題[16]しか立てない〔と言える〕。というのは、一層詳しく考察するとつねに確認できることは、〔そもそも〕その課題自身がそれの解決に必要な物質的諸条件が既に存在しているか、少なくとも生まれつつある時にしか、発生しないからである。

〔⑥〕大づかみに見て、アジア的生産方式、古代的生産方式、封建的生産方式、そして〔最後に〕近代ブルジョア的生産方式〔この四つ〕を、経済的社会構成体〔社会の経済上の形態構造〕が前進的にたどる諸時期と見なすことができる。生産のブルジョア的諸関係は、生産の社会的な過程が持つ敵対的な形式[17]としては最後の形式である。ここで「敵対的」とは個人レベルの敵対という意味ではなく、諸個人の生活の社会的な〔個人では変えられない〕諸条件から生まれ出る《社会レベルの》敵対という意味である。《それはともかく、なぜそれが最後の形式かと言えば》そのブルジョア社会〔近代市民社会〕の胎内で発展する生産諸力は《ブルジョアと賃金労働者との敵対関係を生み、それを激化するが》同時にこの敵対関係を解決するための物質的諸条件をも生み出す〔からである〕[18]。従って、この社会構成体をもって人間社会の前史[19]は終わるのである。

---

(1) このとらえ方がマルクスである。私的所有という法律上の権利は、生産関係を反映した外的な表現でしかない。

(2) 「発展させる」と「発展を阻害する」とが対である。

(3) マルクスは「社会革命の時代」を説明したいのだ。しかし、それは非常にわかりにくい。構成に問題があり、発展の二種の区別がないからである。

(4) 生産力の拡大と、生産力と生産関係の矛盾の激化。

(5) 「転覆」、「転化」、「転換」、「逆転」、「ひっくり返る」といった表現をマルクスはよく使用する。これはフォイエルバッハの用語法である。ここに悟性レベルの低い理解の問題がある。

(6) この「自然科学的に忠実に確認できる」とは直前の「物

質的」の言い換えであり、下部構造のことである。それは「社会」「精神」である法律や政治や宗教や芸術や哲学といった形式、つまり「イデオロギーの諸形式」に対応する。

(7) イデオロギーの諸形式とは「法律や政治や宗教や芸術や哲学といった形式」のこと。しかしそもそもなぜそれをイデオロギーと呼ぶのか。

(8) 眼前に繰り広げられている具体的な社会的闘争、階級闘争。

(9) 意識できるか否か、その意識の強さが問われる。しかしここに大きな問題がある。

(10) 人間が戦い抜くのは、このイデオロギーの形式においてだとしている。闘うとは何か、何をすることか。ここでは人間の意識の内的二分が説明され、「自己との無限の闘争」が説明されるべき。

(11) こうした個人の例を、しかもどうやって自己理解をするかという根本的な例を出せることがマルクスの偉大さである。しかし、その答えの抽象的で外的で浅いこともまた、指摘しなければならない。

(12) フォァハンデンを強調した。

(13) 「経済的社会構成体」と訳されるこの言葉は、経済構造だけのことか、それともその上に立つ社会的意識形態をも含んだ言葉なのか、という点については議論があるらしい。ここでは「高く新しい生産諸関係」と対比しているのだから、生産関係のことである。

(14) 原文では「すべての」生産力、とか「広さ」とかといった量的な用語で表現しているが、これは不適切だ。可能性が現実化する発展の度合いが問われているのだから。訳をそのように変えた。

(15) ここは、マルクスの叙述が大きく省略されていて、わかりにくい。大幅に補って訳した。

(16) ここは、私にとっての無限の励ましだった。それは以下の文にその理由が説明されるように、人間は自分が解ける問題しか意識できないのだから、強い疑問や違和感を感じた問題については、それを解決する能力が自分にあると思えたからだ。こうしたマルクスの側面を、しっかり押さえておかないといけない。

ただし、これを「課題」とするのはわかりにくい。ここは可能性が実現する条件が整えば、必ず外化するということである。しかし、外に現れるか否かと、それを意識できるか、自覚できるかどうかは違う。「課題」とは人間がそれを自覚したものである。

これは下部構造と上部構造の関係の問題でもある。ここらへんはずいぶん不用意な書き方をしている。

(17) 牧野の注（三二一ページ注16）「その生産過程は、その過程を担っている人々を必然的に敵対的な関係の中におくという性質をもっている」。

(18) 否定の内に肯定を見る、限界が制限となり当為を生む、こうしたとらえ方が、マルクスであり、ヘーゲルから彼が学んだものである。

(19) この「前史」に対しては「後史」が考えられるが、牧野は「本史」だと言う（三一四ページ注19）。「前史」と「後史」のとらえ方の問題である。

〔5　一八四八年の革命までの研究と実践　唯物史観の確立〕

経済学上の諸カテゴリーを批判的に検討したフリードリヒ・エンゲルスの天才的なスケッチ〔風の小論文「国民経済学批判大綱」〕が（『独仏年誌』）に現れて以来ずっと、私は彼と手紙で意見を交換してきたのだが、彼は〔私とは〕異なった道を通って（彼の『イギリスにおける労働者階級の状態』を参照せよ）私と同じ結論(1)に達していた。

一八四五年の春に彼も〔私のいる〕ブリュッセルに落ち着いた時、我々二人は、〔当時の〕ドイツ哲学のイデオロギー的見解に対する我々の反対意見を共同で仕上げようというか、実際の所は〔我々もかつてはそういうイデオロギー的な考えを持っていたのだから〕我々二人のそれまでの哲学上の良心(2)に決着をつけようと、決意した。その志はヘーゲル以降の哲学(3)の批判という形で実現した。その草稿は二冊の分厚い書物になった(4)のだが、それをヴェストファーレンにある出版者の所に届けてから大分たって、事情が変わって印刷できなくなったという通知がき〔て、送り返されてき〕た。我々は〔その書物の〕主目的である自己了解という目的を達したので、ネズミがそれをかじって批判するのを喜んで放っておいた。

当時、我々の見解のあれこれの側面をあちらこちらに書き散らかしたのだが、その中ではエンゲルスと私が共同で起草した『共産党宣言』〔一八四八年二月〕と私が公刊した『自由貿易についての講演』〔一八四八年一月〕とを挙げておこう。我々の見解の中の決定的な諸点は、論争的な形ではあるが、一八四七年〔七月〕にプルードンに向けて私が出版した著書『哲学の貧困』の中で初めて科学的な形で素描しておいた。『賃労働〔と資本〕』(5)についてドイツ語で書いた論述もあり、それはこのテーマ〔賃労働〕についてブリュッセルのドイツ人労働者協会で行ったいくつかの講演を編んで一編としたものだが、その印刷は〔一八四八年の〕二月革命とその結果私がベルギーから強制的に追放されたために中断された。

---

(1) 唯物史観
(2) マルクスもエンゲルスも、フォイエルバッハに心酔していた時期があった。そのことへの自己批判である。
(3) この大きな構え方、こうした全体を見た上でのとらえ方が、マルクスである。
(4) 『ドイツ・イデオロギー』全二巻
(5) マルクスは一八四七年末にドイツ労働者協会で労働者向けの講演を行ったが、これが一八四九年に「新ライン新聞」上で「賃金労働と資本」としてまとめられた。その中で剰余価値理論（この段階ではまだ剰余価値という言葉を使用していないが〕をより後の『資本論』に近い状態に発展させた。

〔6 一八四八年の革命挫折後の研究と実践〕

一八四八年及び一八四九年に「新ライン新聞」を発行したために、またその後に起きた諸事件のために、私は経済学の研究を中断せざるをえなかった。それを再開できたのは一八五〇年にロンドンに落ち着いてからである(1)。〔しかし、そこで再開した研究はそれまでの単なる継続というようなものではなくなった。なぜなら〕大英博物館には政治経済学史〔学説史〕のための巨大な資料が集められていたし、ロンドンは〔近代〕市民社会〔つまり資本主義社会〕を観察するためにはきわめて好都合な場所だったし、またカルフォルニアとオーストラリアで金〔の大鉱山〕が発見された〔一八四八年〕ことによって〔近代〕市民社会は新しい発展段階に入ったように思われたので、私は〔研究を〕全く始めからやり直し、その新しい資料を批判的に研究し尽くすことになった〔からである〕。〔しかし〕これらの研究はおのずと〔元の研究からは〕一見全くかけ離れているような学科に踏み込むことになり、〔それはそれなりにきちんと研究しなければならない事なので〕多かれ少なかれその〔派生的な学科での〕研究に時間を使うことになった。しかし、とりわけ私の自由になる時間をどうしても少なくさせたのは生活の資を得るための活動というどうしても避けられない必要事であった。私は〔そのために〕「ニューヨーク・トリビューン」(2)という英米語で出されている一流の新聞にもうこれで八年もの間寄稿し続けているのだが、本格的な新聞通信のようなものに単に例外的に関わる〔本格的な新聞通信の仕事なのに、私としてはそれが専門ではなく経済学研究の余技としてする〕のだから、研究がはなはだしく分断されることになった。そこでは、イングランドと〔ヨーロッパ〕大陸とで起きた経済上の大きな出来事についての論文が私の寄稿のかなりの部分を占めていたので、本来の政治経済学の分野から外れるような実務的な細かい事どもを調べなければなら〔ず、そのために又本来の研究が妨げられたのであった〕。

(1) 一八四八年の革命でのマルクスの活動と成果については本章の4節（4）を参照されたし。

(2) 「ライン新聞」「新ライン新聞」、そしてここでの「ニューヨーク・トリビューン」誌と、マルクスは生涯常に、新聞と関わった。それが現実社会の問題から離れることがないマルクスの生き方となっている。

〔7 おわりに〕

政治経済学の分野での私の研究の歩みについてその概略を述べたのは、私の見解がどう評価されようと、またそれが支配階級の利害に基づいた偏見とどんなに対立するものであっても、それが長年にわたる良心的な研究の結果であることだけは言っておきたかったからである。[1] それはともかく、科学への入口には地獄への入口と同様、次の要求を掲げなければならない。

ここで一切の優柔不断をすてなければならない。
ここからは臆病心は無用である。[2]

ロンドン　一八五九年一月

カール・マルクス

(1) これは決まり文句でしかないのだろうが、こうした目的は間違っている。

(2) そして、一転、大げさな言葉が続く。マルクスはこうした振れ幅の大きな人間だが、良くない態度だと思う。

2 マルクスの思想の成立とその後 ——革命のための思想

(1) マルクスの思想的履歴書

マルクスの人生を考える時、『経済学批判』の「序言」が簡便にまとまっている。これはマルクスの「思想的履歴書」になっているからである。

こうした序言が書かれたことの意味を理解するにはマルクスにとっての『経済学批判』とは何であったかを考えなければならない。

マルクスの生涯のテーマは革命の時代にあって、革命の思想を作ることであった。唯物史観の立場に立つマルクスとしては、それは資本主義社会の経済学上の本質を明らかにすることだった。一五年ほどの研究の積み重ねを経て、いよいよその成果をまとめようとしたのが『経済学批判』だったから、これは彼にとって、人生のテーマの到達点を示すものとなった（これは結局は挫折し、後に『資本論』にまとめられる）。

その生涯をかけた仕事の出版に際して、その冒頭（序言）に書くべきこととは何だろうか。それは、端的に「自分とは何か」の説明であろう、つまり自分の思想的履歴書である。それを書かずにはいられないのではないか。そして事実それが書かれていると思う。

それは自分の思想が生まれ、発展してきた過程の簡潔な説明であり、他の思想、他の経済学との違いの説明である。そのために、この序言はマルクスの人生（とくに前半）を本人自身が簡潔にまとめており、多くの読者にとってのマルクス入門になっている。

マルクスはこの序言で、自分の思想、経済学研究の中核を唯物史観であるとしている。唯物史観を「導きの糸」として、資本主義社会の解明に挑んでいったということである。

マルクスの唯物史観を検討する人たちはみな、この序言を取り上げる。ここには唯物史観の定式化された説明があり、他にはマルクスによるそうしたまとまった叙述がないからである。

唯物史観そのものの検討はV章で行うが、今ここでは若きマルクスの思想形成の過程と、その思想の核心を唯物史観であるとしていることを確認し、その意味を考えたい。また一八四八年の革命とその挫折後のマルクスの転換を見ておきたい。

（2）序言全体の立体的構成と二つの謎

序言の内容をまとめれば、七二ページの内容目次のように並んでいる。

なお、以下の叙述では「段落」を省略する。また4段落は三つの部分にわけ、それぞれを4－1、4－2、4－3として表す。どこで切るかは、1節の訳文に示してある。

では、この立体的構成を考える。

『経済学批判』の序言であるから、1は書くべきことの筆頭にあるだろう。

2で序言で何を書くかを読者に伝える。序説を書くことを止め、マルクスの経済学研究の始まりから現在までの研究過程を書くという。

それを実際に展開したのが3から6。その中の4では唯物史観が説明される。

最後に読者への挨拶をして終わる。

こうした書き方は、序言の普通の書き方であろう。

検討すべきは、3から6の研究過程であり、その中心はもちろん4の唯物史観の説明である。

この研究過程を検討するためには、この序言の目的から考えなければならない。

序言はマルクスの思想的履歴書であり、マルクスが「何者」であるかが書かれている。では、その人が何者であるかは、どのように書かれるべきなのか。その人の生涯のテーマ（問い）とその答えである。それは三項からなる媒介関係で現れる。

第一に、そのテーマの生成過程。その問題意識がどのように生まれてきたのか。

第二に、その問題意識の答えを出すための過程、特にそのために選んだ先生（先行する思想）とそれを習得した過程。

第三に、自分の問いに対する解答。

こうした観点から見た時に、この序言ではこうした三点が一応示されている。特に問いが二つ明確に示されているのはさすがである。

しかし、三点が示されているとは言うものの、それは一応であって、問題はいくつかある。

最大の問題はマルクスの先生が誰なのかが分からないことである。そしてその結果、問いから答えを出す研究の過程の叙述も曖昧である。

3～6ではまず問いが明示され、その研究過程と答えが書かれている。これは思想形成を語る際の正しいあり方である。それは良いのだが、少し立ち入って考えてみると、実際には不明な点がいくつかある。

3にある二つの問いは明確である。しかしその答えは明確ではない。問いは二つあり、その最初の問い「法律や国家制度と経済との関係」の答え（これは4－1「経済が規定する」）は明確だが、二つ目の問いの社会主義そのものの是非に関する答えがどこにどう書いているのかがわからない。それは答えを出すための過程の書き方に問題があるからでもあろう。

マルクスは、4－1の後、ただちに唯物史観の説明をし（4－2、4－3）、その後に5を入れる。

しかし、実際の時系列では、4－1には5が続き、5で説明されている研究の過程の中で唯物史観が生まれたはずである。また、その研究の過程で、従来の社会主義の批判もなされたはずである。であるから、ここで『共産党宣言』が書かれた。これは自分の思想、自分の立場の明確な宣言である。

しかし、序言では5の後に唯物史観の説明を入れるのではなく、4－1からただちに唯物史観の説明になる。そしてその後に5を置く。これはどうしてなのだろうか。

そしてもう一つの大きな問題がある。この研究の過程の中で、マルクスは自分が学んだ先生は誰なのかに、まったく言及していないことである。これは思想的履歴書としてはありえないことである。

　この二つの謎は、もちろんつながっているだろう。

　私の推測を出しておく。上部構造を下部構造が規定する（4-1）、これが唯物史観の基底をなし、これによって唯物史観の基本的枠組みはできたのではないか。だから4-1の後にすぐ、唯物史観の説明が来る。

　そして同じく、この上部構造を下部構造が規定するという考え方から、5の研究がおこなわれている。この考えを前提として『ドイツ・イデオロギー』を書き、イデオロギー批判、社会主義批判をし、『共産党宣言』を打ち出すことができた。つまり唯物史観の確立後に5が来るのではない。5の研究の中で唯物史観が確立していったというのが実情だろう。

上部構造を
下部構造が規定する
→ 唯物史観の成立
→ 『ドイツ・イデオロギー』から
『共産党宣言』まで

マルクスの中では、この二つ（唯物史観の成立と、『ドイツ・イデオロギー』から『共産党宣言』まで）は同時進行で互いに深め合っていたのではないか。

　しかし、最大の問題は、こうした研究の過程の中でマルクスは誰を先生としていたのかということである。それが明示されないのはなぜなのか。

　この序言では、唯物史観とその形成過程の説明は5までで終わっている。しかし、研究は5では終わらず、6へと続く。どうしてか。

　唯物史観は、マルクスにとっては、経済学研究、資本主義社会の本質の研究のためにどうしても必要な前提であり、基礎であり、自らの立場であった。しかし同時に唯物史観はあくまでも手段であり、その上に進める資本主義社会の研究こそが目的であった。その研究の成果が『経済学批判』、『資本論』となっていった。

　研究過程の5と6を区切るのは、研究に関する内的なものではなく、一八四八年の革命運動である。この革命はそれ以前のものをすべて押し流してしまった。ウィーン体制はここで終わった。世界は変わってしまったのだ。しかし、この革命は革命としては失敗に終わる。

　当時革命運動に関わったほとんどの人にとってそうであるように、マルクスの人生も一八四八年の革命とその挫折によって外的に断ち切られた。ここにマルクスの前半生と後半生との区切りがある。

この革命と挫折の経験がマルクスの思想にどう影響しているだろうか。挫折はマルクスに何を考えさせたのか。それから十年を経て刊行された『経済学批判』の序言で、マルクスは直接にはそのことに言及しない。しかし、この挫折と断絶が、そこに刻印されているはずだ。

3 若きマルクスの時代背景

ここでマルクスの人生とその時代背景を押さえておきたい。

(1) マルクスとエンゲルス

まず、マルクスとエンゲルスが出会うまでの二人の個人史を簡単に紹介しておく。

カール・マルクス(一八一八年~一八八三年)はドイツのライン州のトリールに生まれた。このライン地方はドイツの中では経済的にも政治的にも、最も進んだ地域であった。フランス革命後、一時ナポレオンに占拠されたこともあったが、ナポレオン没落後はプロイセン王国の支配下に編入されていた。

マルクスの父はユダヤ教ラビの弁護士であり、母の出自もユダヤ教徒。後、二人ともにプロイセンの国教であるプロテスタントに改宗。マルクスら子どもたちも同様。

一八四三年イェニー・フォン・ヴェストファーレンと結婚。同郷で幼馴染だったが、貴族の娘とユダヤ人弁護士の息子では身分違いであり、反対もあったらしい。

ベルリン大学でヘーゲル左派(青年ヘーゲル派)に出会う。

一方、マルクスの盟友となったフリードリヒ・エンゲルス(一八二〇年~一八九五年)は、マルクスと同じライン州の紡績工場主の息子。ベルリン大学で青年ヘーゲル派と出会う。その後イギリスの工業都市マンチェスターで父が共同経営する工場で働く。

マルクスとエンゲルスを結びつけたのは、二人がヘーゲル左派に、フォイエルバッハに引き付けられていたことと、革命への志を共有していたことであろう。

マルクスが「ライン新聞」で働いていた時、二人は出あう。その後『独仏年誌』に二人の論考が発表され、二人は互いを強く意識するようになる。二人は一八四四年にパリで再会し、『聖家族』を共同で執筆して青年ヘーゲル派の批判を開始。一八四五~四七年にかけて二人は、ブリュッセルで『ドイツ・イデオロギー』を共同執筆。共産主義者同盟の綱領『共産党宣言』もマルクスとともに共同起草するに至る。

これ以降、エンゲルスは終生マルクスを精神的、経済的に支えていくことになる。

(2) ウィーン体制下のドイツ

マルクスの二〇代のヨーロッパは、ウィーン体制（一八一五年～一八四八年）下での反動と反革命の時代であった。

ウィーン体制によって成立したドイツ連邦においても、連邦の議長国オーストリアとそれに対抗するプロイセンの二大勢力の対立抗争によりドイツの統一国家の実現は阻まれていた。

プロイセンはフリードリヒ・ヴィルヘルム三世のもとで、身分代表的国会を持ち、政治・経済の改革を進めていた。

ヘーゲルは一八一八年から三一年に亡くなるまで、プロイセン王国の首都ベルリン大学の哲学教授として仕事をした。ヘーゲルは、プロイセンにドイツの統一と国民の自由の担い手としての可能性を見て、ドイツに確固たる自由の王国を実現することを目指していた。

ヘーゲルの死の前年一八三〇年七月には七月革命が起こり、ウィーン体制は崩壊の過程に入り、一八四八年の革命で、ウィーン体制は終わる。

この激動の中、ヘーゲルの時代には進歩的な面を見せていたプロイセンだが、三〇年代以降は反動的な政策が増え、一八四〇年にヴィルヘルム四世が即位すると、絶対主義的で反動的政策が目立つようになる。

(3) 革命の時代　七月革命と二月革命

一八三〇年、フランスの七月革命では復古王政が倒され、ブルジョワジー主体の立憲君主制に移行した。これがヨーロッパ各地の自由主義運動、ナショナリズム運動に大きな影響を与えた。

ドイツのブルジョワジーたちはドイツ連邦各地で反乱を起こした。憲法を制定して君主の権限を制限し、市民の自由や平等を実現しようとする運動であり、ドイツ統一の動きも起こった。これに対してドイツの連邦諸国はこれらの運動を弾圧し、鎮圧した。

一八三〇年のフランスにおける革命の主体はブルジョアであるが、その内部ではプロレタリアート（労働者や農民）が活躍し始めていた。

一八三〇年代のフランスでは社会主義・共産主義思想が台頭し、ヨーロッパ各地に広がっていく。ドイツでも一八四〇年代には社会主義が議論されるようになる。

社会の矛盾は大きくなり、諸対立は激化していく。ヨーロッパは一八四八年の革命へと突き進んでいく。

一八四八年二月フランスのパリ。一八四七年の恐慌による失業者の増大で社会不安が増す中で、暴動が発生し、共和主義者は王を追放し、共和制の臨時政府が樹立された。そこには社会主義者も入閣し社会主義的政策も行われた(二月革命)。

この二月革命の影響は他のヨーロッパ諸国にも急速に波及し、全ヨーロッパで自由主義、民主主義、社会主義、共産主義、ナショナリズム、民族統一などの運動などが燃え広がった。各地で革命が起き、結果としてウィーン体制が崩壊した。これを一八四八年革命と呼ぶ。

パリの二月革命の報知はたちまちドイツ連邦の諸邦に広がり、三月にはオーストリアの首都ウィーンとプロイセンの首都ベルリンにも革命の火の手が上がった。

オーストリアでは憲法制定国会の召集とメッテルニヒ解任の要求を実現させた。プロイセンでもベルリンで市民が蜂起。国王ヴィルヘルム四世は自由主義内閣の組閣、憲法の制定、プロイセン国民議会の創設を承諾。他のドイツ諸邦でも次々と同じような蜂起が発生した。五月にフランクフルトでドイツの統一国家樹立とその憲法の制定のため、普通選挙による国民議会が召集された。

しかしこうした革命の動きはどこでも弾圧され、鎮圧されていく。

フランスでは、四月の普通選挙でブルジョワジーが勝利を得て第二共和政を組閣した。ここで新政府は社会主義者を締め出し社会主義的政策が変質する。怒ったパリの労働者は六月に蜂起したが政府軍に鎮圧されてしまった。さらに一二月の大統領選挙ではルイナポレオンが当選し再びフランスは反革命に転ずる。

パリの六月事件を転機として、再び各国の反動勢力は盛り返した。

ドイツでは、プロイセン国王ヴィルヘルム四世が四九年六月、軍隊を派遣してフランクフルト国民議会を解散させ、これによってベルリンの三月革命は終わった。ドイツ連邦の領邦でも次々と反動政府が生まれ、議会の解散、検閲の復活、人権の制限などの措置が出されたため、各地で激しい民衆蜂起が起こった。しかしこれらの民衆蜂起は、各国が出動を要請したプロイセン軍によって鎮圧され、ドイツにおける革命に終止符が打たれた。

フランスの二月革命が、それまでの「フランス革命」や「七月革命」と大きく異なっていた点は、革命の主体を担ったのがブルジョワジーではなく、プロレタリアートだったことである。それがパリでの六月蜂起に現れている。こうして、ブルジョワジーとプロレタリアートの階級対立が新たな対立軸として明確になっていく。

(4) ドイツの思想状況

マルクスとエンゲルスの二〇代は革命の時代だった。そして、彼らは革命の時代にあって、革命運動の理論を作るために努力を重ねていた。

しかし、その時、彼らが置かれていたのは、後進地域ドイツである。イギリス、フランスなどの先進国に対してドイツはまだ連邦でしかなく近代国家の体をなしていない。経済発展も遅れ、経済理論もイギリス、フランスの後追いをするだけである。ブルジョワジーの力はまだ弱く、ブルジョアとプロレタリアートの対立もまだ見えていない。

イギリスとフランスでは、四〇年代にはブルジョワジーとプロレタリアートの対立が現われていた。そこでは社会主義、共産主義の思想と運動が力を増していたが、ドイツではその「こだま」が響くだけである。

しかし、そのすべての面で遅れたドイツにおいて、唯一世界のトップレベルに匹敵するのはドイツ哲学、つまりヘーゲル哲学であるとマルクスは考えていた。

当時のドイツの哲学界では、ヘーゲル死後も一〇年ほどはヘーゲル学派の支配が続いていた。しかし一八三〇年代の終わりになると青年ヘーゲル派（左派）が現われ、ヘーゲル学派内の対立分裂がはっきりしてくる。青年ヘーゲル派は宗教と国家を問題とし、その中からフォイエルバッハが現れる。フォイエルバッハの『キリスト教の本質』は、その唯物論でヘーゲルの観念論的世界観を粉砕した。

「この本がどんなに開放的な作用をしたかは自ら体験したものでなければ想像することさえできない。世をあげて感激した。我々はみなたちまちフォイエルバッハ主義者となった。マルクスがこの新しい見解をどんなに熱狂的に迎えたか、また彼があらゆる批判的留保にも関わらず、どんなにそれに影響されていたかは、『聖家族』を読めば分かる」（エンゲルス『フォイエルバッハ論』）。

ここでフォイルバッハの何がマルクスにとって大きかったかを一言でいえば、その疎外論と類の考えである。それについては後述する。

4 若きマルクスの闘い　二つの問いと答え

本章の2節では、序言におけるマルクスの思想形成の説明への私の疑問とその答えの推測を示した。3節で若きマルクスの時代背景を説明したから、本節では序言で書かれているマルクスの研究過程を時系列に従って考えたい。つまり、序言の3、4－1、5をつないで、その思想形成を考えたい。

マルクスの序言を前提とするので、序言のそれぞれの段落の内容を説明しながら話を進める。その際に関連するマルクスの著作やノート、草稿などを適宜取り上げながら、考えてみる。取り上げた著作などは、それぞれを取り上げる（2）（3）の冒頭で示し、その刊行年や執筆年を（　）で示した。

（1）マルクスの問題意識

序言の3ではマルクスの問題意識、テーマの形成を扱っている。

マルクスは大学卒業後、大学に残って研究に専念したかったが、その反政府の立場から不可能になった。そこで、「ライン新聞」に関わることになる。「ライン新聞」は一八四二年一月にライン地方の急進派ブルジョワジーとヘーゲル左派が協力して創刊した新聞で、マルクスは四二年から四三年まで編集者、編集長として仕事をする。それがマルクスが現実社会の問題に深く入っていくきっかけとなった。

「ライン新聞」でマルクスが直面した問題を、序言では大きくは二つ挙げている。

一つ目は、当時の物質的利害の問題、つまり経済問題をどう理解したら良いのか。マルクスは経済問題に直面し、そうした問題をマルクスが学んだ法哲学な立場から論じたのだが、その限界に気づいたのである。ここで、法律や国家制度の問題と経済の関係はいかなるものかが問題となる。

二つ目は、フランス本来の社会主義、共産主義の是非を検討すること。

この一つ目の経済の問題では、具体的には三つの問題が挙げられている。

第一に、「木材窃盗取締法」をめぐる問題。当時のライン州では貧しい農民が周辺の森林の枯れ枝などを拾い集めて薪に使用することが慣習として認められていた。それに対し森林所有者の利害を代表する州議会議員たちはそれを窃盗であるとして森林所有者の利益を守ろうとした。

マルクスは貧しい人たちの慣習的権利は、実定法に反しても、民衆の本来の法律上の権利とは合致するとして闘った。しかし、近代的な自由主義的な法も、実は私有財産の所有者だけのものであって、貧しい人たちの権利が守られるものではないことを自覚するようになった。

第二に、モーゼル地方のブドウ栽培者たちが不況によって窮乏している現状が行政によって放置されている問題。

マルクスは行政がその官僚的な本質のために、窮乏への有効な対策がなされていないことを批判した。しかしここでも官僚制の弊害への指摘しかできず、この経済問題そのものの解決策は示せなかった。

第三に、保護貿易主義の是非の問題。

これらはいずれもが、封建制度から近代の資本主義社会への移行に伴って起こる問題である。

こうした諸問題に対して、マルクスは国家や行政、法制度の立場から解決を試みた。それは法哲学から現状を批判するものであった。しかしそこには大きな限界があることにマルクスは気付いていたのである。ここから、法律や国家制度の問題と経済の関係が正面に浮かび上がってくる。それはヘーゲルの『法の哲学』では、市民社会と国家の関係の問題になる。

二つ目の社会主義、共産主義の是非の問題とは何か。

七月革命後の一八三〇年代のフランスで台頭した社会主義・共産主義思想は、一八四〇年代にはドイツに輸出された。「真正社会主義」などである。それらは浅薄で、それへの批判は簡単だったが、この時点では本家のフランスの社会主義や共産主義については、マルクスには判断ができなかった。その思想はどこがどう正しく、どこがどうまちがっているのか。

マルクスが直面したこの二つの問題、つまり経済問題と社会主義や共産主義の評価の問題はどう関係しているだろうか。この二つは現実世界における諸問題（経済の問題）と、その諸問題と闘う思想と理解できるだろう。

しかし、なぜこの二つの問題だったのだろうか。

それはマルクスの根本的な生き方、生きる目的と、この二つが深くかかわったからだろう。マルクスの目的とは、革命の時代に生まれたのだから、革命の思想を作ること。

当時は、一八三〇年の七月革命の挫折と、一八四八年の革命に挟まれた時代であり、若者たちの間では革命を求める声が大きくなっていた。「もっと先に進もう」という良き意志があふれかえっていたとマルクスは書いているが、その中にはマルクスもエンゲルスも含まれるだろう。

マルクスは革命の時代の革命の理論を作るために働こうとしていた。それは時代と社会の変化の理解、革命の時代の意味の理解から生まれる。

革命の時代とは、一言で言えば従来の政治機構や法制度の転覆、価値観の転倒である。しかし、そもそも法が古くなり、今の時代に合わなくなるとはどういうことなのか。法や正義とは何なのか。これをその根源から問い直すのが革命の時代である。そしてマルクスはこの法制度の関係の根源に経済の対立関係を見ていた。

他方で、そうした社会の矛盾を解明し、それを革命にまで導くような思想は存在するかどうか、どこにその可能性があるのか、それがマルクスにとっての大問題であった。それを自らの使命として意識していたからだろう。

そうした思想の可能性は、当時にあってはまず、スミス、リカードらの国民経済学の立場があった。しかし、これは現状肯定の立場であり、革命で打倒しなければならない当の相手であるから、これは候補にはならない。これを打倒するための思想が問われている。

マルクスの前には可能性として二つの思想が存在していた。一つはドイツを中心に哲学界を支配していたヘーゲル哲学。マルクス自身、そのヘーゲル学派の内部にあった。もう一つはイギリス、フランスで生まれて世界に広がっていた社会主義・共産主義思想（その背景にはフランスの啓蒙思想がある）である。そこに可能性はあるのか否か、それがマルクスにとっては大きな問題であったのだ。

マルクスにとっての二つの問題、経済問題と社会主義や共産主義の評価の問題とは革命の時代の現実理解と、革命の思想を作るための問題だったのである。

一八四三年一月に、ライン新聞はプロイセン政府によって発行禁止処分を受けた。マルクスはこれを自分にとっての好機ととらえ、三月には編集長を辞任し、現実から生まれた問いを持って研究生活に戻った。革命の理論と実践をするためである。

マルクスの人生においては、常に研究とジャーナリストの二面があり続けたことは重要である。マルクスは後に「新ライン新聞」を二度にわたり刊行し、そこからフランス三部作が生まれている。また、後に「ニューヨーク・トリビューン」にも寄稿している。これがマルクスの時代との、現実問題との関わり方である。

この一八四三年はマルクスにとっては新たな前進の年だった。六月には結婚し、一〇月にはパリに移住する。一八四五年の春にはフランスから追放されベルギーのブリュッセルに移る。この一八四三年から一八四六年に至る三年間でマルクスの思想の基盤が形成された。これが以下の（２）（３）の内容になる。

（２）ヘーゲルの『法の哲学』の批判

序言の４－１では「ヘーゲルの『法の哲学』を批判的に検討」した上での結論が書かれる。これがマルクスの二つの問いの内の第一の問い、経済問題への解答、当時の国家や法制度への批判である。

この時点でのマルクスの研究の内容を考えるためには、マルクスによるヘーゲルの『法の哲学』の国家論の研究ノート（「ヘーゲル国法論批判」一八四三年執筆）と、「ユダヤ人問題によせて」「ヘーゲル法哲学批判序説」を取り上げなければならない。「ユダヤ人問題によせて」と「ヘーゲル法哲学批判序説」は『独仏年史』（一八四四年一月）に掲載された。

以下、この順番に検討する。

①「ヘーゲル国法論批判」（一八四三年執筆）

序言の三で二つの問いを持ったマルクスが、なぜヘーゲルから、なぜ『法の哲学』から始めたのか。マルクスはそれを説明する必要があるはずだが、序言ではそれをしない。もちろんマルクスには自明だったからだろう。

マルクスがヘーゲルの『法の哲学』にアタックすることから始めたのは、それが当時のヨーロッパの最高峰であり、それを継承することが、マルクス自身が革命の理論を作るために必須であったからだ。

ヘーゲルは、アダム・スミスの『国富論』から学び、市民社会をその全体でとらえる大きさを持ち、経済活動を根底に置きながら、そこでの法律や国家制度をとらえようとしていたからである。つまり上部構造（国家）と下部構造（市民社会）とのとらえ方は、すでにヘーゲルが打ち出していた。それが、マルクスにとっての前提、研究を始めるべき地点だったのだ。

しかし、すでにマルクスの法哲学の理解のレベルでは、現実と実定法に対応できないという事実が突きつけられていた。それはヘーゲルの『法の哲学』の限界でもあるはずだ。ヘーゲル左派のマルクスにとっては、すでにヘーゲル哲学には、それが観念論であるという大きな問題があることは明らかだった。それを唯物論に転換しなければならない。そのための最大の武器としてフォイエルバッハ哲学を考えていた。フォイエルバッハの観点、人間を類として考える疎外論と唯物論の立場から、ヘーゲルの『法の哲学』を学んだ。

マルクスが「ヘーゲルの法哲学を批判的に検討する」ことから始めたという時の、「批判的に」とは、この意味である。

マルクスがヘーゲルの『法の哲学』をどう読んだかを説明するには、『法の哲学』の展開を説明しなければならない。『法の哲学』では、正義、法律、国家、倫理、道徳を対象とする。それが、「理性的であるもの」である。そしてヘーゲルは、「理性的であるもの」はすでに現実社会に事実として実現しているととらえているのである。その現実社会とは、ヘーゲルの眼前に存在する現実の国家であり、その内外の世界であり、つまり近代の世界である。

そうとらえる『法の哲学』では、三部構成で、第三部には「理性的であるもの」が実現している現実社会を、家族、市民社会、国家の展開のおいてとらえる。そして、そこに実現している正義や法を第一部に、第二部には個人の内面における道徳を位置づける。この第一部と第二部は、第三部で実現しているものを抽象化してとらえたものである。

第一部は、表題として「抽象的な法」とされ、所有、私的所有を全ての根底に置き、市民社会における契約関係を中に起き、正義と不正義　法と不法を第三段階とする。第二部が道徳で、個人における善悪を問題にする。

この両者を止揚して、つまりそれが実現した現実が第三部である。そこではこの現実世界が、家族、市民社会、国家という順番に並べられる。家族における夫婦と親子の一体性は、子どもの自立と社会での労働によって、次の市民社会へと移行する。この市民社会は人間の欲求、衝動を満たすために、自然に働きかける労働、つまり経済活動を行う。そこには社会内の対立と矛盾がぶつかりあう。そしてその克服が国家と法制度であるとヘーゲルはとらえる。

こうしたヘーゲルには、市民社会の真理（その対立、矛盾を克服する一つ上の段階）が国家とその法制度であるという理解になる。この市民社会とその経済活動を物質的生産、肉体労働とし、国家とその法制度の活動を精神的生産、精神労働ととらえ、この国家が市民社会を規定し支配するという関係を逆転させたのがマルクスなのである。

ヘーゲルは市民社会の真理が国家であるというが、マルクスの眼前で展開されている現実社会ではそうではない。ドイツでの国家はブルジョワによる市民社会の確立や革命の運動を圧殺して、封建制度を維持しようとするように見えた。先進国でも、プロレタリアートの革命運動を圧殺し、ブルジョアを守ろうとするように見えた。

「近代的国家権力は単に全ブルジョア階級の共通の事務をつかさどる委員会に過ぎない」（『共産党宣言』）。国家は支配階級の支配のための装置である。国家には市民社会の対立、矛盾を克服する力はなく、むしろそれを反映するだけである。市民社会に階級対立があれば、その支配者側を守り、その擁護をする機構でしかない。

これを、市民社会とその経済活動こそが国家や法律を規定する、ととらえ、それを下部構造が上部構造を規定すると表現した定式化が唯物史観の根底をなしている。

そしてこれがマルクスの第一の問題の答えになる。そして、ここに生まれた上部構造と下部構造との関係の理解が、マルクスの唯物史観の基底をなす。

この上部構造（精神労働）と下部構造（肉体労働）の関係の理解とヘーゲルのそれとが対極にある点が、マルクスがヘーゲルを観念論とし、自らを唯物論と称する大きな根拠の一つである。

マルクスには、ヘーゲルと自分を分けるのは革命の時代の前後の違いであり、ヘーゲルはブルジョアの立場、プロイセンの君主制擁護の立場、自分は民主制、さらにはプロレタリアートの立場であると考えていた。

このマルクスの立場から見れば、ヘーゲルはその逆の「保守反動」の立場であり、革命の思想の可能性からもちろん排除されるのだが、その圧倒的な高さを継承したものだけが、革命の理論たりうるとマルクスは考えていた。

②「ユダヤ人問題によせて」（一八四四年一月『独仏年誌』に発表）

マルクスは「下部構造が上部構造を規定する」ととらえたのだが、上部構造と下部構造で根源的なのはどちらか、正しいのは唯物論か観念論かといった理解だけに落とし込んでしまうと、肝心なことが見えなくなってしまう。

マルクスにとっての問題は上部構造と下部構造の関係だけではなかった。当時のマルクスの関心は経済にあったのではなく、国家の憲法や法制度にあった。現行の法制度では現実の社会問題に対応できない。その法制度には明らかに限界がある。

マルクスにとって重要だったのは国家の行政やその政治、その憲法、法制度を厳しく吟味することだった。その研究結果は、近代の憲法や法制度には、大きな意義がある一方で、大きな限界があるということである。この認識こそが、マルクスの立場と生き方を決めたのだ。「下部構造が上部構造を規定する」はその結果の説明から出てきた観点に過ぎない。

このことを理解するには「ユダヤ人問題によせて」を読まなければならない。マルクスが直面していた問題に対する直接的な答えがここにあるからだ。

これはマルクスと同じヘーゲル左派のバウアーの批判か

ら始まる。バウアーにとっての問題は、宗教と国家の関係、信仰の自由やユダヤ人問題であった。

しかし、マルクスにとっては、宗教や信仰の自由が問題なのではなく、国家そのもの、憲法の根本性格、その本質こそが問題なのであった。それは本当に国民や市民を、人間を自由にするものだろうか。信仰の自由とは本当の自由なのだろうか。

マルクスはここでフランス革命以降に成立した人権宣言を検討していく。そこでは人間の自由、平等、安全、所有権が、自然的で不滅の権利として保障される。

これは人類史上の金字塔であり巨大な成果である。ここに全ての人間、全ての個人に、等しく人としての基本的権利（人権）が保障された。これによって人間において奴隷という存在は不可能となり、地縁・血縁、身分による差別は許されないことになった。

マルクスはこうした意義を認めた上でだが、そこには大きな限界があることを見抜いたのである。それは本来の人間の人間（マルクスは「公民」と呼ぶ）としての権利ではなく、市民社会の市民（これがブルジョア）としての権利でしかない。

「その人間の権利とは市民社会の成員の権利つまり利己的人間の権利人間及び共同体から切り離された人間の権利に他ならないということである」。

マルクスはそこでの自由の実態を指摘する。その「自由の規定とは他の誰にも害にならないことはすべて行ったり行わせたりできる権利である」。それは「孤立して自分の中に閉じこもっているモナドとしての人間の自由なのである」。

それは「人間と人間との結合に基づくものではなく、むしろ人間と人間との分離に基づいている」「自由という人権の実際上の適用は、私的所有という人権である」。

ここでの平等とはこうした自由の平等ということに他ならない。安全という人権もこうした自由が守られるという、利己主義の保障でしかない。

ここには確かに個人の人権の保障があるが、それは共同体から分離された個人である。「人間は人権において類的存在とみなされるどころか、むしろ類的生活そのものである社会は諸個人にとって外的な枠として彼らの本来の自立性の制限として現れるのである」（傍線は中井）。

こう理解した時、マルクスは憲法や法制度による政治的解放の限界に直面し、それを超えるような「人間的解放」をめざすことになる。

その「人間的解放」の内実はまだわからない。それは政治的解放の限界から明らかになるだけだ。

ここでの、マルクスによる人権宣言における人権の批判は、それを生み出した啓蒙思想家の立場への強い批判になっていることに注意されたい。この段階で、啓蒙思想家の立場に立つような社会主義の全体が批判され、否定されているのである。もちろんまだ潜在的にだが。

なおここで「類的存在」「類的生活」という言葉が出てきたことでわかるように、マルクスはフォイエルバッハの「類」の考え方に依拠して考えているのである。

フォイエルバッハは、人間社会を批判するための武器として「疎外」を全面的に打ち出したことで有名だが、それは他方で人間を「類」としてとらえており、それが疎外されてバラバラの個人の集まりになっているという批判になっている。

フォイエルバッハは神とは人間の本質が疎外されたものだと喝破した。そしてそれを本来の人間に戻すべきだと主張する（疎外論）。ではその人間の本質とは何かと言えば、類としての人間の共同性、協働性であり、わかりやすくは愛と友情であるとする。それが疎外されているのが現実社会であると批判するのだ。

フォイエルバッハの『将来の哲学の根本命題』から関連する箇所を紹介する。

「単独な個人は、人間の本質を道徳的存在としての自分のうちにも、思考する存在としての自分のうちにも持たない。人間の本質はただ協同体のうちに、すなわち人間の人間との統一のうちにのみ含まれている」五九節。

「孤独は有限性と制限性であり、協同性は自由と無限性である」六〇節。

この「協同性」「人間の人間との統一」が、フォイエルバッハが人間を「類」的にとらえていることを意味する。マルクスはこれを受けて、人権が「類」としての立場の対極にあることを理解したのである。

問題は、人間（公民）としての権利と市民としての権利の矛盾である。ではどうしてこのような矛盾が起こるのか。マルクスはこの問題に答えることによって、上部構造と下部構造の関係の問題を強く意識し、その答えを出すことになったのである。

この矛盾はどこから生まれたのか。それは政治的解放、人権の確立が、封建制度を打ち破り、市民社会をつまり資本主義社会を作ることに成功したその結果であるが、そこに止まるからである。

その市民革命は人権を確立することができた。その人権とはすべての人類、個人を対象にするという普遍的なものであった。しかしそれは抽象的なものにとどまったのである。

封建制の身分社会からの解放は「市民社会を特殊な要素から観念的に独立した普遍的な人民的業務の領域として確立した。特定の生活活動と特定の生活状況とはただ個人的な意味しかもたないものに成り下がった」。

「封建社会はその基礎へつまり人間へ解消された。ただしそれは実際にその基礎をなしていたような人間つまり利己的な人間への解消であった」。

それは各人の欲望の実現に向かう「とめどもない運動を承認することである」。

それは『共産党宣言』にはこのように書かれる。

「ブルジョア階級は　歴史において極めて革命的な役割を果たした」。

「ブルジョア階級は生産用具を、したがって生産関係を、したがって全社会関係を、絶えず革命していなくては生存し得ない。これに反して、古い生産様式を変化させずに保持することが、それ以前の全ての産業階級の第一の生存条件であった。生産の絶え間ない変化、あらゆる社会状態の止むことのない動揺、永遠の不安定と運動は以前のあらゆる時代と違うブルジョア時代の特色である」「一切の身分的なものや常在的なものは、煙のように消え、一切の神聖なものは汚され、人々は、ついには自分の生活上の地位、自分たち相互の関係を冷ややかな目で見ることを強いられる」。

そこでは一切の神聖なもの、愛や友情、職業倫理、家族愛、道徳や宗教倫理などが投げ捨てられる。そこに残るのは、「むき出しの利害」「冷たい現金勘定」だけである。

封建時代には個人を包み込んでいたあらゆる外皮を引き剥がされて、剥き出しの個人がそこにいる。彼らは、自らの欲望のままに何者にも妨げられることはなく生きていく。ここにその普遍性と抽象性があるのだ。そしてその反映が人権宣言なのである。

ではその矛盾の解決はどうなるか。

この人間（公民）と市民とに分裂したものを、当初の一体の姿（共同性、協同性）に戻すこと、これがマルクスの答えである。これはフォイエルバッハの疎外論そのものだが、ここには問題がある。疎外論の限界についてはⅣ章で説明する。

マルクスにとってはここには二段階の理解の深まりがあった。

（二）法の正体、それが分かったこと

人権宣言の人権とは、確かにすべての人間の自由や平等を保障する画期的なものではあるが、それは低レベルのものであり、本来の自由でも平等でもない。

ここに実現された自由、平等のレベルと、それを超えるレベルのものがある。

これは何を意味するか。
（二）人権宣言の人権の意味　それを上部構造と下部構造の関係として定式ができた。
憲法や法律レベルでは二つの立場がある。その法律上の二つの立場は実は下部構造の階級的対立（ブルジョワジーとプロレタリアート）を反映している。実現しているのはブルジョアの立場である。人権宣言の人権とは、結局は市民、ブルジョアのためのものであり、この下ではプロレタリアートは支配されるだけで解放されることはない。

したがって、そのプロレタリアートの立場に立ち、その立場に立ったその法律その国家の実現がマルクスの使命となる。

マルクスは人権宣言の限界にはっきりと気づいた時、その問題とその大きさに気づいているのは自分だけであることがわかっただろう。他はこの問題を見ることができていない。ましてやその理由である上部構造と下部構造の関係の問題にはとうてい到達できない。


この（一）がわからず、そのために（二）の理解に到達できない思想のことを、マルクスは「イデオロギー」と呼んだのである。

このイデオロギーについて、エンゲルスは後に『フォイエルバッハ論』第四章で次のようにまとめている。「イデオロギーというのは、観念を自己自身の法則にしか従わないものとして取り扱い、観念を自立し独立して発展するものとして取り扱う」「思考過程が進行するのは人間の頭の中であるが、その人間の生活の物質的諸条件が結局はこの思考過程をも条件付けている」ことを意識しない思想である。

イデオロギーという言葉は、エンゲルスの説明にあるように、ふつうは（二）の段階として理解され、唯物論か観念論かが問題になるのだが、その根底にある（一）の段階を理解することが重要である。
（一）こそが、マルクスの初心であり、その原点であるから。そしてこの発見時に、マルクスには驚きと衝撃、さらには孤立の予感があったはずである。
ここで、マルクスは自分以外の全てをイデオロギーとして切り捨てて前に進んでいくしかないと覚悟をしたのだろう。後に一八四八年の革命失敗後にも、マルクスが堕落できなかった理由は、第一にここにあると私は考える。

しかし、このイデオロギーという言葉の使い方はこれで良いだろうか。これでは、ある時点で、ある認識のレベルに到達していないものは、その認識レベルの者からすべてイデオロギーと呼ばれ、低次の思想とされることになる。その意味とは、唯物論か観念論かには関係せず、最先端のレベルに到達していないという意味でしかないのではないか。こうした用語法は妥当なものだろうか。これについては後述する。

マルクスのこの（一）から（二）への理解の深まりを、マルクスの「ヘーゲル国法論批判」の研究は背後で支えていたのだろうと、私は推測する。

そしてそこからは、ヘーゲルとマルクスの関係もよく理解できる。マルクスから見た時、ヘーゲルは人権宣言の立場であり、それはブルジョアの立場であり、マルクスはそれを超える立場であり、それはプロレタリアートの立場である。マルクスはそれを観念論と唯物論との違いとして表現するのだ。

しかし、ここにあるのは、時代の進展により、課題が変わるということではないか。時代の発展段階がそれを説明する思想の発展を求めるということではないだろうか。

マルクスはここで人権宣言の限界を指摘するのだが、実はすでにヘーゲルによって啓蒙思想の限界は指摘されており、その上に『法の哲学』は展開されていた。マルクスはヘーゲルの立場に戻っていったのである。そのことにマルクスは気づいていただろうか。

もちろん二人の論点は違う。マルクスはバラバラの個人、ブルジョアの立場の人権を問題にした。ヘーゲルが問題にしたのは、啓蒙思想家はゾレン（Sollen）の立場、当為の立場、性善説の立場だったという批判である。それは人間の内的二分とその結果の悪を人間に必然的なものとして認めることがない。そこでは善と悪は対立するだけであり、存在と当為も対立し、理想と現実も対立し、個人と共同性も対立するだけである。

マルクスの論点はまだまだ表面的であり、ヘーゲルはそれをずっと深めていると思う。

③ブルセラショップの女子高生

マルクスには（一）から（二）への二段階の認識の深まりがあった。この二段階の後者だけをとれば、それは上部構造と下部構造の関係と、その階級的立場の問題となる。

しかし、マルクスにとって何よりも肝心な点は第一段階の人権宣言の限界の問題に直面した時にあったと私は考える。

この時の、マルクスの驚き、衝撃、孤立の予感を、自分のこととして想像できないと、マルクスの唯物史観がわからないだろう。これを理解できないと、マルクスはただの「妄想野郎」、「傲慢野郎」にしか見えなくなってしまうだろう。

そこで、読者には「ブルセラショップの女子高生」たちのことを思い出していただきたいのだ。（まえがき参照）「私のものをどうしようが私の自由でしょ。それをどうして他人にあれこれいわれなければならないの。誰の迷惑にもならないのに」。「私の体を私がどう使おうが私の自由でしょ。それをどうしてあれこれ言われなければならないの。勝手にさせてよ」。

あの女子高生の論理とは、まさにマルクスが暴露した資本主義社会の論理そのものだったことが分かるだろう。

つまり私的所有が認められ、それが自分の所有物である限り何をしても許される。また私たちには「自由」が保障されていて、他人の迷惑にならない限り何をしても良い。かつすべてのものは商品になることができる。そこにあるのは需要と供給の関係だけだ。

したがって、彼女たちの論理には当時誰も有効な反論が出来なかった。なぜなら彼らもまたその資本主義社会の中に生きておりその論理を自らの根底に持っているからである。彼らを批判できる論理は、大人たちの中には存在しないのである。

当時、そのことに衝撃を受け、女子高生たちを批判する前に、私たちの時代のあり方と自分自身の生き方を深く反省した大人はどれだけいただろうか。

では、その対策はどうだったか。結局、当局がどうしたかと言えば、法律や条例などによる規制、「行き過ぎた」個人主義を是正するための愛国心教育や道徳教育であった。

しかし、こうした対策は根本的には無意味であることは明らかである。それは既にマルクスが明らかにしたことである。この資本主義社会とは、個人の欲望を実現させることを動機とし、古い道徳、倫理、法律その全てを破壊することによって成立し、発展してきたものだからである。それは最初から人間の悪の全面展開を認める立場であり、したがってその発展段階を無視して過去に戻ることは不可能なのである。

こう考えてきた時、私たちはやっとマルクスの思いを理解することができるのだ。

マルクスが言うように、私たちは自分の社会のあり方や、その経済原則を意識しないままに生きているが、実際にはそれに支配されているのである。

私たちには常に前提がある。その前提、自分が前提としているものの全てを意識することは不可能である。しかし大きくその根本を規定しているような前提は意識できるようでありたい。そうでないとそれに支配されるからだ。しかし、そうした前提ほど、そのことに気づくことは難しい。

先入観や色眼鏡はよくないという議論があるが、そういう人たちは、この問題の深刻さが分かっていないと思う。どうしたら、それに気づけると思っているのだろうか。

このための大きな武器、有効な方法の一つがマルクスの唯物史観、上部構造を下部構造が規定しているというこの定式なのである。

では、私たちはどうしたら良いのか。

マルクスは法制度の限界を指摘し、経済の問題、階級対立の問題の解決、プロレタリアートによる革命に賭けたのだった。

しかし、私はその前に、憲法や法律をもっと概念的に考えなければならないと考える。その発展を発展としてとらえることである。

人権、つまり個人の諸権利、その自由とは何か。

自由には「〜への自由」（フリーダム）と「〜からの自由」（リバティ）があり、前者は古代ギリシャ以来のもので公的な事柄に関わることができることを意味する。後者は公的な事柄に関与せずに哲学などに専念するもので、近代以降に中心になった。この考えではここにあるのは「〜からの自由」でしかないということになる。しかし、そうした理解は悟性的に二つを分けるだけである。この二つがどうつながるかを考えなければならないはずだ。

私はこの自由が、自由概念としては最も低いレベルの段階のものであることを指摘したい。つまりヘーゲルの抽象的普遍であり、発展の始まり、始元の地点としてとらえるべきである。

ヘーゲルは真の自由とは「他者の元において自己と共にあること」と述べている。それに対してここにあるのは「自己のもとにおいて自己と共にある」という自由である。しかし、それを否定しても何も生まれない。すべてはそこから始まるしかないのである。

人間は、人権宣言において、抽象的普遍として、自由と平等とを獲得した。個人はここで初めて個人としての成長のスタートラインに立つことができたのである。

しかし、人間は悪の側面（自分さえよければいい）を持って生きている。そのために社会は混乱し、本人も他者も深く傷つく。しかし、人間にはそれを克服していく力も備わっている。悪も悪を克服する力（善）も、同じ意識の内的二分から生まれたものだからである。この個人の始まり、悪の始まりから人間は真の個人、真の自由に向けて成長・発展しなければならない。その自由とはヘーゲル流に言えば真実の生き方であり、人間が人間の概念と一致することである。それが概念的個別、具体的普遍である。それをフォイエルバッハ流に言えば、類としての人間である。

人権宣言で個人が個人として認められ、それからまだ二〇〇年。個人の確立の運動はまだ始まったばかりであり、その実現はまだはるかかなたにある。

本来はこうした法哲学上の基本理念、その概念的の理解を持ち、他方で、それを実現できるような経済や社会関係をとらえていくべきだったのではないだろうか。

現在の私たちはこの自由の在り方の限界を理解し、本来の人間性を回復する個人、あらゆる個人が主体になる社会を作るために運動していかなければならないと私は考える。

④「ヘーゲル法哲学批判序説」（一八四四年一月『独仏年誌』に発表）

以上述べてきたことからわかるように、当時既にマルクスは自らの立場を明確にしつつあった。それは自分が思想界では孤立した立場になるという覚悟を伴っていた。しかしマルクスは孤独ではなかった。自分の真の仲間、同志たちがいることを信じられたからだ。

そのマルクスの夢とプライドが鮮烈に示されたのが「ヘーゲル法哲学批判序説」である。その論理は私には到底無理筋であるように思われるのだが、その夢とプライドには胸を打たれる。

当時のドイツは全ての面で、ヨーロッパのイギリスやフランスから大きく遅れていた。しかしだからこそ、ドイツがヨーロッパの状況を大きく転換させる力を持っているとマルクスは考えた。

「ドイツではあらゆる種類の隷属状態を打破することなしにはいかなる種類の隷属状態を打破することができない。根本的なドイツは根本から革命を起こさなければ革命を起こすことができない。ドイツ人の解放は人間の解放である。この解放の頭脳は哲学でありその心臓はプロレタリアートである。哲学はプロレタリアートの止揚なしには自己を実現しえず、プロレタリアートとは哲学の実現なしには自己を止揚しえない。」（傍線は中井）。

何もないドイツだからこそ、全てを得る可能性がある。そこでは自己否定しかないから全面的な自己肯定を求めるしかない。そこには守るものがないので攻めることしかできない強さがある。

何も持たないドイツはだからこそ、ヨーロッパ革命の「頭脳」と「心臓」（肉体）を提供することができるとマルクスは考えた。

すべての面で遅れたドイツにおいて、唯一世界のトップレベルにあるのはドイツ哲学である。マルクスはヘーゲル哲学はヨーロッパの他を凌駕するものであり、その『法の哲学』こそが、近代社会、資本主義社会を最も統一的に、その全体の構造を立体的にとらえたものだとして高く評価していた。マルクスは、それを継承することで自分たちがヨーロッパの革命の頭脳となり得ると考えた。

他方、その頭脳の肉体（心臓）としては、最も遅れたドイツにおけるプロレタリアートに大きな期待を寄せていた。

プロレタリアートはどこにでもいるし、フランスではすでに革命運動の先頭に立っていた。ドイツのプロレタリアートはまだ階級形成も行われていない段階であった。しかしだからこそ、そこに可能性がある。

ヨーロッパ革命の頭脳と心臓をドイツから提供することができる。これが若きマルクスの夢であり希望であった。

こうした思考法をマルクスは「ラディカル」と呼んだ。マルクスの「ラディカルであるとは事柄を、その根源、その根っこにおいて把握することである」との言葉は有名だが、この箇所に出て来る。この「ラディカル」「根源的な思考」は、若者たちを強く感動させる魔法の言葉だが、そこには問題もある。これも後述。

マルクスが革命の頭脳となり、ドイツのプロレタリアートがその心臓になる。

この夢の実現に向けて、その可能性、その実現のための条件を考えなければならない。こうしてマルクスの研究がさらに続いていく。

「下部構造が上部構造を規定する」との命題には、こうしたすべてが含意されている。それを理解しないと、この後のマルクスを理解できないだろう。

マルクスが下部構造の研究に邁進していくのは、「市民社会を解剖する仕事は政治経済学の仕事」だからであるが、それはプロレタリアートの可能性を具体的に吟味するためである。

(3) 唯物史観の確立まで

序言の4－2と4－3では、唯物史観の定式化がされる。この「定式」の検討はV章で行う。

5は4－1に続く、マルクスの研究の過程が書かれる。これはマルクスがエンゲルスとの共同研究によって、唯物史観を確立していく過程であり、重要である。

ここでは、『経済学・哲学草稿』（一八四四年執筆）、『聖家族』（四五年二月刊行）、「フォイエルバッハ・テーゼ」（四五年執筆）、『ドイツ・イデオロギー』（四五年～四六年執筆）、『哲学の貧困』（四七年七月刊行）、『賃労働〔と資本〕』（講演は四七年、本の刊行は四九年）、『自由貿易についての講演』（四八年刊行）、『共産党宣言』（四八年二月刊行）など多数の著作が取り上げられる。

①『経済学・哲学草稿』（一八四四年に執筆）

マルクスはすでに自らが革命の「頭脳」となり、ドイツのプロレタリアートがその「心臓」になることを確信している。

この夢の実現に向けて、次の大きな一歩を刻んだのが『経済学・哲学草稿』である。マルクスの生前には発表されず、一九三〇年代になって公開されたもの。

この『経済学・哲学草稿』には、哲学上の立場や、経済学の研究がまとめられ、後に唯物史観として確立する思想の芽が、ここに出揃っていることが見て取れる。

『経済学・哲学草稿』は、そのタイトルからわかるように経済学と哲学についての研究ノートや草稿である。

経済学の研究としては、先行するエンゲルスに刺激を受けて、マルクスもアダム・スミス、リカード、セイ、ジェームズ・ミル等の国民経済学者の本を読み始め、またサン＝シモン、フーリエ、プルードン等の社会主義者の本を読みあさった。これは「疎外された労働」「私有財産と共産主義」などにまとめられた。

また哲学研究とはヘーゲル哲学についての研究成果であり、「ヘーゲル弁証法と哲学一般との批判」にまとめられている。

ここでなぜ経済学と哲学だったのか。

マルクスにとっては、「ヘーゲル法哲学批判序説」で示したヨーロッパ革命の頭脳と心臓（肉体）を提供する使命の達成が目的であった。経済学はその後者の研究であるが、それとともに、頭脳の研究もしなければならない。否、それこそがマルクス自身の課題であったはずだ。

マルクスにとっては、何よりも重要なのが、哲学上の立場の確立であったろう。なぜならマルクスが目指していたのはヨーロッパの革命運動の頭脳になることだったからだ。そして、すでにマルクスには当時の哲学上の最高峰であるヘーゲルが与えられていた。

「ヘーゲル弁証法と哲学一般とへの対決は、私はどうしても必要だと考える。なぜならこの仕事はまだ成し遂げられていないからである」(『経済学・哲学草稿』の序言)。

マルクスはヘーゲル哲学こそ、ドイツがヨーロッパ諸国に伍することができる唯一のものとしてとらえていた。そして『法の哲学』を研究した。しかしヘーゲル哲学は観念論であったからその克服のためにはフォイエルバッハ哲学が必要であった。フォイエルバッハ哲学からそのヘーゲルの観念論を唯物論に転換することができると考えたからだ。

「ヘーゲルの『精神現象学』と『論理学』以来、真の理論的革命を内に含んでいる唯一の著作であるフォイエルバッハの諸著」(序言)。

ヘーゲルとフォイエルバッハの二人がマルクスの先生だったことになる。しかし二人の先生がいるのなら、その二人と自分との三者の関係(三角関係)が問題となる。

マルクスはフォイエルバッハのヘーゲル批判を評価するものの、そこに不十分なものも感じていた。それではヘーゲル哲学の克服には至らない。

マルクスはヘーゲルの中に圧倒的に現実的でリアルな認識があることをとらえていた。ここがフォイエルバッハとマルクスが分かれるところである。

それをここで徹底的に明らかにし、ヘーゲルと真に対決しなければならないと、マルクスは考えていた。そのためには『法の哲学』ではなく、ヘーゲル哲学の核心部分での勝負が必要であった。その戦場からの報告が「ヘーゲル弁証法と哲学一般との批判」であり、そこではヘーゲルの『精神現象学』と『論理学』を批判の対象としている。ヘーゲル哲学の心臓部との真正面からの対決である。

フォイエルバッハは、ヘーゲルの否定の否定の弁証法を観念論であるとして、ほぼ全否定している。

しかし、マルクスは、そこに大きな可能性を見いだしていた。

ヘーゲルは、弁証法の形式の中で、人間の労働の根源的な意味とその労働過程の論理をとらえ、そこから人間が社会を形成し、それが人間の歴史を発展させてきたことをみごとにとらえている。

マルクスは言う。ヘーゲルは「歴史の運動に対する表現」を示すことができた。それは、労働という「人間の自己産出を一つの過程としてとらえ、対象化を対象剥離として、外化として、及びこの外化の止揚としてとらえ」、つまり「労働の本質をとらえ対象的な人間を現実的であるが故に真なる人間を人間自身の労働の成果として概念的に把握」できたからである。

マルクスは、このレベルに立ってこそ革命の頭脳の役割を果たすことができる、このレベルでなければ、現実の運動、プロレタリアートの運命を具体的に明らかにしていくことができないと考えていた。こうしてヘーゲルの「概念的把握」をマルクスの方法として鍛え上げていくのだ。

なお、ここでのマルクスとフォイエルバッハの違いは、Ⅰ章とⅡ章で説明した存在の運動と認識の運動の関係でとらえるとわかりやすい。

ヘーゲル哲学の中に、マルクスは存在の運動をとらえている。それを反省、反映する認識の運動もとらえている。これがマルクスとフォイエルバッハとの違いである。共通点は、この存在と認識の順番が逆転しているという批判である。これが観念論批判となる。

さて、以上から当時のマルクスには二つの大きな武器、方法があったことになる。そしてそれをもって経済学の研究に邁進していったのだ。

その一つは、フォイエルバッハから得たもので、その「疎外」と「類」の立場である。これは、マルクスの根底を作っており、この「疎外」と「類」の立場から、草稿は書かれている。

例えば、「疎外された労働」では労働の疎外を三重の疎外として示す。疎外された労働は、人間から（1）自然を疎外し、（2）自己自身を人間に特有の活動的機能を人間の生命活動を疎外することによって、（3）それは人間から類を疎外する。この類からの疎外からマルクスは自然と人間、人間と人間の関係、人間だけが意識を媒介として労働することなどをとらえていく。そこでは「疎外」と「類」を武器にし、概念的把握は出てこない。

しかし、それを踏まえた上で、この草稿でのマルクスは、「概念的把握」の方法に大きく重点を移している。

例えば、「疎外された労働」でのマルクスのブルジョア経済学（国民経済学）批判は、それが「概念的理解」ではない、というものである。

「国民経済学は私有財産という事実から出発する。だが、国民経済学は我々に、この事実を解明してくれない。国民経済学は、私有財産が現実の中で辿っていく物質的過程を、一般的で抽象的な諸公式でとらえる。その場合これらの公式は国民経済学にとって法則として通用するのである。国民経済学はこれらの法則を概念的に把握しない。すなわちそれはこれらの法則がどのようにして私有財産の本質から生まれてくるかを示さないのである」。

国民経済学では、「私有財産」は前提とされ、その運動は固定された法則として「一般的で抽象的な諸公式」でとらえている。しかし、本来は、それがどのように生まれ、展開してきたのかを、人間社会の発展の運動から理解しなければならない。したがって「私有財産の秘密」を隠蔽してしまう。

マルクスのすごい点は、単に他者への批判をして終わりではなく、その私有財産の概念的把握を、実際にやって見せてくれることだ。それが「私有財産と共産主義」である。

マルクスは、まず私有財産の過程を、始まりそしてその「頂点」、そしてその終わり（止揚）としてとらえる。頂点とは、マルクスの時代のことであり、そこに矛盾が矛盾としてあからさまに示される。それが頂点だからである。

その認識を試みたのがここでのマルクスである。その終わり（止揚）の段階で、この矛盾に対する社会主義の三段階を示す。プルードンであり、次にサン・シモン、フーリエの空想的社会主義であり最後に共産主義のとらえ方である。

さらにマルクスはこの共産主義のとらえ方としても三段階を示し、その最終段階の社会像を展開している。これはマルクスのユートピアそのものである。ただし私有財産の運動の結果として示そうとしている。しかし、それを踏まえた上でだが、ここにあるのはマルクスの夢であり、妄想であるように思う。若きマルクスは空想家だったのである。

「私有財産と共産主義」では否定の否定の弁証法、つまり概念的把握が三重に行われていて、マルクスが意識的に概念的把握を試みていることがわかる。マルクスは一方では労働の疎外も三重に重ねている。この執拗なところがマルクスである。

このように、マルクスは概念的把握の立場、つまりヘーゲルの弁証法の肯定的な立場から、人間の労働や経済の発展をとらえていこうとする。しかし、他方ではフォイエルバッハの疎外論と類の立場から分析していく。但し疎外論は全体の部分に適用し、全体を抑える時は概念的把握を使っているのである。

しかしこの二つの方法は根本的には対立し、矛盾する。それがはっきりと示されるのは『ドイツ・イデオロギー』の段階になる。これについてはⅣ章で詳しく検討したい。

さて、こうした三段階の理解によって、マルクスが私有財産の秘密（矛盾、対立）を、労働その物に疎外（矛盾）があることとしてとらえている点が重要である。草稿では矛盾の内実を明確に示すに終わっているが、これが後に剰余価値、搾取として示されていく。

また、ここでブルジョワジーとプロレタリアートの階級対立をとらえている点が重要である。ここで革命運動の「心臓」としてのプロレタリアートの確認をしているのだ。

こうして、この草稿の段階では、すでにマルクスの二つ目の問題の答えも出ていることがわかる。社会主義、共産主義の吟味はすでに終わっており、すべてがマルクスの三重の三段階の中に位置づけられているからである。それだけではない。その中に、実はフォイエルバッハを含めたドイツ哲学の全体も位置づけられたのである。そしてその頂点にはマルクスだけが立っている。

なお、私有財産の始まりから資本主義社会の成立までは、実はヘーゲルが『法の哲学』で行っている。第一部「抽象的な法」の始まりで占有から所有、私的所有を導出し、それを人格の基礎ととらえ、その上に第三部で市民社会の経済活動を展開している。国民経済学とヘーゲルとは、同じブルジョアの立場であっても、私有財産制度を正しいと前提してしまうか、その生成の必然性を説明するか（概念的把握）で、大きく違うことがわかる。しかし、ヘーゲルも私的所有制度の生成から展開、さらにその消滅までは進まない。

ヘーゲルは国家とその法制度に関しても、その成立の前提として私有財産制を置き、その下にブルジョアによる資本主義における国家の説明をする。

マルクスにおいては、その私的所有制度の生成から展開、さらにその消滅までを展開すれば、それはそのまま国家と法制度の消滅になるのだ。

このように、マルクスはヘーゲルの『法の哲学』に、その「始まり」から「終わり」まで、大きく依拠しながらも、それを逆転させていることがわかる。それがマルクスの思想の確立になっている。

②『ドイツ・イデオロギー』（一八四五～四六年に執筆）

さて序言では、『経済学・哲学草稿』の次にマルクスとエンゲルスの共同執筆による『ドイツ・イデオロギー』について説明したうえで、「当時、我々の見解のあれこれの側面をあちらこちらに書き散らかした」と言って、『共産党宣言』と『自由貿易についての講演』とを挙げ、「我々の見解の中の決定的な諸点」は、フランスの社会主義者プルードン批判『哲学の貧困』の中で初めて科学的な形で素描しておいた」と述べている。そして最後に『賃労働〔と資本〕』を挙げて、終わっている。

この叙述からは、マルクスの思想が、『ドイツ・イデオロギー』で一応完成していると、マルクス自身が意識していたことがわかる。

『ドイツ・イデオロギー』とは『経済学・哲学草稿』を基にして、ドイツのイデオロギーを批判したものだが、そこではフォイエルバッハが徹底的に批判されている。

では、マルクスの思想が、『ドイツ・イデオロギー』で一応完成しているとは、どういう意味だろうか。

一八四五年二月、マルクスはフランス政府によりパリを追放され、ベルギーのブリュッセルに移転してきた。四月にはエンゲルスもブリュッセルに移転してきた。こうしてマルクスとエンゲルスの共同執筆は一八四五年の『聖家族』に始まる。これは「ユダヤ人問題によせて」に次ぐ、ヘーゲル左派のバウアーの批判である。

四五年夏から、二人はヘーゲル左派の批判をさらに推し進め、ついにフォイエルバッハその人を批判するのが『ドイツ・イデオロギー』である。これもエンゲルスとの共同執筆だが、この段階が、マルクスとエンゲルスにとっては決定的な意味を持つことがわかる。

「ドイツ哲学のイデオロギー的見解に対する我々の反対意見」「我々二人のそれまでの哲学上の良心に決着をつけよう」という表現にはハッとするし、その志は「ヘーゲル以降の哲学」の総決算を目標としていることにも驚く。ここでのマルクスの立場を明確に示しているものが「フォイエルバッハ・テーゼ」(四五年執筆)である。これは次章で検討する。

マルクスはヘーゲル左派の立場であり、その中から現れたフォイエルバッハに心酔していたし、その立場からヘーゲル哲学の批判をしたはずである。そのフォイエルバッハを俎上に挙げて徹底的な批判をしたのである。これはどういうことなのか。

マルクスの出自はヘーゲル左派である。その意味は、ヘーゲル哲学は大前提としたうえで、ヘーゲル哲学の観念論的傾向を批判し、唯物論の立場に立とうとするものだ。

だから、マルクスはヘーゲルの『法の哲学』を読む際に、フォイエルバッハの唯物論の立場から「下部構造が上部構造を規定する」としたはずだった。

しかし、ここに至ると、そのフォイエルバッハに対しても、それが「イデオロギー」「観念論」だとして切り捨てるのである。これはマルクスも「観念論」だったという自己批判である。これでは読者はみな混乱し、わけがわからなくなるだろう。

マルクスは、ヘーゲル左派に属し、唯物論の立場だったはずだ。その立場からヘーゲル自身を観念論とし、「下部構造が上部構造を規定する」とした。その下部構造の、つまり経済の研究によって、その左派自体を批判し、乗り越えようとする。

ここには唯物論の深化、発展がある。そもそも唯物論とは、世界の根源を問題にした時に、物質を根源とし、そこから派生したのが観念だとするものだ。その理解を根底に置きながら、それを人間の生産活動にまで押し広げて、物質的生産と精神的生産のいずれが根源かを問い、さらにはその生産者（階級）における根源性をも問うのが、マルクスの唯物論、唯物史観なのである。

しかしこうした理解だけではマルクスを理解できないことはすでに述べた。マルクスは人権宣言の人権の限界を深く受け止めて、そうした国家や法制度（上部構造）の限界を超えるために下部構造の研究に邁進した。そこで根底にある階級闘争をとらえ、プロレタリアートの革命と独裁の支持の立場に立つことになった。

そしてこのレベルにまでついてこられない思想をすべてイデオロギーとして、切り捨てたのである。

『聖家族』ではヘーゲル左派の中のバウアー派を批判し、ついに左派の最高峰だったはずのフォイエルバッハその人への批判へとそれを推し進め、左派全体をイデオロギーとして葬り去ろうとする。マルクスにとって、左派の否定は、ヘーゲル学派全体の否定であり、それはドイツの「ヘーゲル以降の哲学」の総括になる。残るは、こうした総括を終えてそこに立つマルクスとエンゲルスだけである。そこには唯物史観が成立している。

こう見てくると、4－1での「下部構造が上部構造を規定する」とヘーゲルを観念論としたことを起点としてすべてが破壊され、粉砕されたことがわかる。この意味については次章で説明する。

ここに、革命の思想の可能性の一つだったドイツ哲学（ヘーゲル左派をも含めたヘーゲル派のすべて）は消えた。残るは社会主義、共産主義である。

その総括はすでに『経済学・哲学草稿』で行っているのだが、その一部を『ドイツ・イデオロギー』で公開しようとした。現在残されている原稿では二巻本の第一巻はバウアーやフォイエルバッハらヘーゲル左派への批判であるが、第二巻はドイツのヘスやカール・グリューンらの「真正社会主義」が批判されている。ここにとりあえず、社会主義への批判がまとめられている。もちろん、まだドイツ国内のそれであるが。

そしてフランスの社会主義者プルードン批判である『哲学の貧困』では、その中で「初めて科学的な形」で自らの思想を述べたと言っており、力を込めた批判であったことがわかる。この中には、マルクスは革命の頭脳として「プロレタリアートの器官になる」との有名な言葉がある。これは頭脳と心臓との一体化の宣言である。

そして、社会主義の全体についてのダメ押しは、『共産党宣言』第三章で行われている。そこではドイツの真正社会主義、プルードン主義、空想的社会主義が取り上げられている。つまり社会主義の全体であり、そこにその本丸の「空想的社会主義」が含まれている。

こうして、当時の社会主義、共産主義の全体が破産宣告を受けた。

なお、ここでマルクスたちが自らを、社会主義者、社会党と呼ばず、共産主義者、共産党と自称した理由について説明する。当時、社会主義という言葉は空想的社会主義を意味しており、社会主義は中産階級の運動であった。他方、共産主義はプロレタリアートの運動であった。そこでマルクスらは自らをプロレタリアートの立場に立つものとして、つまり共産主義者としてとらえ、この宣言を共産党宣言と呼んだのである。以上は一八八八年英語版に添えられたエンゲルスの序言にある。

マルクスは当初、革命の思想になりうる可能性として、二つの思想を想定していたのだが、こうして二つともに消え、残ったのはマルクスとエンゲルスの思想だけとなる。実践的唯物論、主体的唯物論、科学的社会主義である。これは二つの思想を止揚したものであると、マルクスは考えていたであろう。その根底にあるのは「下部構造が上部構造を規定する」とする唯物史観である。

エンゲルスはマルクスの経済学における二大発見として唯物史観と剰余価値（搾取）の解明を挙げているが、その剰余価値についても『賃労働〔と資本〕』でまだ完成されてはいないが、すでに説明されている。

以上をまとめたのが『共産党宣言』（四八年二月刊行。これもエンゲルスとの共同執筆）だったのである。

ここまでが、序言を手掛かりにした一八四八年の革命直前までのマルクスの思想形成の説明である。私は前節で序言について二つの謎、疑問とその答えを出しておいたが、そこで推測した唯物史観成立の過程は正しかったことが確認されたと考える。

また、なぜマルクスが自分の先生について書けないかという問いの答えもここに出ている。マルクスにとっては、ヘーゲルもフォイエルバッハも、単純に先生とは言えず、二人を否定する中で、マルクスは自らの立場を作ってきたからなのであろう。

しかし、先生についてのこのマルクスの態度は本当に正しいのだろうか。それは否定の否定の発展の理解、つまり概念的把握になっているだろうか。むしろ、一つの否定の原理を推し進めただけになっているのではないか。それはあまりに平板なものではないか。それで本当に人間は成長できるのであろうか。

この点については、フォイエルバッハ・テーゼの検討をする次章で詳しく論じたい。

③『共産党宣言』とマルクスの実践

マルクスの立場は理論と実践の統一の立場であるから、ここまで述べてきた理論上の研究と並行してその実践についてもマルクスは模索していた。

一八四三年にマルクスがパリに移った頃、パリは数多くの社会主義者や共産主義者のるつぼのようであった。またパリに亡命したドイツ人の間では、社会主義や共産主義をめざす「正義者同盟」が作られていた。パリ時代のマルクスはそれらと関わっている。

しかしパリの正義者同盟は、暴力的革命主義の団体が起こした反乱に巻き込まれて壊滅状態になった。同盟員は各地で連絡のない小集団を組織している有様であった。

一八四五年二月マルクスはパリからベルギーのブリュッセルに移る。四月にはエンゲルスもブリュッセルに移転。二人は約六週間イギリスに旅をした。ここでマルクスは初めてイギリスの資本主義や労働者のチャーティスト運動に直接触れることができた。ロンドンの正義者同盟とも連絡を取ることができた。

四五年の年末には、マルクスはプロイセンの国籍を離脱して無国籍になる。

帰国後二人は『ドイツ・イデオロギー』の執筆に着手するが、マルクスはエンゲルスとともに、ブリュッセルに在住しているドイツの亡命者の社会主義者を集めてブリュッセル委員会を組織する。さらにマルクスは「共産主義者通信委員会」をブリュッセルに設立し、パリやロンドンの同志たちに向かって協力を求めた。

四六年三月のこの通信委員会の委員会で、マルクスはヴァイトリングやグリュンの真正社会主義に対する厳しい批判をし、労働者を代表する共産主義者ヴァイトリングと激しく対立した。両者はその後決裂。理論よりも実践を重んじる労働者的な現実運動との対立である。

四七年六月にはヨーロッパ各地の正義者同盟などをまとめる「共産主義者同盟」が設立。八月にはマルクスはこの同盟のブリュッセル支部の責任者に、エンゲルスはパリ支部の責任者になる。一一月、一二月の共産主義者同盟の第二回大会ではマルクス・エンゲルスの立てた綱領原則が採択される。また共産主義者同盟の宣言の起草がマルクス・エンゲルスに一任される。

二人の原稿は一八四八年一月下旬に完成し、二月末ロンドンで小冊子として刊行された。これが『共産党宣言』であり、二月革命になんとか間に合った。こうしてマルクスは革命に臨む足場を一応持って、革命に対応することができたのである。

『共産党宣言』には、当時のマルクスの思想のすべてがつめこまれている。一章の「ブルジョワとプロレタリア」では、資本主義社会を作り出したブルジョワジーの本質、つまり資本主義社会の本質が見事に描かれている。当時も、今も、資本主義社会の原理原則を、これだけ簡潔でわかりやすく示したものはないと思う。

しかし、それに対して後半のプロレタリアートの説明ではあいまいなところが多い。また二章の共産主義の未来像も、まだまだ抽象的である。

二章では、まず、私的所有の廃止が説明される。そして二章の終わりにまとめられている「十ヶ条」の後半の六ヶ条が共産主義の未来への政策だが、五、六条で国家への生産手段の集中、七条では「共同の計画による土地の開墾と改良」、八条では「特に農業のための産業軍の編成」、九条では「都市と農村の対立の除去」、そして十条では「教育と肉体労働の結合」が出されている。しかしそれぞれ数行だけの抽象的な文言だ。

そのラストでは、「協同した個人」が現れ、「各人の自由な発展が万人の自由な発展の条件となるような協同社会」という言葉で結ばれている。これが人権宣言における人権の矛盾に対するマルクスの答えなのであろう。しかしここでは「協同の方法」も、どのように「協同社会」が生まれるのかも説明はない。こうした点の説明不足は明らかである。

ただし、私はマルクスとエンゲルスが、「協同した個人」「協同社会」を、少なくとも彼ら二人の関係においては具体的に実践していたと思う。それは彼らが共同執筆したことである。これは二人が共同研究をしていたことを意味するのだが、その意味は重要だ。それが『ドイツ・イデオロギー』と『共産党宣言』という彼らの立場の確立とその宣言の文書であることの意味を考えなければならない。

当時、文系の学問での共同研究はほとんど例がなかったのではないか。そうした中で、唯物史観において一致点があったとはいえ、共同研究をし、一冊の著作を二人で共同執筆したことをどう考えたらよいのだろうか。

私はそれは、個人主義の克服、学問における協同性、共同性への挑戦だったのだろうと思う。それは彼らの理論と実践の統一の一つではないだろうか。

個人が個人であるのは、共同性、社会関係の中での労働にある時、その内部での個人なのである。マルクスのそうした主張が、ここにあるのではないか。
しかし、ここには同時に、その矛盾もあり、内部の対立や矛盾への対し方、その責任の取り方の問題がある。著作権やオリジナル性の問題もある。それにマルクスは答えていない。

(4) 一八四八年の革命とそれ以降

序言の6では一八四八年のフランスの二月革命に続いた三月のドイツ革命におけるマルクスの活動と、四九年の革命の最終的敗北以降の仕事を振り返る。私たちもそれを追おう。

一八四八年のフランスでの二月革命の勃発を受け、三月マルクスはベルギー警察に逮捕され国外退去を命じられ、パリに移動した。

パリではドイツ亡命者たちによる武装集団が作られてドイツを解放しようとしていた。マルクスは革命のために必要なのは、ドイツに部隊を送ることではなく、プロパガンダと扇動だとして反対した。ここに大きな対立が起こる。マルクスは武装闘争のグループとは決別することになる。共産主義者同盟はこの対立を受けて解散した。

状況の進展に合わせて、マルクスは四月上旬にプロイセン領ライン地方ケルンに移住し、ケルン民主主義協会を設立し、その機関誌として「新ライン新聞」を六月には発刊する。七月新聞発行停止命令。一〇月に戒厳令が解除され「新ライン新聞」再発行。一一月に反逆容疑で逮捕され、一八四九年二月陪審制の裁判にかけられ無罪。

一八四九年五月にはフランクフルト国民議会の決議をプロイセン王フリードリヒ・ヴィルヘルム四世が拒否したことで、ドイツ中の労働者たちが再び蜂起した。プロイセン政府は軍隊をケルンに集結してこれを鎮圧した。

マルクスは五月にケルンからの追放令を受け「新ライン新聞」は六月に最終号を出して消滅した。

マルクスは六月初旬にパリに亡命。この頃のフランスはナポレオンの甥にあたるルイ・ナポレオン・ボナパルト（後のフランス皇帝ナポレオン三世）が大統領を務めていた。

ドイツ各地の蜂起も、プロイセン軍により鎮圧される。軍隊経験のあるエンゲルスはバーデンの革命軍に参加したが敗北し、スイスに逃れた。一八四八年から続いた革命の運動はここに終わる。

四九年八月マルクスはイギリスのロンドンに向かう。エンゲルスはスイスでしばらく酒におぼれる日々を過ごしたようだが、一一月にはロンドンでマルクスと合流した。

革命は失敗し、たくさんの亡命者が世界中に散っていった。そしてその多くは夢を失い、堕落していった。革命運動に参加したすべての人がそうであるように、マルクスの人生も一八四八年の革命によって外的に断ち切られた。彼の青春は、ここで終わった。

しかし、マルクスはすぐに次の活動に移る。マルクスはエンゲルスらと新しい雑誌の創刊準備を進め、一八五〇年三月からドイツ連邦自由都市ハンブルクで月刊誌「新ライン新聞 政治経済評論」を出版した。

ここにマルクスは「一八四八年六月の敗北」と題した論文を数回にわたって掲載した。これが後にフランス三部作の第一作『フランスにおける階級闘争』として発刊される。この中でマルクスはフランス二月革命の経緯を唯物史観に基づいて解説し、一八四八年革命のそもそもの背景は一八四七年の恐慌にあったこと、そして一八四八年中頃からその恐慌が収まり始めたことで反動勢力の反転攻勢がはじまったことを指摘した。

これは革命の失敗後に、ただちに、その失敗の原因を唯物史観から明らかにしようとするものであり、こうしたマルクスの自己反省第一の姿勢は立派である。

マルクスはロンドンに落ち着くと、共産主義者同盟の再建を図った。しかし内部での激しい対立が起こり同盟は分裂した。マルクスは共産主義者同盟から手を引き、これ以降一八六五年のインターナショナル設立まで、政治の表舞台からは引き下がり、経済学の研究に専念することになる。

挫折した時、その人の真価が問われる。マルクスと他の亡命者たちとの違いについて、エンゲルスが書いている。

「一八四八年から四九年の革命の敗北の後、外国からドイツに働きかけることがいよいよできなくなった時がやってくると、我々の党は亡命者同士の喧嘩（というのはこれが残された唯一の可能な行動だったので）の戦場を俗流民主主義に任せた。そして俗流民主主義がしたい放題のことをし、今日は掴み合うかと思えば明日は仲直りをし、明後日はまた彼らの汚らしさを世間にさらけ出していた間に、また俗流民主主義がアメリカ中を乞食して歩きすぐそれに続いてわずかばかりのもらった金の分配についてまたもやスキャンダルを引き起こしている間に、我々の党は再び研究のための多少の余暇ができたのを喜んでいた。

我々の党はひとつの新しい科学的な考え方を理論的基礎として持っているという大きな強みを持っていた。そしてその考え方を仕上げることは党にとってどうしてもしなければならない事であった。そのためにも党は亡命のお偉方のようにひどく堕落することはどうしてもできなかったのである」。そして「こうした研究の最初の成果が我々の前にあるこの書物である」として、『経済学批判』を紹介している。（エンゲルスによる書評「カール・マルクス著　経済学批判」より）。

こうした亡命者の痴態には、エンゲルス自身のスイスでの日々も重なっていただろう。

マルクスは革命に失敗した。その後、革命運動の政治的足場も失ってしまった。では、それでもマルクスが堕落しないでいられたのはなぜなのだろうか。周囲が堕落していく中で、孤立する中で、マルクスが前進し続けることができたのはなぜなのだろうか。

マルクスの初心の深さ強さがここで問われた。マルクスの中で、人権の実態を知った時の驚き、覚悟、その後の孤独。それが彼を支えたと思う。

マルクスは一八四九年に初めて孤立し、孤独の淵をさまよったのではない。すでに『ドイツ・イデオロギー』までの過程で、他の全てを切り捨てた時、既に圧倒的な孤立、孤独を覚悟し、また事実それを体験し、それを味わっていたのである。それを味わい尽くし、そこに踏みとどまったマルクスにとって、四九年の挫折と絶望も、マルクスの前進を止めることはできない。だからこそ一八五〇年三月には「新ライン新聞」を刊行し、革命勃発と失敗の原因を恐慌の発生と収束に求める研究結果を出すことができたのだ。唯物史観はここでも威力を発揮している。

では、その発見で、革命の失敗の問題は解決されたのだろうか。唯物史観には、本当に問題はなかったのだろうか。マルクスは、革命失敗後に、唯物史観そのものを反省したり、大きな修正をしたりはしていないのだろうか。

また、五一年にマルクスは共産主義者同盟内部での激しい対立の中で孤立してしまった。そして政治的な実践、革命組織の運営からは手を引き、経済学の研究に専念することになった。

これはとても大きな転換点だったのではないか。このことをマルクスはどうとらえていたのだろうか。この原因や意味をマルクスはどう理解したのか。それを自分の人生の上で、自分の運動、その理論と実践の上で、どのようにとらえていたのだろうか。

革命以前からマルクスは孤立していた。しかしそれはイデオロギー内部、理論の世界の内部での孤立、孤独であり、自分の同盟相手としてプロレタリアートを信じることができた。

しかし五一年の時点ではプロレタリアートの現実の運動の中で、その内部での対立と闘争を既に経験しており、マルクスのプロレタリアートへの夢はすでに揺らいでいたのではないか。従ってここからが本当の勝負だったはずである。

マルクスの、自分たちが革命の頭脳となり、ドイツのプロレタリアートがその心臓になるとの信念は修正されたのかどうか。

革命の失敗は、マルクスの唯物史観や彼の思想にどういう影響を与えたのか。革命運動全体の中の経済学の領域に自分を限定することになったことは、彼の思想にどういう影響を与えたのか。

マルクスが経験した革命運動内部の対立、憎悪、ののしり合いをどうとらえたのだろうか。仲間たちの堕落をどうとらえていただろうか。マルクスは孤立してしまった。組織や教育をしっかりと考えることはできなくなっただろう。

マルクスにも絶望があっただろう。ヘーゲルは「絶望だけが人間を先に進める」と言う。マルクスはどうだったのだろうか。マルクスはその後、ヘーゲルの弁証法、発展の論理、概念的把握を再度、本気で学び直したようだ。それが「経済学の方法」からうかがわれる。それはどういう意味だったのだろうか。

それらについて、マルクス自身がはっきりと書いた記述はない。そして一八五九年に『経済学批判』が出版される。その内容にも、序言にも、その序説にも、こうした経緯が踏まえられているはずである。革命の挫折、革命の組織の崩壊、それをマルクスがどう受け止めたか。

しかし、それはこの序言にもどこにも直接には書かれていない。しかし、序言では当時は若者たちの間では革命を求める声が大きくなり、「もっと先に進もう」という良き意志があふれかえっていたが、「実際的な知識が追いついていかない時代」であったと反省する。この「実際的な知識」を提供することがマルクスの使命となったのであろう。そうした思いは定式化された唯物史観や「経済学の方法」にも反映されているはずである。それを洞察する力を持ちたいと思う。

5 唯物論と観念論
——止揚（aufheben）の意味

本章の最後に「唯物論」と「観念論」について、まとめておく。

ここで注意しないといけないのは、そもそも観念論と唯物論という用語の意味がマルクスとヘーゲルでは異なっていることだ。

ヘーゲル左派やフォイエルバッハにあっては、この用語は世界の根源を問題にし、それが物質か観念かを問うものであった。唯物論は物質を根源とし、そこから派生したのが観念だとする。ここではヘーゲルは観念論だとされた（私には異論がある）。

それを、マルクスは深化、発展させた。世界の根源を問う意味を根底に置きながら、それを人間の生産活動にまで押し広げて、物質的生産と精神的生産のいずれが根源かを問い、さらにはその生産者（階級）における根源性をも問うのが、マルクスの唯物論、唯物史観なのである。

この意味ではヘーゲルはもちろんだが、ヘーゲルを観念論として批判したフォイエルバッハも、当時の社会主義もすべてが観念論、イデオロギーになることはすでに説明した。

ただし、唯物論という言葉の意味をここまで拡大してよいかどうかは問題である。それではマルクス以外はすべて観念論だということになってしまい、この言葉で事実を丁寧に考えることができなくなると思うからだ。

こうしたフォイエルバッハやマルクスの意味とは別に、ヘーゲルの「観念論」の意味がある。ヘーゲルは、実在するものを止揚（aufheben）して、自らの契機とすることを観念化と考え、止揚したものを観念と呼ぶ。ここでは止揚することが高い立場、発展である。

ヘーゲルは自らの発展の立場を、観念論、さらには絶対的観念論と自称する。それは、何物もその自立性、独立性を許さず、それを観念化し、自らの契機として止揚する立場だからである。

マルクスたちがヘーゲル哲学を観念論として批判したのは、ヘーゲルが「観念性」を思考の機能としてのみ理解し、観念として思考に止揚された形だけが実在するとした、と前提しているのである。

ところがヘーゲルは、「動物ですら観念論者だ」と言う。動物が何かを食べ、消化し、自分の体の一部としているからだ。食べたものの自立性、独立性は奪われ、その動物の一部に、契機になっている。ヘーゲルは「観念性」という言葉をここまで広げてとらえようとしている。

この動物の消化の機能がもう一つ上のレベルに高まった能力として、人間の思考をとらえるのが、ヘーゲルである。思考も外界の対象の自立性を奪い、思考の内に認識の契機として吸収してしまう。

こうした関係づけには、ヘーゲルの唯物論的（マルクスやエンゲルスの意味）な側面がある。動物と人間、食べる行為と思考とは地続きである、つまり発展である。ここからも、マルクスやエンゲルスの意味ですら、ヘーゲルを観念論者とするのには無理があると思う。

さて、私が逆に問題にしたいのは、マルクスにあって、ヘーゲルの意味の観念性はどこにいったのか。どこにどう位置付けられているかである。

ドイツ語の止揚（aufheben）という語には、二つの正反対の意味がある。第一に、取り除くこと、否定することである。第二に、保存することである（ヘーゲル『小論理学』九六節への付録）。そしてこの二つの意味を含み持つドイツ語の中に、ヘーゲルは第三の意味を読み取る。それが「否定して、より高いレベルの中にその契機として保存する」という意味であり、これがヘーゲルの止揚である。

マルクスにあっても、aufheben という言葉は、否定の意味において使用されている。それはフォイエルバッハ・テーゼでも確認できるし、『共産党宣言』でもそれは「廃止」の意味で使用されていることが確認できる。岩波文庫版の第二章の翻訳では「廃止」「廃棄」と訳し分けているが、「廃止」は aufheben 、「廃棄」は abschaffen であり、同じ意味で使われていることは明確である。

ここが大きな問題になるのは、ヘーゲルの発展観が理解できなくなるからだ。

ヘーゲルの発展では、前の段階と後の段階とは、止揚される、止揚するの関係になっている。発展とは内化と外化の統一だが、それは止揚の運動として理解されなければならない。マルクスはこの意味を理解できていたのだろうか。

このヘーゲルの用語法はなぜ無視されたのか。それはマルクスがフォイエルバッハのヘーゲル批判から出発しているからである。そしてその上で、唯物史観を打ち立てたからである。

第Ⅳ章

若きマルクスの闘い
「フォイエルバッハ・テーゼ」

前章でマルクスの立場、つまり唯物史観の確立は、『ドイツ・イデオロギー』にあることを確認した。その『ドイツ・イデオロギー』の立場を簡潔に高らかに宣言したのが「フォイエルバッハ・テーゼ」である。本章ではこれを検討する。

1 「フォイエルバッハ・テーゼ」の訳注と説明

訳文と注解は中井のもの。牧野紀之の「『フォイエルバッハ・テーゼ』の一研究」（『労働と社会』に収録）を参考にしており、私の注で牧野のコメントをいくつか引用したが、その際は『労働と社会』のページ数や注番号を示した。テーゼが1～11まであるが、個々のテーゼについてはテーゼ1、テーゼ2、…とよぶことにする。

テーゼ1

これまでのすべての唯物論[1]（そこにはフォイエルバッハの哲学も含まれるのだが）は共通する根本的な欠点を持っている。それは、自らの対象、現実的なもの、感性的なものを[2]、客観的な形式、直感的な形式の下にとらえるが、しかし人間の感性的な活動として、実践として、つまり主体的〔な活動〕、〔つまり「労働」〕としてはとらえていないということである[3]。

そこで、この活動の側面〔の理解〕は、〔唯物論よりもむしろ〕唯物論に対立する観念論によって〔こそ〕発展してきた。しかしそれは〔もちろん〕抽象的なものでしかない。なぜなら、観念論はもちろん現実的で、感性的な活動そのものは知らないからである。

〔そうした観念論に対して〕フォイエルバッハ〔が求めるの〕は、〔もちろん〕感性でとらえる客観性〔物質〕であり、観念としての客観性から現実に区別された客観性〔物質〕である[4]。しかし彼は人間の活動を、〔その客観性という、唯物論的な〕対象を実際に生産する活動〔労働〕だとはとらえないのだ[5]。

したがって彼は『キリスト教の本質』において理論的な行為のみを、真に人間的な行為とし、実践はただ汚いユダヤ人の行為として、固定してとらえてしまう。したがって彼は、〔人間の〕革命的な活動を、実践的で批判的な活動〔つまり現実社会を批判し、実践的に作り変える活動〕を理解することができない[6]。

---

(1) マルクスはフォイエルバッハだけを問題にしているので

はない。「これまでのすべての唯物論」を問題にする。

「唯物論」でマルクスが想定しているのは何か。

ヘーゲル左派（フォイエルバッハを含む）とイギリス（オーエン）、フランス（サン・シモン、フーリエ）の社会主義者たち、さらには一八世紀の啓蒙思想家もその中に入るであろう。ヘーゲル左派への批判は、『ドイツ・イデオロギー』で行われているし、イギリス（オーエン）、フランス（サン・シモン、フーリエ）の社会主義者たちは後に「空想的社会主義」として批判される。それらは、ここにすでに始まっている。

前者を「イデオロギー」として批判し、自らはイデオロギーではないとする。

なお、フォイエルバッハ自身は自分を唯物論であるとは認めていない。ヘーゲルの抽象性、観念性を批判し、直接性と具体性と「感性」を主張するだけである。

(2) 対象、現実、感性の三語は、それぞれ、対象的存在、現実的存在、感性的存在をさしていて同義。これら三語はフォイエルバッハにおいてそう用いられ、マルクスも『経済学・哲学草稿』のヘーゲル批判の項などでその用法をうけついでいる（牧野の三七ページ注3）。これが唯物論。

(3) この論点が、マルクスによって新たに示されたもの。「主体性」の主張であり、だからこそマルクスの思想が「主体的唯物論」と呼ばれる。「感性的な活動」「実践」「主体的〔な活動〕」は言い換えであり、「労働」のことである。しかし、これを「実践」と呼んでよいだろうか。

(4) これがマルクスによる唯物論の定義。

(5) 「対象的な活動」を、このように敷衍して訳した。

(6) この「実践」には注意すべきだ。ここでは労働一般が「精神労働」と「肉体労働」に分けられ、それが「理論」と「実践」とされる。これはフォイエルバッハにある考えの内実を事実として示したもの。この「実践」とはマルクスにおいては「経済活動」のことである。

テーゼ2

人間の思考が対象的真理〔対象の真実〕[1]をとらえることができるか否か、という問いは、理論〔の内部〕で解決できるものではなく、実践によって〔のみ〕解決できるのである。

実践の中で〔こそ〕、人間は思考の真実を、つまり思考の現実性と威力、思考がこの現実世界をとらえることができることを証明しなければならない〔し、それができるのである〕[2]。

思考が現実をとらえることができるか否かという議論は、〔もし思考が〕実践から切り離されたならば、それは純粋にスコラ的な問いで〔無意味なもので〕しかない。

---

(1) この「対象的真理」を「対象を正しく反映した表象また

は認識」という意味にとるのは、誤解である。「対象的」とは「物質的」と同義であり、「対象的真理」とは、「物質的に存在する真理」の意。したがって、ここで「真理」とは「対象と一致した表象」ではなく、真実在の意である（牧野の三八ページ注12）。つまり、その対象がそもそも何であるかという問いと答えを問題にしているのだ。

(2)「実践の中で思想の真理性を証明する」ことはむずかしいこと、それはレーニンも認めていること、そのためには概念的理解が必要なことを、牧野は三一、三二ページで説明している。

テーゼ3

唯物論の教説は、人間は環境、教育によって生み出される、したがって人間の変革とは、環境を変え、その教育を変えることによって生まれる、とする[1]。しかし、その環境こそは人間によって変革されるということ、教育者こそが教育されなければならないことを忘れている[2]。

したがってこの〔唯物論の〕教説では、必然的に社会を二つに分け、二つの内の一つ〔指導者〕は社会よりも上であることになる。ロバート・オーエンがそうだったように[3]。

〔この矛盾を解決するためには〕環境を変えることと人間の活動とを統合しなければならないのだが、それはただ変革をする活動〔の内部でのみ可能であり、そうしたものとして〕としてのみとらえ、理性的に理解することができる[4]。

---

(1) これはロバート・オーエンを意識しているのだろうが、啓蒙思想家一般の考え方であろう。

(2) この一面性の指摘は、テーゼ1の問題から来ると、マルクスは考えているのだ。

テーゼ1では、労働は自然を変えると言っていたのだが、ここではその労働の中で、人間自身をも作るのだと言っていることになる。

(3) ここに指導者と大衆の関係の問題をマルクスが出している。しかし、この問題の大きさ、深さを、マルクスはどこまで理解していたのだろうか。

(4) この指摘は重要である。革命のための人材は、ただ革命の活動の中で形成される。

テーゼ4

フォイエルバッハは、宗教が自己疎外[1]をするという事実、つまり世界が現実世界と宗教的に表象化された世界とに二重化[2]するという事実[3]、ここから始める。彼の仕事は、宗教的世界を宗教の世俗的基礎に解消する[4]ことにある。しかし、彼の仕事が成し遂げられたとしても、まだそこには大きな仕事が残っていること、それを彼は見逃していた。

　つまり、世俗的な基礎が自己から自己を浮き上がらせ、その自己を世俗の基礎から自立した王国〔宗教的世界〕として、雲の上に固定する(5)ということ〔フォイエルバッハの主張〕は〔確かに〕事実(6)なのである。しかし、その事実について〔フォイエルバッハが見逃したのは〕、この事実とは、世俗的な基礎が自己分裂し、自己自身で矛盾するということからのみ説明されなければならないということである(7)。

　そうならば、こういった世俗的な基礎は第一にその〔自己〕矛盾から理解されなければならず、次にその〔自己〕矛盾が取り除かれる(8)ように、実践的に改革されなければならない(9)。

　つまり、例えば、聖家族の秘密を世俗の家族に見出したなら、この世俗の家族を理論的に批判し、そして実践的に転覆されなければならないのだ(10)。

〔しかし、フォイエルバッハは、これをしないし、しようともしないのである。〕

(1) Entfremdung は「疎外」。Selbstentfremdung とは「自己疎外」。自己から自己を疎外し、自己によって疎外から回復すること、つまりそれが「自己運動」であることが前提されている。

(2) この二重化も重要。疎外とは二重化のことである。

(3)「事実」Faktum を強調するのは、その事実の説明をしないでいることを示唆するため。

(4)「解消」で良いのだろうか。そんなことが可能なのだろうか。

(5) これが自己疎外。

(6) ここでも事実 (Tatsache) を強調する。理由は同じ。

(7) これが、事実のマルクスによる説明なのである。

(8)「取り除く」で良いのだろうか。そんなことが可能なのだろうか。

(9)(10) 理論と実践の関係について、ここでは「理論」から「実践」の順番になっている。

テーゼ5

　フォイエルバッハは、〔ヘーゲルのような〕抽象的〔で観念論的〕な思考には満足しないで、感覚的な直感を求める。

　しかし、彼は感覚的な直観を、実践的な活動、人間の感性的な活動としては、とらえようとしない。

テーゼ6

フォイエルバッハは宗教の本質を人間の本質の中に解消する。しかし、人間の本質とは、人間の個々人に内在する抽象物〔普遍性〕のことではない。それはその現実においては、社会における諸関係の総和[1]なのである。

この現実的なあり方の批判へと進まないので、フォイエルバッハは、

（一）〔現実社会が発展していく〕歴史的な過程を無視するしかなく、宗教的な心情をそれだけとして固定し、人間を個々人として、つまり現実社会から抽象され、〔現実社会から〕孤立させられた個々人として〔の関係を固定して〕前提とするしかないのである[2]。

（二）したがって、彼にあっては、人間の本質とは〔「類」でとらえるのだが、その「類」は〕ただ「類」として、それは多数の諸個人がただ自然的に[3]結びついているという意味での普遍性でしかなく、それは内的で静かなもの〔愛と友情〕なのである。

〔しかし実際は、それは社会的な関係であり、それは社会における外的な対立になり、うるさく煩わしい闘争になるのだが、フォイエルバッハにはそれは理解できないのだ[4]。〕

（1）「総和」にわざわざフランス語（アンサンブル）を当てたことには、意味があるのだろうか。ただ格好つけただけか。
（2）ここには三つのことがある。①歴史の無視、②ある状態の固定、③人間を個々人としてしかとらえず、現実社会を理解できない。これらはどう関係するか。
（3）社会的関係ではなく、自然的関係、という意味。
（4）この理解は牧野のもの（三〇ページ）。マルクスの真意がよくわかるとらえ方だと思う。

テーゼ7

したがって、フォイエルバッハは宗教的な心情そのものを社会的に生まれたものとしては、見ようとしない。彼が分析した抽象的な個人が、現実には〔人間社会の発展のある段階という〕規定された社会に属していることを、見ようとしない。

テーゼ8

社会的生活とは本質的には実践的なもの[1]である。理論が神秘主義に陥ることの秘密を解き明かし、その理性的な

解決をする鍵は、人間の実践と、その実践を概念的に理解することの中にある[2]。

---

(1) ここはテーゼ1と同じ。労働一般。
(2) ここでは実践、その次にその理解という順番である。テーゼ4への注(9)(10)とは逆になっている。
「概念的」の意味は、普通に「理解する」ととれるのだが、マルクスがブルジョア経済学の批判でこの言葉を使用しているので、ヘーゲル的な理解があることが推測できる。

テーゼ9

〔フォイエルバッハの唯物論は〕直感にもとづく唯物論の中では最高のものだが、感性を実践的な活動としては理解しないので、個々の個人をブルジョア社会においてしか[1]直感する〔ことはできない〕。

---

(1) 歴史を見なければ、今がすべてであり、それは過去から未来まで同一であることになる。その今が「ブルジョア社会」である。

テーゼ10

〔したがって〕古い唯物論の立場はブルジョア社会であり、新たな唯物論[1]の立場は人間的社会、または社会化された人間[2]である。

---

(1) マルクスの立場であり、唯物史観の立場である。
(2) 「ブルジョア」に対する「プロレタリアート」の立場のこと。
なお、「社会化された人間」からは、次の文章が想起される。「人間は文字通りの意味で社会的動物〔共同体的動物〕である。単に群居的〔共同体として生活する〕な動物であるばかりでなく、社会の中でだけ自分を個別化できる動物である」(『経済学批判序説』第一章)。

テーゼ11

哲学者たちは世界をただ様々に解釈してきたにすぎない。しかし大切なことは世界を変革することであろう[1]。

---

(1) この「解釈」と「変革」は誤解を与える。6の「(4)理論

と実践」を参照。

テーゼ1からテーゼ11までで、重要な点を指摘しておく。

＊テーゼ1

「これまでのすべての唯物論」に対して、その「唯物論」という立場の正しさを確認し、その上で新たに「主体性」の立場を主張する。マルクスの「主体的唯物論」の宣言である。

ここでの主体性とは人間の労働を意味する。人間は、労働で自然を変え、自分自身を変えてきたことを、主体性として表現している。

マルクスは、人間の対象への向き合い方を問題にする。それは対象のとらえ方を変えるからだ。

- 対象に観照的な態度で向き合うなら、対象は変化のない固定したものとして現れる。
- 対象に働きかけ、変えようとするのなら、対象は変化し続けてきたものとして、人間の労働の生産物として現れる。

この前者がフォイエルバッハであり、マルクスは後者の態度、物の見方を「実践的」「主体的」とする。

そしてフォイエルバッハのような立場では、人間労働の精神労働と肉体労働を上下関係でとらえ、自分は精神労働だけに関わろうとする。それは理論と実践では、理論にのみ関わろうとすることになる。

それを批判するのがマルクスであり、自らの立場を「実践的」「主体的」唯物論だと主張する。

では、マルクスの立場は、具体的にはどうなるのだろうか。フォイエルバッハの単なる反対なら、肉体労働をし、実践をすることになる。精神労働をバカにし、理論をバカにすることになる。真意は、人間の精神労働と肉体労働の全体性、理論と実践の統一の立場であろう。しかし、この叙述ではそうは理解できないだろう。

また、「実践的」「主体的」側面を観念論（ヘーゲル）が引き受けたという記述。それが観念論だから「もちろん現実的で、感性的な活動そのものは知らない」というのは軽薄な人を見下した表現である。

ヘーゲル哲学の中に、それを必然とする考え方があったはずである。「止揚」「総体性とその契機」「発展」という考えがそれであろう。

他方、フォイエルバッハの唯物論が「実践的」「主体的」

側面に到達しないことにもまた必然性があるはずだ。しかし、ここではすべての「唯物論」が問題になっている。それでは唯物論そのものの中に、「実践的」「主体的」側面に到達しない必然性があるはずだ。それは何だと言うのだろうか。

つまり、この叙述は極めて悟性的である。一見分かりやすいが、本当には分からない。

それはフォイエルバッハに引きずられているからである。フォイエルバッハに対する反論として出しているので、フォイエルバッハのレベルに落ち込んでしまう。これがラストのテーゼ11の「解釈」か「変革」か、までを支配している。

こうした一面性、悟性的理解が、マルクスの唯物史観、上部構造と下部構造の関係のとらえかたにもあると私は考える。

＊テーゼ2

マルクスが言いたいことはわかるが、ここにある「理論」か「実践」か、というとらえかたも、ずいぶん悟性的で一面的である。テーゼ1の後半に引きずられている。

理論と実践は本来は切り離せない。精神労働と肉体労働も、本来は切り離せない。

もちろん、それが切り離される場合や局面がある。しかし、本来は、人間労働から思考は生まれたのであるから、労働と切り離せず、労働の目的を達成するためのものである。

その限りでは、労働には常に精神労働の側面もあり、理論も実践も含まれている。その限りではその精神労働の内部だけ、理論の内部だけでも、そのレベルにおける真実の検証は可能である。

このように理解しないと、精神労働を肉体労働に対して貶めたり、知識人に労働者が「実践」を強制したりといったおかしなことがいくらでも起こるし、事実起こったのである。

＊テーゼ3

「これまでのすべての唯物論」は、人間が環境の産物であることを主張することによって、人間の心の持ち方に全てを帰する観念論的な道徳説と戦った。

マルクスはその「環境説」の正しさを認めたうえで、その一面性を指摘し、人間の主体性を主張した。しかしただ両者の相互関係を言うだけではなく、それを超える方向性を示した。革命に必要な人間は革命運動の中でのみ形成される。

このマルクスの指摘は深く正しい。
教師こそが教育されなければならない。大人こそが教育されなければならない。他人を批判する前に、自分自身を批判しなければならない。他者理解と自己理解は一体である。

ここにオーエンが出て来るので、「これまでのすべての唯物論」の中に、社会主義や啓蒙思想も含まれていることがわかる。

この時、マルクスはすでにオーエンやサン・シモン、フーリエの社会主義の研究をしていた。それは後に「空想的社会主義」としてくくられ、マルクスとエンゲルスは自らを「科学的社会主義」と称することになる。

なお、ここでのオーエンへの批判「この〔唯物論の〕教説では、必然的に社会を二つに分け、二つの内の一つ〔指導者〕は社会よりも上であることになる。ロバート・オーエンがそうだったように」は何を問題にしているのだろうか。

社会主義の運動の中に、権威が生まれ、それに大衆が反対できなくなることだろうか。指導者と大衆との分裂を問題にしているのか。それなら、マルクス自身が権威になってしまったことをどう考えるか

テーゼ1では、労働は自然一般を変えると言っていただけだが、ここではその労働の中で、人間は人間自身をも作ると言っていることになる。ここは重要である。労働と社会変革、人間改革は一つであることになる。労働の観点がないと、社会の観点も失う。出てこない。それはテーゼ6で鮮やかに示される。

＊テーゼ4

テーゼ全体におけるフォイエルバッハへの批判の形式は、フォイエルバッハの個々の主張に対して、マルクスの立場を対置するもので、極めて悟性的である。しかし、マルクスはそこに留まることはない。

悟性的対置法を打ち破る可能性が、ここテーゼ4だ。ここでは、フォイエルバッハの立場から始めながら、そこから必然的にマルクスの立場を導出する。すばらしい叙述だ。これについては後述する。

なお、ここでのフォイエルバッハの「疎外」という考え方には問題がある。疎外＝外化＝分裂そのものが悪いのではない。それらは現実世界に潜在的にあったものが、外に現れただけである。

フォイエルバッハが自己疎外の解決を二重化の「解消」（auflösen）とし、マルクスが矛盾の「除去」（Beseitigung）とする表現も気になる。実際には、解消はないし、除去も

ありえない。

矛盾＝自我の内的二分＝社会の分裂と対立はいつでもどこでもあるし、それをなくすことはできないし（それは人類の滅亡を意味する）、それによって発展できるのだから、「取り去る」ことはできない。

ラストにある理論と実践の関係では、まず矛盾の理解、つぎにその変革となっている。これはテーゼ1のラストとも、テーゼ2とも矛盾しないか。マルクスの真意は、理論と実践の統一にある。しかし順番は、理論から実践のこの順番で良いのだろうか。

＊テーゼ5

テーゼの1から4までをまとめ、テーゼ1の確認をしている。

ここでは一方では「唯物論」の立場があり、その内部での「主体性」の主張がある。

この前者（フォイエルバッハ）にマルクスが救われたことを、私たちは忘れてはならないだろう。

＊テーゼ6

フォイエルバッハの立場からマルクスの立場を導出するテーゼ4を受けて、二人の現実社会のとらえ方の違いを、必然的に示していて鮮やかだ。ここにマルクスの有名な「人間の本質とは、社会における諸関係の総和なのである」が出てくる。

ここは本質認識が問われており重要である。

それには世間一般の理解とヘーゲルによる本質理解の違いがあり、そのヘーゲルの本質理解の内部で、さらにフォイエルバッハとマルクスの理解の違いがある。それらの全体を考えないとわからない。後述する。

なお、注⑷の箇所で、牧野紀之が、マルクスの含意を露にすることで、フォイエルバッハとマルクスの社会理解、人間理解の違いを浮き彫りにしている。これは見事な理解であるし、大いに学んだ。

＊テーゼ7

これはテーゼ6からの帰結。

＊テーゼ8

テーゼ1からテーゼ5の「主体性」（労働）の立場と、テーゼ6と7の「社会」の立場がここで統合される。労働と社会の二つの要素が一つであることが示される。これがマルクスの唯物史観の立場である。

ここでは実践、その次にその理解という順番である。テーゼ4とは逆になっている。「概念的」の意味は、普通に「理解する」ととれるのだが、マルクスがブルジョア経済学の批判でこの言葉を使用しているので、ヘーゲル的な理解があることが推測できる。

＊テーゼ9

歴史を見なければ（テーゼ6）、今がすべてであり、現在は過去や未来から区別されず、過去から未来までは同一である。その今現在が「ブルジョア社会」である。

マルクスがフォイエルバッハを批判したのは、それが「最高」だったから。この最高という指摘に、マルクスが当時の唯物論の全体を相手にしていたことがうかがわれる。

＊テーゼ10

テーゼ9から出るが、思想（イデオロギー）は歴史の発展過程から、その思想の階級的な立場から理解される。これがマルクスの立場であり、唯物史観の立場である。

マルクスの立場が階級としては示されていないが、プロレタリアートの立場であることが後に示される。

ある思想をその階級的な立場からとらえるとらえ方がここにある。これがイデオロギー批判である。

＊テーゼ11

この「解釈」と「変革」との対比は誤解を与える。思想に解釈だけの思想と、変革だけの思想があるわけではない。すべてが理論と実践の側面を持ち、それは一致する。違いはその思想のレベルである。浅いか、深いか。これについては本章の6節の（4）を参照。

2「フォイエルバッハ・テーゼ」の意味

(1) マルクスの初心

全体がピーンと張り詰めた、高い調子の文章である。それはまだ二〇代の若者による自分の立場の堂々たる宣言である。

このテーゼには、マルクスの初心、覚悟が鮮烈に表現されていて、心を打つ。ここから生まれた唯物史観とその立場を、マルクスが死ぬまで貫いたことを私たちは知っている。ここにあるのは、マルクスの生涯のテーマであり、それに殉じたのが彼の人生だった。

それを思う時、その生き方のすばらしさに心打たれる。

この文書はフォイエルバッハ・テーゼと呼ばれているから、対象はフォイエルバッハなのかと思うだろうが違う。フォイエルバッハは一つの例示でしかなく、フォイエルバッハを含めた「これまでのすべての唯物論」への破産宣告であり、自らの思想だけが、それを超えると宣言しているのだ。

まず「これまでのすべての唯物論」というテーゼ1の書き出しに驚く。ずいぶん大きく出たものである。もちろん、「そこにはフォイエルバッハの哲学も含まれる」という但し書きがつくのだが、マルクスが相手にしているのは「これまでのすべての唯物論」である。またテーゼ9で「最高のもの」という表現にもハッとする。唯物論の中の最高のものをフォイエルバッハの唯物論に見ているが、これもマルクスの敵が「これまでのすべての唯物論」であることを意識した表現である。またテーゼ3でロバート・オーエンに言及しているが、イギリス（オーエン）、フランス（サン・シモン、フーリエ）の社会主義者たち、さらには一八世紀の啓蒙思想家も、意識されていることがわかる。つまり、マルクスは自分の対象として、「これまでのすべての唯物論（その中に社会主義者も啓蒙思想家も含む）」を強く意識していたということである。

ここにはすでに明確な自らの立場を持った人間が立っている。それは後に唯物史観、イデオロギー批判、科学的社会主義として現れて来る。

この構えの大きさがマルクスである。その自信の裏付けには、ヘーゲル哲学、フォイエルバッハ哲学と、ブルジョア経済学、社会主義と共産主義の研究があった。そしてそれを理解した上で、それを超える思想によって現代の現実社会を根本的に変えると宣言しているのだ。

こうしたマルクスの初心、覚悟やその生き方はすばらしい。しかし、ここには若きマルクスの若さゆえの未熟さもまたあるように思う。

（2）全体の構成とその内容

このテーゼの全体を、その構成や展開から立体的にとらえようとしたものは、ほとんど存在しない。唯一私が知っているのが牧野紀之の「『フォイエルバッハ・テーゼ』の一研究」である。それを紹介することから始める。

牧野は全体を三つに分ける。第一部がテーゼ1からテーゼ5までで、これは「実践」の原理であり、それはテーゼ1で高らかに宣言される。「これまでのすべての唯物論は共通する根本的な欠点を持っている。それは、自らの対象、現実的なもの、感覚的なものを、〔観念論的な思考の形式ではなく〕客観的な形式、直感的な形式の下にとらえるが、しかし人間の感性的な活動として、実践として、主体性としてはとらえていないということである」。ここに自然や社会における対象（物質）を、人間の生産活動、労働の結果として実践的、主体的にとらえるか、それとも客観的に、つまり変化のない同一のものとらえるかの二つの立場が示される。第二部はテーゼ6とテーゼ7で、これは、「社会」を原理とする。第一部から第二部への進行は社会生活の本質である労働（実践）の確認から出発して、社会的諸関係の考察へと進んできたのだと、牧野はとらえる。

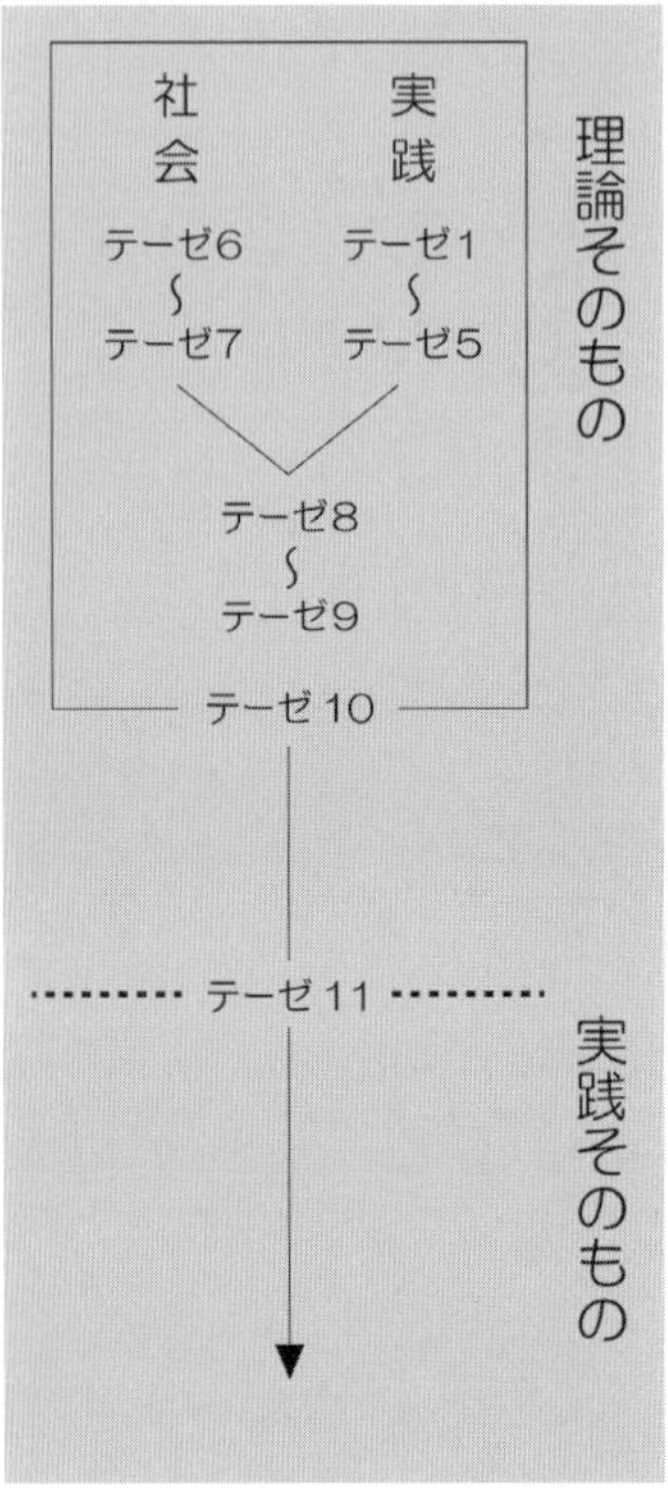

第三部はテーゼ8からテーゼ11までだが、これは第一部「実践（労働）」と第二部「社会」との統一である。テーゼ8でマルクスの立場からの社会問題の解決の方向性が示され、それ以降はこのマルクスの立場から、フォイエルバッハを含めた他の唯物論との違いを説明したものであり、最後は有名なテーゼ11「哲学者たちは世界をただださまざまに解釈してきたにすぎない。しかし大切なことは世界を変革することであろう」で締められている。

以上の牧野の理解は一つの筋の通った見解であるし、労働と社会とを必然的な関係でとらえるもので、マルクスの唯物史観の根本を押さえている。

ただし、第一部を「実践」とすると「理論」との対が意識され誤解が生じやすいので、「主体性」の原理とする方が良いと思う。ここは変革の立場と言っても良いのだが、人間は労働によって自然と人間自身（社会）を作り上げてきたとする立場である。

第一部から第二部への進行は社会生活の本質である労働（実践）の確認から出発して、社会的諸関係の考察へと進んだととらえることは理解できるし、ここに労働と社会の必然的な関係をとらえる点で重要である。

しかし、マルクスにとっての大きな課題はフォイエルバッハを克服すること、その「疎外論」を克服することでもあった。その観点からは、第二部を人間の疎外の「原因の理解」の違いとして、第三部を人間の疎外の「解決方法」の違いとしてとらえるとわかりやすい。

しかし、いずれにしてもこうした理解では、まだまだ外的で静的で平面的な理解にとどまるように思う。

（3）対置する形式と、発展からとらえる形式

フォイエルバッハ・テーゼの全体は、わかりやすく、鮮烈である。テーゼは、フォイエルバッハに対してマルクス自身の考えを対置する形式で書かれており、その論点の選定と並べ方には、問題の核心をつくような配慮があるからだ。

これは相手と同等のレベルでは不可能なことであり、マルクスがフォイエルバッハを超えており、相手を自分の思想の中に位置づけることができるまでになっていることが推測できる。つまり「これまでのすべての唯物論」の全体がここでとらえられ、批判されているということである。

テーゼは鮮烈であり、その鮮やかさに幻惑されてしまう。しかし、その形式は絶対的観点から見た時には、まだまだ低いものであることも考えなければならない。

相手の説に自説を対置する形式は、わかりやすくはあるが、悟性的であり、対象に内在的で必然的展開としてのとらえかたではないからだ。悟性と理性の違いについてはⅡ章3節の（4）を参照のこと。

この悟性的な二分法は、テーゼ全体を覆っている。唯物論か観念論か、実践的主体性か非実践的客観性かの二つの対立軸が示され、その組み合わせの中で正しい立場として実践的／主体的唯物論が示されるのである。

しかし、こうした足し算・引き算による組み合わせという方法は、きわめて悟性的である。本来はフォイエルバッハに自説を対置するのではなく、フォイエルバッハを発展させて、そこから自説を導き出すべきなのだ。それはそのまま、自説の中にフォイエルバッハを位置づけることになる。

こうした対象を発展させるような批判こそが、ヘーゲルが絶対的批判としたもので、対象をその内在的な必然的展開としてとらえる方法である。後にヘーゲルの弟子であると公言したマルクスとしては、そうした批判をしなければならなかったはずだ。

テーゼの中で、唯一、そうした発展的な理解がなされているのがテーゼ4であり、したがってこれが一番重要なテーゼである。このテーゼ4にある発展的とらえ方こそ、マルクスがヘーゲルの弟子であることの証明である。

このテーゼ4からはテーゼ6が直接に導出される。そしてこのテーゼ4とテーゼ6に示される二つの立場の対立から、それ以外のすべてのテーゼが導出されるのだ。

その対立は、第一部内のテーゼ1、テーゼ2、テーゼ3のそれぞれで、また第三部内のテーゼ9とテーゼ10で、最後にテーゼ11で、対置する形で示されている。

以上のことから、このテーゼの全体を深く理解しようとする時には、テーゼ4とそこから導出されるテーゼ6が決定的に重要であることがわかる。

ただし、テーゼ4の重要な意味を、今まで誰も指摘できていないのではないか。その結果、「疎外論」をマルクスが克服したのか否かの議論がいまだに決着していないのではないか。

(4) テーゼ4とテーゼ6

テーゼ4は、フォイエルバッハとマルクスの対立点を、フォイエルバッハの思想の発展として示していてさすがである。

マルクスにとっては、まず先にフォイエルバッハの方法、疎外の考え方と本質(「類」)の理解があり、その上に、その理解を深めたものが、マルクスの方法なのである。マルクスの前提は、フォイエルバッハの方法であった。

マルクスは、その方法を継承したうえで、現実世界(世俗的基礎)の理解を深めた。それは当然方法をも深めることになった。

現実世界とそこから疎外された宗教世界、だから宗教はその現実世界(世俗的基礎)に解消すべき、というのがフォイエルバッハであり、その疎外論、自己疎外とその立場からの解決である。

マルクスは、その現実社会の内実の認識を深める。宗教が生まれるのは現実世界そのものに分裂、対立、矛盾があるからである。そこで宗教の疎外の解決は、現実世界そのものの分裂、対立、矛盾を認識し、それを実践して改革することになる。

こうした立場の違いによって、人間の本質、人間社会の本質の理解も違うものになる。それがテーゼ6で示されている。

フォイエルバッハは、宗教世界は現実世界から疎外された世界であり、だから宗教はその現実世界（世俗的基礎）に解消すべき、と考えた。ではその世俗的基礎とは何かと言えば、人間の本質のことであり、それは個々の人間に内在するものとして抽象的に理解され、それは人間学であるとされる。その内容は、人と人との類としての協働性、共同性であり、わかりやすくは愛と友情である。そしてその実現が実践で求められることになる。

それに対してマルクスは、現実の世界の本質を「社会関係の総和」ととらえ、それは分裂、対立、矛盾と闘争からなることを示した。そうであるならば、世界の変革には現実世界そのものの分裂、対立、矛盾の意味を認識し、それを改革することが実践で求められることになる。つまり革命運動である。この二つの立場の違いがテーゼ1で高らかに歌い上げられていたのだ。

3 フォイエルバッハの疎外論

(1) ヘーゲルが示した発展観

ヘーゲルが示した発展とは、始まりと終わりを持った三段階からなる運動である。

始まりは分裂のない一体となった状態、それが分裂した状態になると、第二段階となる。

第二段階は分裂であり、最初の状態の否定だが、次の段階に進むための必須の過程である。

第三段階は第二段階の否定であり、分裂が克服されて最初の一体の状態になるのだが、より高い、より深い段階としてである。つまり、第一段階が止揚されている。この段階をヘーゲルは「終わり」ととらえ、ここまでの運動を否定の否定ととらえる。

この三段階からなるのが発展の運動なのだが、発展とは大きくは変化である。では、変化一般とは何が違うのか。

それはこの発展一般の運動の中に、その対象の本質の外化、現象化、実現があることだ。それが発展と他の変化との違いである。

本質はその対象が生まれた時に、すでに存在しているのだが、まだ潜在的である。それが次第に外化し、現象し、実現していく。この過程を、ヘーゲルは、本質が外化する過程であると同時に、自らの本質に内化する過程でもあるととらえる。本質は外化の過程で現れて来るからである。そしてすべての本質が外化した時、それは最初の本質の内に潜在的に存在していたすべてが実現したことになる。そして事実、最初に戻る。

つまり、「発展とは本質に帰るような変化のことである」。もちろん「帰る」とは比喩であり、ここで最初の段階は止揚され、第三段階の契機となっている。

この発展の三段階を、ヘーゲルは抽象的普遍から特殊へ、さらには個別（具体的普遍）として、それは逆に言えば、具体的な個別、特殊、普遍（普遍的個別）としてとらえなおす。これをさらに「始まり」「中」「終わり」、つまり生成、展開、消滅としてとらえていく。

この三段階の過程における第二段階、言い換えれば「特殊」、「中」、「展開」の段階では、最初の段階からの分裂が続く。それが本質の外化していく過程である。この外化における分裂の運動の中に、ヘーゲルは対立、矛盾の運動を見て、それが発展の過程を推し進める動力源となっていることを見抜いている。

この第二段階を「疎外」としてとらえたのがフォイエルバッハである。

（2）フォイエルバッハの疎外論

フォイエルバッハの「疎外」の理解、つまり発展の理解には大きな問題がある。

フォイエルバッハにとって、まず人間の現実世界があり、そこから疎外された宗教世界が生まれる。だから宗教はその現実世界（世俗的基礎）に解消すべき。これがフォイエルバッハの疎外論である。

これは人間のはじまりと、そこからの人間自身の自己疎外、さらに人間のそこからの自己回復という三段階からなる運動である。問題は疎外であり、その解決は最初に戻ることである。

こうした人間の疎外として、フォイエルバッハは自然からの人間の疎外、人間の類的なありかたからの人間の疎外（これの一つが宗教）を考えるから、最初の人間とは、自然的類的存在であり、人間は母なる大地に抱かれる類的存在であることになる。

このように、フォイエルバッハにとって「疎外」とは、正しい在り方からの逸脱である。したがって疎外以前の正しい在り方に戻る、戻せばよいことになる。

宗教という疎外態は、それが生まれる以前の「人間学」「愛と友情」の世界へと「解消」されねばならない。始まりに戻らなければならない。

しかし、ヘーゲルの発展観から見たならば、「疎外」には本来は、良いも悪いもない。それは発展の一つの段階であり、疎外とは、対象の内的な存在で、潜在的だったものが、外化し、顕在化した状態でしかない。確かにそれは、最初の統一が分裂したものであり、その分裂はさまざまな問題を生み出す。しかしその分裂や外化なしでは、その次の段階への発展は起こらない。

疎外が悪いなら、外化一般、分裂一般が悪いことになり、それは発展をそもそも認めないことになる。なぜなら発展とは、分裂と外化によって、より高いレベルでの統合へと至る過程であり、分裂や外化こそが、次の段階への踏み台となるからだ。

フォイエルバッハのおかしさは、疎外の「解消」という表現によく出ている。

「近世の課題は、神の現実化と人間化、つまり神学の人間学への転化と解消であった」「新しい哲学は、神学の人間学への完全な、絶対的な、矛盾のない解消である」（『将来の哲学の根本命題』の第一節と第五二節。傍線は中井）。

ヘーゲルの意味での発展では、分裂、対立、矛盾を解消することは不可能である。世界のすべてには矛盾が内在または外化しており、それを深めることで、より激しい分裂、対立、矛盾が現われるのだが、その葛藤と闘争の中からのみその克服、次の段階へと進めるのだからである。

ここからわかることは、フォイエルバッハは、ヘーゲルの三段階からなる発展が理解できなかったということである。

フォイエルバッハにあるのは、ヘーゲルの三段階の内の第一段階と第二段階までであり、第三段階は存在しない。第二段階は第三段階に進むための必然的な過程であるが、フォイエルバッハはこの否定の否定を認めない。第二段階はただ否定的なもの、悪いものでしかなく、その解決はその解消、第一段階に戻ることでしかない。

フォイエルバッハが否定の否定の運動を認めなかったのは、それをヘーゲルの観念論とのみとらえていたからだ。抽象的観念が外化して具体的現実に転化し、それがまた否定されて抽象的観念になる。こう理解したために、その論理が全否定されてしまった。そのために、「止揚」も「総体性と契機」の観点もすべて否定されることになる。

フォイエルバッハには「止揚」という観点がない（Ⅲ章

の5節を参照)。発展を内化と外化の統一された運動としてとらえる理解がなく、内化(根源)に向かう方向性しか存在しない。本来は内化とは常に外化として現れねばならず、外化の中にのみその内化(本質)が見えるのだから、外化された内実の研究、検討が重要になるはずだがそれが無視、軽視されている。

宗教が現実社会から疎外されたものであり、宗教は現実社会に解消されねばならないとの疎外論の立場に対して、発展の立場からは、その根源的な現実社会とその発展の理解から、宗教の生成から、今に至る発展過程が説明されなければならない。現在の宗教のどこにどう、人類史と社会史の本質が現れているのかを説明できなければならないはずである。

(3) フォイエルバッハの本質理解　主語と述語の転倒と再転倒

フォイエルバッハがヘーゲルの発展観を理解できなかったとしよう。ではフォイエルバッハには何が理解できたのか。ヘーゲルの何を継承しているのだろうか。それはヘーゲルの本質理解の方法である。

ヘーゲルの本質理解が、本質を関係性としてとらえるものであることは有名である。

普通の本質理解とは、本質をその類に属するものに共通する性質、つまり内的な普遍性とする考えである。ここでは本質を直接的にはとらえることはできない。内的なものだからである。それをとらえるのは人間の分析という活動による。

それに対して、本質は外化している、他者との関係の中で外化しているとするのが、ヘーゲルの本質認識である。外化しているのだから、それをとらえることはできる。その外化の運動は対象の側のものであり、人間はそれを見ているだけでよい。

フォイエルバッハは、ヘーゲルの本質認識の方法を理解し、実際にその方法を駆使するだけの能力を持った。そして、そのとらえ方を宗教やヘーゲル哲学自体に投げかけて、ヘーゲル哲学を批判するまでになった。

Ⅱ章ですでに一部を引用したが、再度示しておく。

「神が人間の客体から主体に、すなわち人間の思考する自我になる内的必然性は、すでに述べたところから、詳しく言えば次のようにして生じる。すなわち、神は人間の対象であり、しかも人間だけの対象であって、動物の対象ではない。

ところで、ある存在がなんであるかは、ただその対象からのみ認識され、ある存在が必然的に関係する対象は、その明示された本質にほかならない。（中略）だからもし神が（実際そうなのだが）必然的および本質的に人間の対象であるならば、この対象の本質においてただ人間自身の本質だけが言い表わされている。」（『将来の哲学の根本命題』第七節）。

神とは、人間の本質を外化させたものでしかない。そうならば、それを本来の人間に戻すべきである。人間が神なのであり、人間の本質が神と呼ばれるものの本質なのである。つまり、人間とは類的な存在であり、それは愛と友情である。

そして、神と人間では、主語と述語が転倒しているから、それを再転倒し、本来の姿に戻すべきだ。神が人間なのではない。人間が神なのである。

このように、フォイエルバッハはヘーゲルの本質認識の方法を使って、その本質認識の提唱者であるヘーゲルを観念論者として批判した。

実に鮮やかであると思う。当時、ヘーゲル哲学の形式だけの模倣者たち（ヘーゲルぶり）に辟易していた若者たち（マルクスも含めて）が、熱狂的な支持をフォイエルバッハに与えたのは当然である。そしてこれ以降、マルクス、エンゲルスも含めて、こうした「転倒」「再転倒」といった思考方法や用語が氾濫することになった。

ヘーゲルの観念論は転倒しているから、それを再転倒しなければならない、といった具合である。

しかし、フォイエルバッハの優れた本質認識は、その先のヘーゲルの発展観にまでは進まなかった。むしろその本質論からヘーゲルの観念論を導き出したために、ヘーゲルの発展観を本気でとらえることは、フォイエルバッハには不可能になってしまった。

ヘーゲルにとっては、その本質認識とは認識における最終的なものではない。その本質理解を止揚した理念レベルの認識、つまり発展の運動の理解にあって、初めてそれは完成する。それはその対象の本質を止揚した概念の理解である。つまり、発展の運動、その対象の生成と消滅までの必然性の理解である。

フォイエルバッハがヘーゲルの発展観にいたらなかったならば、フォイエルバッハの本質理解にもどこかに不十分さがあり、それゆえに発展の理解が不十分になったということなのである。このフォイエルバッハの本質理解を問題にするのがテーゼ６である。

(4) 本質理解と発展観（概念的把握）テーゼ6とテーゼ4

テーゼ6でマルクスは、フォイエルバッハの本質認識を徹底的に批判する。

フォイエルバッハが「人間の個々人に内在する抽象物（普遍性）」「類」を人間の本質とすることを批判し、「社会の諸関係の総和」を対置する。

しかしこれは不正確な表現である。

先に述べたようにフォイエルバッハこそ、ヘーゲルの本質認識をマスターし、それを駆使して宗教批判やヘーゲル批判で、成果をあげた人である。

整理しよう。

ここには、本当は次のような関係がある。

- 世間一般の本質認識
- ヘーゲルの本質認識
  - フォイエルバッハの本質認識
  - マルクスの本質認識

まず、世間一般の本質認識がある。これが「人間の個々人に内在する抽象物（普遍性）」「類」を人間の本質とするレベルである。

それに対して、ヘーゲルが打ち立てた本質認識がある。本質は他者との関係の中で外化している。そうした関係によって、その本質を認識できる。

このヘーゲルの本質認識を継承する点で、フォイエルバッハとマルクスには違いがない。しかしその大枠の中でフォイエルバッハの本質認識とマルクスの本質認識が対立している。

マルクスが示しているのは、「（現実社会が発展していく）歴史的な過程」を無視するか否か。人間の本質を「ただ『類』として、それは多数の諸個人がただ自然的に結びついているという意味での普遍性でしかなく、それは内的で静かなもの（愛と友情）」ととらえるか、「社会的な関係であり、それは社会における外的な対立になり、うるさく煩わしい闘争」としてとらえるか、である。ここではフォイエルバッハの類の立場への批判が行われている。

マルクスはその対立点を自然的関係と社会的関係の違いとして表現している。自然と社会の関係ではない。人間の社会的な関係を、自然的関係と社会的関係で区別する。つまり静止して固定した関係とみるのが自然的関係、対立、闘争、運動の関係を社会的関係としていることである。この意味でとらえたのが「社会の諸関係の総和」という言葉である。

フォイエルバッハが得意とするのは、自然的な関係における本質であり、苦手とするのは現実社会の社会的な関係における理解だったのである。つまり現実の人間の現実社会がわからない。

しかしそれはおかしい、と読者は思うだろう。彼は宗教批判をしたのであり、人間の本質、人間社会の本質を理解しようとしたはずである。

確かに、フォイエルバッハは、人間と自然の関係を問題にし、人間と神との関係を問題にし、そこで疎外論を打ち出した。しかし、人間と人間の社会関係を見ることはできなかった。そのためにその宗教批判は、人間の現実社会を固定したものとしてとらえ、その意味で自然的関係のレベルに終始した。つまり、宗教がどこからどのように生まれたのかを説明できなかった。つまり概念的把握ができなかった。

このように、フォイエルバッハとマルクスの本質理解の違いには、すでに概念的把握、つまり発展観の違いが内在しており、それが問われていることがわかる。二人の違いは、本質理解を止揚した発展観の違いとして現れるのだ。それがテーゼ4だったのである。

マルクスはテーゼ4で、フォイエルバッハは疎外の「事実」の指摘に留まり、その「事実」を説明しない、と批判する。

これは発展としての理解か否かを問題にしているのだ。マルクスが求める説明とは、対象の外部からの説明ではなく、その対象をその対象自身の自己分裂、対立、矛盾とそこからの自己回復という説明、内的な必然性の説明である。それはヘーゲルが言う「概念的理解」である。

それは当時マルクスが行っていたブルジョア経済学（国民経済学）批判（『経済学・哲学草稿』）と同じなのである。「国民経済学は私有財産という事実から出発する。だが、国民経済学は我々に、この事実を解明してくれない。国民経済学は、私有財産が現実の中で辿っていく物質的過程を、一般的で抽象的な諸公式でとらえるが、これらの法則を概念的に把握しない」。

この「私有財産」の「物質的過程」とは自然的過程であり、それは固定された自然法則として「一般的で抽象的な諸公式」でとらえている。しかし、本来は、それは社会関係から生まれるものであるから、人間社会の発展の運動から理解しなければならない。

こうしたテーゼ4での要請と、テーゼ6は同じことを求めていることがわかる。

マルクスは歴史的な過程を無視して固定し、前提として、現実社会から抽象するような思考（発展なし）に対して、歴史的な過程で運動し発展してきたものを、対立・葛藤の運動として理解し、現実社会そのものをとらえるような思考（発展あり）、つまり概念的把握を対置した。

人間社会を概念的にとらえようとする段階で人間社会の本質は対立と闘争の関係になる。人間の存在が意識を媒介にするからである。このレベルの認識があるかないかがヘーゲルとマルクスを結びつけ、フォイエルバッハを分ける。ヘーゲルやマルクスの立場とは人間が社会を主体的に意識的に変革してきたととらえることになる。これがテーゼ1で高らかに宣言されていたのだ。

つまり、人間社会に疎外があるのなら、それもまた人間が、自ら主体的に生み出したものなのである。

この現実社会が、人間の主体的な変革活動で生み出されたものであるならば、そこには、改革の方向をめぐって必然的に利害対立が生まれ、闘争が起こる。そしてこの対立と闘争の運動が発展を生む。これがマルクスの理解であるが、これこそがヘーゲルの発展観だったのである。

ヘーゲルやマルクスには、社会関係においてこそ、人間の本質が明らかになることがわかっていた。それは社会の分裂と闘争を直視し、それを発展として研究していたからである。しかし、実はマルクスとヘーゲルの違いもまた大きかったのである。マルクスは人間の対立と闘争を、階級闘争としてとらえたのだが、ヘーゲルはこの対立と闘争が生まれる根源に、人間だけが意識の内的二分を持ち、そこから意志は必然的に善と悪とに分裂し、それゆえに自己との無限の闘争をすることになったととらえている。そしてここからヘーゲルは宗教や人間の善悪の発生を考えていく。この違いの意味は後述する。

以上のように、フォイエルバッハとマルクスの立場の違いは、人間の本質理解の違いである。そしてそれはそのまま、発展観の違いになっていく。逆に言っても同じである。なぜか。発展とは本質に帰る変化だからである。その本質の理解が違えば、当然その発展観が違ってくるからだ。これがテーゼ4とテーゼ6の関係であり、両者は切り離せないのだ。

(5) イデオロギー批判

マルクスが人間社会の本質を「社会の諸関係の総和」ととらえたならば、そこにとどまることはできない。そうしたらフォイエルバッハと同じになってしまう。事実の指摘だけではなく、その事実を説明しなければならない。

マルクスは次にはこの「社会の諸関係の総和」の運動を研究しなければならない。それが「社会における対立になり、うるさく煩わしい闘争になる」のならば、その対立、闘争がどこから生まれるのか。それはどのように克服されるのか、これを必然的な運動として説明できなければならないからだ。

そして、マルクスは当時、『経済学・哲学草稿』『ドイツ・イデオロギー』でそれを研究していたのである。その研究結果が、階級闘争とプロレタリアートの立場であり、その立場に到達しない思想はイデオロギーとされたのである。

それは自らの階級的立場の自覚を持たない思想であり、より具体的に言えばプロレタリアートを革命の主体として認め、その革命運動に邁進しない、すべての思想である。

なぜその自覚がないのか。人間の社会の本質が対立と闘争からなると理解せず、そこに階級対立が動いていることを知らないからである。それは結果的には事実の指摘に留まり、現状の説明に留まり、発展においては疎外論、つまり本質認識の段階に留まる。それはブルジョワジーの立場である。本人にその自覚はないのだが。

これが実は、フォイエルバッハのあり方そのものなのである。そのフォイエルバッハを代表として、当時のドイツの唯物論の総体を批判したのが『ドイツ・イデオロギー』である。

なぜフォイエルバッハが社会関係から目を背けるのか、なぜ疎外論の段階に留まるのか。それがテーゼ9、10で示されている。

古い唯物論の立場はブルジョア社会であり、新たな唯物論の立場は人間的社会、または社会化された人間である。

フォイエルバッハの疎外論の立場とは、ヘーゲルの発展観の全部で三段階あるうちの第一段階と第二段階を反省的関係として、反照関係としてとらえるもので、それはヘーゲル論理学では本質論の段階、しかもその最初のまだ低い段階である。それは外化と内化の統一の運動の内、内化の運動しか認めないのだから。

フォイエルバッハには、それを超える理性の段階、概念の段階、つまり発展の理解ができなかった。だから、フォイエルバッハには、人間の静的な本質、抽象的な本質の理解しかない。人間の動的な本質の理解、具体的で発展的な理解がない。それは必然的に、マルクスの言う「イデオロギー」に転落することになる。

しかし、他方でこのマルクスの立場とは、フォイエルバッハの疎外論を徹底したものであることをも理解しないといけない。疎外論とは、それを生んだ根源へと戻ろうとするものである。その根源にもどることがその解消、解決になる。その根源への遡及を徹底しないという点で、マルクスはフォイエルバッハを批判するのである。

　マルクスは、あくまでも疎外論の枠組みの中で、フォイエルバッハが示した根源をさらに深めて、フォイエルバッハを超えた地平にまで突き進んだのだ。これがイデオロギー批判の地平である。それは宗教が現実の基盤に解消されるという考えを、宗教以外の芸術、哲学、思想、文化一般のすべてにまで押し広げたものなのである。

　マルクスはイデオロギーか否かの基準を、観念論か唯物論かの対立として表現する。しかしそれは、マルクスが突き進んだレベルまで疎外論を推し進めたかどうかという観点でもある。

　ここには二つの正反対の運動がある。

　フォイエルバッハによるヘーゲル哲学への観念論批判から始め、ついにはそのフォイエルバッハへの批判にまで突き進んで、マルクス以外のすべてをイデオロギーとして切り捨てるに至る運動がある。これはフォイエルバッハの疎外論の徹底なのである。それは内化の徹底、根源への遡及の徹底であった。

　しかし、実は他方で、フォイエルバッハの疎外論の限界を、ヘーゲル哲学の概念的把握によって克服しようとする、ヘーゲル哲学への回帰の側面があるのだ。

　マルクスはヘーゲル哲学が、存在の運動をとらえ、それを反省させる認識の運動も押さえていることを理解していた。そしてそれを学ぶために、そうした認識をするために概念的把握を試みている。

　しかし、そうしたマルクスが、実際にフォイエルバッハの疎外論、その宗教批判の低さを克服できたかどうかは、また別の問題となる。そこには外化の徹底の観点が欠落していたからである。発展とは内化と外化との統一の運動である。

　ここにあるマルクスによるフォイエルバッハへの批判は、そのままマルクスの「ラディカル」「根源的思考」への批判となる。

　この言葉は基本的にフォイエルバッハの疎外論の立場に立つものである。その意義は発展における内化の徹底、根拠・根源にさかのぼり、それを問い、根源をを大切にすることにある。

　しかしそこには大きな限界もある。それは根拠や根源に止まりがちになることだ。発展の本来の考え方からすれば、内化と外化とは一つであり、根拠に戻ったならば、そこから再度、最初の現象の根拠からのとらえ直しにまで進まなければならない。そこから現象をさらに発展させ、その本質の外化をさらに推し進めるためである。

　しかし、根拠や根源に遡ればそれで満足してしまう人々が多いのだ。私がかかわってきた作文教育においても、文章の根源は生活経験であるということから、その経験主義の中に閉じこもってしまい、そこからその経験の意味を一般的に論理的に考えようとすることが弱い。

一般化や論理化は、経験からの逸脱、経験からの疎外として、不要なこと、危険なこと、さらには悪とまで考える人がいるほどである。それでは、経験の内にある対立・矛盾をとらえる力が弱くなるから、根源に迫ることもできなくなる（例えば日本作文の会の一部の方々）。それは労働運動や革命運動でも同じであろう。

4 青年マルクスの二つの側面

（1）フォイエルバッハの疎外論とヘーゲルの発展観

若きマルクスは、フォイエルバッハの疎外論の影響下にあった。その克服のために「フォイエルバッハ・テーゼ」を書き、『ドイツ・イデオロギー』をまとめたのである。

では結局のところ、マルクスはフォイエルバッハの疎外論、その宗教批判を真に克服できたのだろうか。

答えは否だ。この「フォイエルバッハ・テーゼ」の段階では、つまり『ドイツ・イデオロギー』の段階ではできていない。それはテーゼ4にはっきりと示されている。

現実世界とそこから疎外された宗教世界。だから宗教はその現実世界（世俗的基礎）に解消すべき。このフォイエルバッハの疎外論の考えを認めた上で、マルクスはその現実社会の認識を深める。宗教が生まれるのは現実世界そのものの分裂、対立、矛盾があるからである。そこで宗教の疎外の真の解決は、現実世界そのものの分裂、対立、矛盾を認識し、それを実践して改革することになる。

これは確かにフォイエルバッハの疎外論を受け止めて、それを深めている。しかしここには矛盾がある。

ここでマルクスがしたことは、フォイエルバッハの疎外論の枠組みの中で、その始まりに当たる現実世界の理解においてだけ、ヘーゲルの発展観を採用したということなのである。

その現実世界の理解においては、現実の世界の本質を「社会関係の総和」ととらえ、それは分裂、対立、矛盾と闘争からなることを示し、この発展の運動を、その始まりから終わりまでを研究したのがマルクスであり、その唯物史観であった。

そしてこの理解の上で、フォイエルバッハの現実世界への抽象的理解、主体性のない理解を徹底的に批判したのが

「フォイエルバッハ・テーゼ」であり、その具体化であり詳細版である『ドイツ・イデオロギー』であった。これらはヘーゲルの発展観の応用でもある。

しかし、ここには本当は、大きな矛盾があった。

マルクスは、宗教や思想（イデオロギー）ではフォイエルバッハの疎外論という枠組みでとらえ、その現実世界（下部構造）においてだけはヘーゲルの発展観でとらえようとした。しかし、疎外論とヘーゲルの発展観は、本来は真正面から対立する原理だからである。

マルクスが言うように、世界を根源的に動かしているのが現実世界であり、それを発展観でとらえるのなら、そこでは宗教や思想界をとらえる疎外論との矛盾が起こるはずである。

ここには疎外論の立場と発展の立場が、統一されることなくバラバラに、または外的に存在しており、それが領域による棲み分けをしているのだ。

しかし、こうした折衷は無理であり、破綻する。この矛盾、この無理を、若きマルクスは意識できなかった。

その理由は、上部構造（法律、制度、宗教など文化一般）に対する下部構造（経済）の規定性の枠組みにしばられていたからであろう。それが二つの原理の棲み分けを正当化すると考えたのではないか。下部構造だけが真の発展の運動であり、上部構造である宗教は、その反映でしかないと。それはつまり、フォイエルバッハの疎外論そのものである。

本来は下部構造の発展を押さえながら、宗教にもまた、一定の範囲でその独立性を認め、その内部での発展をとらえるべきであった。宗教の生成と消滅までの運動そのものもとらえなければならなかったはずだ。その大枠が下部構造に規定されていても、そこにすべてが解消されるのではない。それどころか宗教の内実の中にこそ、それを疎外した社会の本質がしっかり刻印されているはずだ。

ところがマルクスにはそうは考えられなかった。疎外論の支配下にあったからである。その結果として自分が発見した下部構造の規定性にしばられていたからである。

なぜこんなおかしなことが起こっていたのか。

それはマルクスの思想の形成過程が明らかにする。

（2）二人の先生

マルクスの出自は、ヘーゲル左派、青年ヘーゲル派であった。

ヘーゲルが亡くなったのが一八三一年。その後、しばらくはヘーゲル哲学がドイツの哲学界を支配したが、次第にそれを批判的に乗り越えるための運動が始まる。

青年ヘーゲル派は、宗教や思想分野を対象に、感覚の立場、唯物論的な立場からヘーゲル哲学に対して観念論として批判を始めた。それを深めたのがフォイエルバッハであった。

マルクスにとっては、ヘーゲル哲学はまず大前提として存在していた。

そしてヘーゲルを超えるために、フォイエルバッハから学ぶことになる。フォイエルバッハの立場から、ヘーゲル哲学を批判的に超えようとした。

マルクスは、フォイエルバッハから疎外論と類（普遍性、本質）の立場を学び、それを武器にしてヘーゲルの法哲学を批判的に読むことで、自らの立場を作ろうとした。

マルクスはそこで、ヘーゲルは観念論であるという前提を持ち、上部構造（法律、制度、文化一般）は下部構造（経済）に規定されること（これがマルクスの唯物論）を発見した。そしてこの発見が改めてヘーゲル哲学が観念論であることを確証したと考えた。これがマルクスのすべての始まりであり、その原点であり、その大前提である。これが否定されることは生涯なかった。

しかし、フォイエルバッハの不十分さに気づき、それを超えようとする時に、マルクスが頼ったのはヘーゲル哲学だったのである。否、ヘーゲルの法哲学を読みながら、フォイエルバッハの欠陥に気づいたのであろう。

しかし、ここには大きな問題がある。

若きマルクスにとって、彼が依拠できるような思想家は二人しかいなかった。ヘーゲルとフォイエルバッハである。

ヘーゲルを越えようとするとき、マルクスが頼ったのはフォイエルバッハのヘーゲル批判、つまりヘーゲルは観念論だとする唯物論の立場であった。

しかし、そのフォイエルバッハから自立しようとする時、マルクスが頼るのは、結局ヘーゲルの弁証法（発展）の立場だったのだ。

ここには無理があり、大きな矛盾がある。本来は、ヘーゲル→フォイエルバッハ→マルクスを、「発展」として内在的にとらえなければならなかった。それが発展の立場である。マルクスがそれをしたら、フォイエルバッハはヘーゲル哲学の中に止揚されてしまっただろう。決してその逆ではない。

しかし、マルクスは二つの思想を真に発展的にはとらえきれず、二つのつぎはぎが最後まであったのではないか。マルクスの「唯物／弁証法」、「主体的／唯物論」とは、フォイエルバッハ（唯物論）とヘーゲル（弁証法、主体性）の良いとこどりを意味している。

そのために、マルクスはフォイエルバッハを真に克服できていないのではないか。結局は、ヘーゲルとフォイエルバッハの二つを中心とする楕円軌道がマルクスの思想だったのではないか。

このことは深刻である。マルクスの思想の中にはフォイエルバッハのレベルと、ヘーゲル哲学に向かうレベルの二つの契機が常にあったということであり、それはマルクスの思想に二つの契機がバラバラにあり、バラバラに現れるということを意味する。

そして能力的に低い能力がフォイエルバッハのレベルであり、高い能力がヘーゲルに向かうレベルであるならば、全体の中でフォイエルバッハのレベルの契機が出やすいことになる。さらにマルクスの追随者にとっては、フォイエルバッハのレベルこそが見えるもの、理解できるものとなり、それがいわゆるマルクス主義の考え方になっていったのではないか。

(3) 先生を選べなかったマルクスの事情

それにしても不思議である。

これほどにすさまじい能力を持ったマルクスが、なぜこんな単純なことがわからなかったのだろうか。

マルクスを読んでいて、不思議なのは、「発展とは何か」という一般的な問いをついに一度もたてなかったことである。もちろんその答えもない。それらしいことを、いろいろな所で書き散らしているだけである(これは唯物史観についても言える)。

そのことがとても不思議だ。なぜだろうか。

もし、発展とは何かという問いに、一般的に答えようとしたら、ヘーゲルの発展の論理の中に、フォイエルバッハとマルクスを位置づけなければならなくなるだろう。そうすれば、疎外論が発展の枠組みとは、根本的に対立・矛盾することが、すぐにわかっただろう。またヘーゲルの発展観の深さが、マルクスの想定を超えていることがわかっただろう。しかし、マルクスはそれをしなかった。無意識にそれを避けたのではないだろうか。

マルクスは発展を正面から問うことがなかった。したがって、そこに能力の問題があることも、明確には自覚できなかった。

疎外論と発展観とは、平面的に相並び、対象によって使い分けできるものではない。疎外論とは本質論の立場であり、それを止揚したのが発展観である。両者は、上下の立体的な関係なのであり、それは思考能力の上下関係なのである。

疎外論はヘーゲルの論理学では、本質論の反省関係、反照関係であり、それは悟性レベルの低い能力に対応する。

他方、発展的理解には、本質論の悟性レベルを超えた、概念論の理性レベルの能力が必要となる。理性は悟性を超えているが、それは悟性を止揚して含み持っている。これは、発展的理解は、疎外論のレベルを止揚して、自らの中に含み持つことを意味する。

フォイエルバッハの能力は悟性レベルの低いものであり、ヘーゲルの能力は理性レベルの高いものである。こう理解できれば、ヘーゲルからフォイエルバッハを批判することはできても、フォイエルバッハからヘーゲルを批判することと、さらにヘーゲルを超えることは原理的に不可能であることがわかるだろう。

しかし、マルクスは、こうした理解には至らなかった。こうした疎外論と発展観の統一的理解、発展的理解は、マルクスには無理であった。

なぜか。マルクスのこの時点の能力は、決して理性レベルのものではなかったからである。ヘーゲルの発展を理解しながらも、全体としては疎外論の悟性レベルに首まで使っていたからである。

もちろん、そうしたマルクスを擁護することはできる。この時、マルクスはまだ二〇代なのである。若者が未熟であること、これは当然のことだ。

また外的な状況を考えれば、当時のマルクスにとっては、フォイエルバッハ（これまでのすべての唯物論、すべての社会主義の思想）に対して、自分の立場を打ち立てることが、つまり唯物史観を打ち立てることがすべてに優先したからだろう。それは反観念論であり、反イデオロギーである。つまり社会を階級闘争の場としてとらえ、プロレタリアートの立場を打ち出すことである。

それは当時は仕方がなかった面がある。来るべき革命が迫っていたからだ。そうした緊迫した情勢の下で、自分の立場をとにかく作る必要があった。それが『共産党宣言』になり、革命時に一つの立場を打ち出す必要があったからだ。

それならば、革命が失敗した後に、改めてその作業を行うべきだった。革命失敗後の混乱の中では難しかったなら、後に成熟したマルクスは、再度、フォイエルバッハとヘーゲルとマルクスの関係を取り上げるべきだった。ヘーゲル→フォイエルバッハ→マルクスを、「発展」として内在的にとらえることだ。それはそのままマルクスの根底的な自己批判になったはずだ。

人はみな、子どもから大人へと成長する。子どもの未熟さは、成長の過程で克服されていき、成熟した大人になる。ヘーゲルの「老人」である。しかし誰もがそうできるわけではない。マルクスはどうだったのだろうか。

　壮年のマルクスは、若かりし日の未熟さを克服し、理性的な概念的理解を持つに至ったのだろうか。残念ながら、克服するどころか、最後まで、その悟性的な側面は残ったのではないか。否、それは後年になるほどに強まってしまった面があったのではないか。

　それは、五〇歳を過ぎたマルクスのヘーゲルへの評価の二面性に示されている。「弁証法はヘーゲルにあっては頭で立っている。神秘的な外皮の中に合理的な確信を発見するためには、それをひっくり返さなければならないのである」。私はここに、大人になり切れないでいる幼稚さ、子どもっぽさを見る。事態は深刻である。

　結局マルクスにはフォイエルバッハの疎外論の克服はできなかったのである。その確認の上で、再度、再再度、同じ問いに戻るのだ。なぜマルクスは、疎外論を克服できなかったのか。なぜ悟性的思考を克服できなかったのか。

　答え。マルクスはフォイエルバッハの宗教論をそのままに受け入れ、それを批判することができなかったからである。宗教の疎外論はそのままイデオロギー一般の疎外論となり、上部構造（法律、制度、宗教など文化一般）に対する下部構造（経済）の規定性の枠組みになった。

　それが二つの原理の棲み分けを正当化すると考えたのではないか。下部構造だけが真の発展の運動であり、上部構造である宗教は、その反映でしかないと。それはつまり、フォイエルバッハの疎外論そのものである。

　フォイエルバッハの宗教論を、根本から打ち破ることをマルクスはしようとしなかったし、できなかった。

　なお、マルクスの死後、エンゲルスがマルクスに代わって『フォイエルバッハ論』を書いた。その目的はヘーゲルとフォイエルバッハの二人の本来の評価を示すこと、つまりは概念的把握だった。マルクスが二人をただ否定しただけに終わっていて、その肯定的理解のうちに、その批判をすることをしていなかったからである。

　エンゲルスは、それがどうしてもなされなければならない宿題であることを理解していたのだ。ただし『フォイエルバッハ論』の内容がそれを果たせたかどうかは別である。エンゲルスについては、別の本で詳しく検討したい。

5　宗教はどう克服されるのか

(1) マルクスの宗教論

　私たちは、宗教（キリスト教）のような存在に対して、どう理解し、どう対応したらよいのか。

フォイエルバッハは、宗教とは人間が自己の本質について持つ意識の疎外された形態であるから、その疎外された本質を人間の本来の本質へと引き戻せば良いとする。

マルクスは、フォイエルバッハと同じく宗教を疎外態だととらえるが、その疎外は現実社会の対立・矛盾から生まれたものであり、その社会矛盾を克服することで宗教は解消されると考える。マルクスのこうした理解からは、宗教はアヘンであるとされる。

「宗教上の悲惨は現実的な悲惨の表現でもあるし、現実的な悲惨に対する抗議でもある。宗教は抑圧された生き物の嘆息であり非常な世界の心情であるとともに精神を失った状態の精神である。それは民衆のアヘンである」。

しかし、マルクスは宗教の否定、宗教の禁止や廃止を求めることはない。宗教が生まれる社会矛盾を解決することで解消しようとするのだ。問題は宗教ではなく、宗教を生む社会矛盾であるから、それを解決する革命を実行すればよい。

「民衆の幻想的な幸福である宗教を止揚することは民衆の現実的な幸福を要求することである。民衆が自分の状態について持つ幻想を捨てるよう要求することは、それらの幻想を必要とするような状態を捨てるよう要求することである」。

こう考えるマルクスにとっては「宗教はその国家において実現される人間的発展段階の観念的な形態」であることになる。それは人間の発展によって解消へと向かっていく。

（以上は『ヘーゲル法哲学批判序説』から）

(2)　マルクスへの批判

このマルクスの理解を批判する。

マルクスの問題は、フォイエルバッハの疎外論の本丸である宗教に対しては、疎外論の枠組みでしか考えられず、その概念的把握ができなかったことである。

その理解の低さは、宗教の堕落した形態を宗教そのものとしたことだ。それは本来の宗教ではない。宗教は本来は、人間の革命的な、主体的な活動、行為であり、その結果である。

宗教は人類にとって古い。その始まりは人類の始まり、その労働の始まりとほぼ重なるだろう。

人間は自然に働きかけ労働する。その中から社会を作ってきた。人間は自然と闘い、社会の改良のために闘ってきた。そしてそこで生まれる問題、矛盾をどうとらえ、それとどう向き合い、闘っていくか。それが意識され、その答えとして生まれたものが宗教である。

宗教とは人間の労働の生産物である。意識的、精神的な生産物、すべての認識そのものの始まりである。そしてその宗教から人間の道徳や倫理、科学、思想や哲学、芸術などの、精神的な生産物のすべてが生まれてきた。宗教は人類の英知の宝庫なのである。

マルクスはそれを見ない。見られない。これは大きな問題である。マルクスが他者に対して批判することを、自らが行っているからである。

ここでは宗教の堕落形態を事実として前提してしまっている。ここでは事実を事実として示しているだけであり、その事実の説明をしていない。概念的把握、つまり宗教の生成、展開、消滅までを展開していない。その堕落形態の説明だけである。

また宗教を人間の自然と社会への変革の活動そのものとしてとらえることができていない。宗教を人間の主体的な活動の成果として理解できないでいる。これは自らのフォイエルバッハ・テーゼ1の原則に反する。

「人間的発展段階の観念的な形態」というが、実際には、マルクスには宗教の発展過程がとらえられていない。疎外論の枠組みの内部での発展でしかないのだ。

宗教にもその発展過程があり、原始的な形態から高度の発展した形態がある。多神教と一神教の違いは何だろうか。ヘーゲルならば、そこに発展段階の違いを想定し、キリスト教を最高位に置く。そこには根拠がある。

キリスト教は、人間個人を、その特定の民族、血縁、地域から切り離し、その特殊性を超えた普遍的なあり方、生き方を示した。神と個人の関係は絶対で、そこには何ものも立ち入ることはできない。それゆえ、神の前では人間は平等であり、神とともにあることが自由である。ここにあるのは近代の人権と同じ普遍性である。これをヘーゲルは論理的に明らかにして、その立場に立っている。マルクスは近代憲法の「人権」を批判するなら、キリスト教を研究し、その克服の方向を示さなければならなかったはずだ。また、宗教の発展過程での堕落の必然性も示すべきだ。

例えばキリスト教そのものの発展過程を考えれば、ローマ帝国内で激しい弾圧の中で貧しい民衆を支えていた段階から、ローマ帝国の国教とされた段階とは区別しなければならないだろう。権力と一体化すれば、それは必ず堕落し腐敗する。しかし、キリスト教の内部ではそれと闘う運動も常にあったことも忘れることはできない。

何も持たない時の人間の強さは、自らが権威、権力になった時の人間の弱さ、その堕落へと転化し、それと闘う強さを内部に持つ時だけ、その腐敗の克服の可能性がある。これがキリスト教の歴史が教える事実であるが、これを理解すれば、マルクスがドイツとプロレタリアートに対して託した思いへの反省が強いられるはずである。

マルクスの宗教論を読むと、私は何かとても感情的なこわばりを感ずる。なぜこんなにも宗教を貶めるのだろうか。また、その自分の態度のこわばりに、マルクスが気づいていないことが気になるのだ。

(3) マルクス主義の宗教への転落

マルクスの宗教に対する浅い理解、一面的理解が大きな問題なのは、宗教や信仰を自分たちの外にあるものとし、内なるものとしてとらえられなくなったからである。

それが何を生んだか。マルクス主義自体が宗教に転化し、マルクスや社会主義のリーダーたちへの個人崇拝や共産党崇拝、知識人たちの労働者へのコンプレックスが生まれ、党派性からすべてを断罪する運動へと堕落し腐敗した。マルクスは自らの運動の内部にこうした宗教（信仰）が発生することを防ぐことはできなかった。

マルクスは空想的社会主義に科学的社会主義を対置はしたが、「科学」を標榜する社会主義内に宗教が生まれることは想定できなかった。マルクスの科学は本当の科学ではなかったからだ。これは科学的社会主義を標榜するリーダーとしては致命的であった。

こうしたマルクスの理解の浅さ、低さはどこから生まれるのか。

人間に対する理解の浅さである。それは人間の意識の内的二分の理解の欠如である。人間の悪や弱さへの理解の不十分さである。それはマルクスの自分自身の内面の反省の弱さ、そこに人間の悪を見抜いていく力の弱さである。

(4) 意識の内的二分と悪の問題

ヘーゲルは、人間社会の本質を、その社会の分裂と闘争に見ていたが、その対立と闘争が生まれる根源に、人間だけが意識の内的二分を持ち、それゆえに自己との無限の闘争をすることになったことを見ていた。それは、すべての人間は自己内に悪の面を抱え、それと闘争することが運命づけられたことを意味する。しかしヘーゲルはそこに否定面だけではなく、肯定面、自由の可能性、人間は悪を持つがそれゆえに成長することができるという側面をしっかりと見ていた。ここにヘーゲルの労働の理解、宗教理解、悪の肯定的理解がある。そしてここに、ヘーゲルは自らの立場を「性悪説」とし、啓蒙思想家たちを「性善説」として低く位置付ける。

ヘーゲルから見れば、啓蒙思想家は人間の内的二分とその結果の悪を人間に必然的なものとして認めることがない。そこでは善と悪は対立するだけであり、存在と当為も対立し、理想と現実も対立し、個人と共同性も対立するだけであり、能力としては悟性のレベルである。

ヘーゲルはその立場を克服するために発展の立場、つまり存在の運動と認識の運動の統一の立場を打ち出したのだ。そしてその立場から、理想と現実の一致、存在と当為の一致、個人と共同性の一致、善と悪の統一、を打ち立てようとした。それは性悪説の立場、つまりキリスト教のいうところの人間の原罪の立場となる。これを悟性を超える理性の能力とした。

フォイエルバッハは、もちろん性善説の立場である。問題はマルクスである。マルクスはいずれの立場に立っていたのだろうか。

私は、マルクスにはヘーゲルの立場は分からなかったと思う。マルクスは、自分自身の内なる悪を直視できなかったのではないか。それをとらえ、それとどう闘うかという問いを自分に正面から突きつけたことが少なかったのではないか。自分の悪に、自分の運動と組織の内部の悪に向き合えなかったのではないか。マルクスは社会主義、共産主義運動の中で、他者との対立を繰り返した。そこに自分や他者の悪を見なかっただろうか。マルクス自身が、イデオロギーとして他者を切り捨てたあり方に、悪を見なかったのだろうか。

それではフォイエルバッハと同じになってしまう。

マルクスは、フォイエルバッハの抽象的な「人類」の立場を批判しながら、マルクス自身も、結局は同じ抽象的な立場に立っていたように思う。マルクスにとって「人類の立場」が「賃金労働者の立場」に変わったという点が違うが、マルクスの「賃金労働者の立場」とは「多くの（賃金労働者）個人をたんに自然的に結びつける、内的な、無言の一般性としてしかとらえられな」かったのではないか。その「賃金労働者の立場」にも矛盾と対立が必然的に生ずることを理解していなかったのではないか。

マルクスはヘーゲルや宗教を見下し、その偉大な遺産から学ぼうとしなかった。下部構造の規定性やヘーゲルへの観念論批判への固執。そこにあるマルクス自身の悪の側面に、彼は気づいたことがあるのだろうか。

人間の悪は、人間から「除去」することも「解消」することもできない。

そうした人間の悪の問題から逃げることなく取り組んできたのは、宗教（ユダヤ教やキリスト教）ではなかったか。その「原罪」の主張とそこからの救済の教えではなかったか。

悪の問題を取り上げる最後に、マルクスのプライバシーにかかわることを出しておく。

マルクスは後年マルクス宅で働いていた「家政婦」との間に私生児を設けた。そしてエンゲルスはその発覚を避けるためにその子を自分の子として育てた。（『人間マルクス』ピエール・デュラン著、岩波新書）

私はここで私生児のことを問題にしたいのではない。人間にはそれぞれに事情があるだろう。私が問題にしたいのは、「私生児」のことを隠し、その問題を人間の弱さや悪の問題にまで深め、それを運動論の中に入れることができなかったことだ。こうしたマルクスは革命のリーダーとして失格だと思う。また、その発覚を恐れ、マルクスをかばい、その子を自分の子として育てたエンゲルスとマルクスの関係にゆがんだものを感ずる。これは対等な同志としての関係ではなく、共依存関係の典型であるように思う。

また、マルクスの伝記の類には、マルクス夫妻の愛に包まれた関係が賛美されるのだが、ここにはマルクスの神格化（マルクス的には物象化）がある。それを許したのはマルクス本人である。

（5）ヘーゲルの宗教観

ヘーゲルの宗教観は、こうしたマルクスの対極にある。

ヘーゲルは若き日にはプロテスタントの牧師をめざして神学校でキリスト教の教義を学んでいた人間である。もちろんキリスト教に反発し、ギリシャの世界にあこがれ、そこに新たな宗教を構想したこともある。しかし宗教一般とその発展の歴史を研究する中で、キリスト教は現実に最も多くの地域と人々に広がっているだけではなく、その教義にあって最も高い段階にあることを確認した。そしてその中から自らの哲学を作り、自らの哲学を構想しながらキリスト教との対話を重ねてきた。たとえば、その三位一体の教義は、ヘーゲルにあっては、普遍と特殊と個別の三契機とその統合を意味している。つまりヘーゲルの発展観そのものである。

そうしたヘーゲルは、科学（哲学）と宗教（キリスト教）の関係について、次のように述べる。

「哲学は宗教をはばかる必要はないし、哲学は宗教に自らを寛大に扱ってもらうだけで満足してしまうような［宗教よりも低い」位置にあまんずる必要はないのである。しかし、一方でその宗教の見解について神話や宗教的表象が意味のないかのように考えてはならない。なぜなら、それらは諸民族の間で何千年も尊ばれてきたからである」（『小論理学』二四節の付録三)。

これがヘーゲルである。それは宗教の単なる否定ではない。否定の否定による肯定的な理解を求めている。

それが可能なのは、宗教と哲学とは、ともに真理の認識を目的としているからである。

違いはその認識のレベルであり、宗教は感覚的で表象レベルにとどまり、哲学は思考による本質的レベルからさらに概念的把握にまで進む。

したがって哲学の使命とは、宗教の中では感覚的で表象レベルにとどまっている真理を、思考による概念的把握にまで推し進めて、誰もがその意味を理解できるようにすることである。それを、宗教を発展させることと言い換えても良い。それがヘーゲルの考える真の宗教批判であり、ヘーゲルはそれを自らの哲学であると信じていたようだ。

こうしたヘーゲルの立場とマルクスを比較すると、その違いの大きさに愕然とするであろう。

マルクスは宗教の中に真理があるとは考えない。それはただ本質の疎外態であり、仮象であり、現実社会の本質をとらえるためには障害になるものである。その宗教の内部から真剣に学ぶものがあるとはとらえていない。

しかし、ヘーゲルが言うように、「諸民族の間で何千年も尊ばれてきた」ものに、学ぶべきものがないわけはない。そう考えるなら、人間に対する、人間の精神に対する冒涜だろう。

そこには私たちが本気で学ぶべき英知が結晶していると考えるのが自然である。しかし、マルクスやフォイエルバッハはそうは考えないのだ。

では、ヘーゲルが言う、宗教から真剣に学び、その本質を発展させるとは、どのようになされるのだろうか。

宗教の中では感覚的で表象レベルにとどまっている真理を、思考による概念的把握にまで推し進めて、誰もがその意味を理解できるようにすることである。

その具体例は、例えば『小論理学』二四節の付録三で示されている。ここでヘーゲルは、旧約聖書創世記のアダムとイブの物語をヘーゲルの立場からとらえなおす。知恵の木の実によって人間が認識能力を獲得した意味、その労働の意味、善悪のいずれをも行えるようになった意味を、あざやかに示してくれる。それは人間の意識の内的二分、人間の社会の対立と闘争、人間の生だけは自己との無限の闘争になるである。

では、ヘーゲルの宗教への態度や理解は満点だろうか。そうではないと思う。

宗教に対しても、その始まりから終わりまでを示さなければならないだろう。

ヘーゲルのように、宗教の明らかにした真理を、すべての人が理解できるように翻訳していくことは、宗教を発展させ、宗教の役割を小さくしていくことになる。

では、宗教の終わりとは何か、終わりはあるのか否か。ヘーゲルは宗教の終わりを示さない。それは人間の中に、真理を表象でしか理解できない人々がいるし、悟性的レベルでしか理解できない人々もいるからだろう。

しかしそうした低さ、浅さは、克服されていくのが発展ではないか。

私は、究極的には、宗教は終わると考える。しかし、それはすべての人が理性レベルに立つ時で、それは自然と人間の対立、社会内の対立が終わる時であろう。そしてこの意味で言うならば、マルクスが宗教は人間社会から対立闘争がなくなった時に、消滅するという主張は正しいと、私は考えるのである。

6　マルクスの悟性的側面

（1）マルクスの悟性的思考の問題

マルクスがフォイエルバッハの疎外論を引きずっていたこと、それは能力の問題としては悟性的立場の問題となる。

マルクスとエンゲルスを読んでいると、それが実に悟性的な割り切り方、切り捨て方になっていることが多く、閉口する。

悟性的な思考が悪いのではない。それが問題なのではない。悟性的思考は思考の始まりであり、その基本であり、この能力が弱ければその先はない。悟性の中にその後のすべてが含まれているからだ。

したがって問題は悟性的思考にあるのではなく、そこに留まり、理性的なレベルにまで進まない、高めようとしないことである。その低さのままに放置しているものが多いこと、それも重要な論点でそうであること、それが問題である。大問題である。

本来は、悟性的規定をした上で、理性レベルからのとらえ返しが必要である。そうでないと大きな誤解が起こり、混乱が広がり、運動を着実に前に進められなくなるからである。

そして、事実、マルクス主義の運動では、そうした大きな混乱がたくさん起こったのである。それをここで出しておく。

(2) 主語と述語の転倒と再転倒

フォイエルバッハの疎外論が、主語と述語関係の転倒と再転倒としてもとらえられることはすでに述べた。神と人間の関係にあって、主語と述語が転倒しているから、それを再転倒し、本来の姿に戻すべきだ、といった調子である。

これ以降、マルクス、エンゲルスも含めて、こうした「転倒」「再転倒」といった思考方法や用語が氾濫することになった。

ヘーゲルは頭で逆立ちしている、とか、その観念論を再転倒させればよいとかといった調子である。

たとえば、「ヘーゲルの弁証法は素晴らしいが、一切の本質を人間ではなく精神に持ってきたのは誤りである。神と人間が逆さまになっていたように精神と人間が逆さまになっている。だからこれをひっくり返した新しい弁証法を確立せねばならない」(『聖家族』)。これは『資本論』第一巻第二版の後記でも繰り返される(ページ参照)。

こうした表現は比喩としては良いが、実際には無意味である。否、大きな弊害があったろう。本当の問題から目をそらさせるからだ。問題にされるべきは、能力の問題だからだ。

私たちにできることは、対象を発展させることだけであり、そのために必要な自分自身の能力を高める修行をするだけである。圧倒的な高さでそびえたつヘーゲルに対して、その人をバカにするような表現は、苦しい修行をすることからの逃避をうながす。

(3) 夢と理想

マルクスが空想的社会主義に自らを科学的社会主義として対峙したことは有名である。

「プロレタリアートがまだ自己を階級に構成するほどにまで発達していない限り、〔つまりブルジョアジーとプロレタリアートの階級対立が『事実上』存在しない限り〕したがってプロレタリアートとブルジョアジーとの闘争そのものがまだ政治的性格を持たない限り、そしてまたブルジョアジー自身の胎内で生産諸力がまだプロレタリアートの解放と新しい社会の形成とに不可欠な物質的諸条件を予見させるほどにまで発達していない限り、社会主義者と共産主義者〔プロレタリア階級の理論家〕たちは、抑圧されている階級の窮乏を予防するために、もろもろの体系を一時のまにあわせにつくり、社会を再生させるような科学を追い求めたりする空想家にとどまるしかないのである。

しかし、歴史が前進し、それとともにプロレタリアートの闘争が一層あからさまになってくるにつれてプロレタリアートの理論家たちはその科学を自分の頭の中に探し求める必要はなくなるのである。彼らは自分の目の前で起っていることを理解し、プロレタリアートの器官になりさえすればよいのである」(『哲学の貧困』第二章第一節第七の考察)。

ここから、夢や空想は良くないことで、それは語ってはならず、現実と科学だけを語るべきだということになった。そのように多くの人々は受け止めた。

そうした理解はマルクスの真意ではない。そもそもマルクス自身、若き日には彼の空想、妄想、理想を熱く語っている(Ⅲ章の4で取り上げた『経済学・哲学草稿』を参照)。

この文書でのマルクスの意図は現実の中にその根拠を持っているか否かを問題にしているのであり、空想か科学かが問題なのではない。しかし事実上、両者は言葉の言い換えとなっているのであるから、空想や夢を語ってはならないという理解が間違いなわけではないのだ。

マルクスの一面的な表現、悟性的な表現が、そうした誤解を与え、それが当人やその仲間をも縛ってしまったのではないか。理想を語ることに対して萎縮させるようなことが起こったのではないか。言葉には人間を縛り上げる力があるからだ。

マルクスは、仲間たちに向かって、「大いに夢と理想を語り合おう、そしてそれを実現するための現実の認識力とそれを実現するための実践力を高めていこう」、こう言えばよかっただけである。

理想とは、夢、目標、目的である。それがなければ、私たちは生きていくための羅針盤を失う。私たちは常に夢と理想を追求するべきだ。これ自体は絶対に正しい。その方法に問題があり得るだけだ。

私たちは、私たちの夢や理想を、部分的ではあっても、今ここで、可能な範囲で(自分の家庭、子どもの学校、自分の職場)、実現するように努力していくべきだ(理論と実践)。そしてその実践の結果の反省がより適切な理想になっていく。

こうしたところで科学的社会主義と言ってしまうところにマルクスの問題がある。科学の定義はないし、発展の定義も発展の説明もないのである。

人は自らがやっていることと、その意識やその表現との間には、常にズレが起こる。それがマルクスが唯物史観で示そうとしたことだったはずだ。

（4）理論と実践

こうした悟性的表現で大きな問題になったのが、理論と実践の関係である。

問題は「フォイエルバッハ・テーゼ」の全体に及ぶ。マルクスはテーゼ1から最後まで、理論と実践を対置させる。しかし、その関係を統一的にとらえて示すことがない。理論と実践の関係では実践の根源性、実践にもどる必要を言うが、そのための理論の自立性や主導性をはっきりと言わない。

極めつけがテーゼ11であるが、思想を「解釈」と「変革」で区別することは大きな誤解を与える。これでは思想に、実践する思想と実践しない思想があることになる。

この問題については、牧野紀之の「理論と実践の統一」以上にわかりやすい説明を知らない。

理論と実践の統一とは統一するべきだと言う当為命題ではなく、理論と実際は事実一致しているという事実命題として理解するべきである。「フォイエルバッハ・テーゼ」のテーゼ11は、理論と実践を統一するべきだという意味で理解されていることが多いが（そうでない例を知らない）、牧野は次のように主張する。

「あれは理論と実践を統一すべきだという意味ではなく、理論と実際は一致しているから、古い唯物論はその理論に忠実に、現実を変えるのではなく現実についての新しい考え方を打ち立てる実践に向かうし、新しい唯物論はやはりこれも自分の理論に忠実に、現実の見方を変えるのではなく現実自身を変える実践へと向かう、ということなのです。要するに、理論と実践は一致しているものだから、理論が違えば実践も違うということです」（「理論と実践の統一」から）。

この牧野の理解は正しいと私は考える。しかし、マルクス自身がこのテーゼを書いた時にそう理解していたと主張するなら、それには無理がある。

しかし、ここがあいまいだと、理論家に実践を迫ることだけが行われることになる。事実、「理論と実践」と言いながら、文化人やインテリに「実践」を強要することが横行し、他方で労働者には学習が強制されることは少なかった。

こうした理論と実践における一面的な表現は、他の重要な認識においても繰り返された。唯物論か観念論か、形而上学か弁証法か、非主体的か主体的か、イデオロギーか否か、空想的社会主義か科学的社会主義か、などなど。

そしてこうした二分法に、足し算と引き算を加えると、主体的唯物論とか、唯物弁証法とかの名称が生まれる。

（5）私有財産、国家、精神労働と肉体労働の分業、都市と農村の分裂、個人と「共同」「協同」の分裂の「止揚（廃止）」（aufheben）

宗教が疎外の形態であるとの理解から、国家や法制度など他の上部構造のすべてが同じであるとされた。「疎外」は悪いことであり、その「解消」をめざしたフォイエルバッハにとって、宗教とは除去すべきものとなった。マルクスにあってもそれは変わらない。「疎外」の「解消」「止揚（廃止）」をめざしたマルクスにとっては、除去すべきは宗教だけではなく、国家や法制度、すべてのイデオロギーも廃止されるべきものとなった。下部構造にあっても同じである。私有財産制度も廃止されるし、精神労働と肉体労働の分業、都市と農村の分裂、個人と「共同」「協同」の分裂のすべてが「止揚（廃止）」されるべきである（なお、「廃止」aufheben の用語の問題については、Ⅲ章5節を参照のこと）。

これが後の『経済学批判』の「序言」での、「矛盾の最終解決」、「人類の前史の終わり」という発想とつながっている。

しかし、宗教や私有財産や国家へのマルクスの批判は、その堕落形態に向けられたものではないのか。マルクスの批判を、それらの本来の本質そのものへの批判としてよいのだろうか。マルクスが試みた概念的理解は、その本来の発展を明らかにし、その堕落形態と本来の発展とを区別しなければならないはずだ。マルクスにそれが本当にできていたのだろうか。

マルクスは国民経済学を批判し、それが私有財産制度を前提としてしまい、その生成から消滅までの運動を明らかにしないと言う。そしてマルクスはそれを明らかにした上で剰余価値を発見したとする。しかしマルクスが剰余価値と搾取を発見できたのは、私有財産全体の発展の運動からだろうか。アダム・スミスが提示した交換価値と使用価値の矛盾、その矛盾が労働力が商品となったことで明らかになったからではないのか。

また剰余価値の搾取は、私有財産の問題ではなく、剰余価値の分配方法の問題でしかないのではないか。

私有財産制度については、本来は人類史のもっと大きな文脈から考えるべきではないか。私的所有が生まれる前に、共同体の所有があった。共同体の所有から私的所有が生まれたことは、共同体から個人が生まれたことと対応し、それは個人を支えるものとして機能したのではないか。

ヘーゲルは、個人の成立、人権の基礎として私的所有があることを喝破した（『法の哲学』第一部）。問題になっているのは個人の成立であり、その人権であり、私的所有とはそれらを基礎づけるものではないか。

私的所有が生まれ、現在の社会はそれが前提になっているのだが、それが終わる時があるとして、それは何を意味するのだろうか。個人と共同体、社会、国家は、その時、どういう関係になるのだろうか。

近代以前の共同体では、個人は個人としては存在しなかった。個人が生まれ、その個人と共同体社会の関係が新たな段階になった。古い共同体は解体され、それに代わるさまざまな組織が生まれた。共同体∨個人から、共同体∧個人へと進もうとしているように見える。ここにたくさんの問題が生まれている。個人が生まれ、私的所有やその自由（他人の自由を守れば何をしてもいいという自由）によって、個人の悪やエゴイズムが拡大され大きな力を持った。それによって大きな問題が起こり続けているのは事実だが、その解決は、私的所有を否定し、元の共同体の所有に戻せばいいというものではない。個人をもともとの共同体に解消することはできないからだ。

ここに現在の本当の問題がある。マルクスが言うように、個人は社会の中でだけ自分を個別化できるのだから、個人には共同体、社会が必要なのだが、それはどのような共同体、社会、組織になるのだろうか。

ヘーゲルはこの問いに対して、「近代国家」を当面の回答としたのだ。近代国家の成立は、共同体や社会からの個人の成立と関係するだろう。ではマルクスはどうか。マルクスは国家の廃止を言うが、その前提としては国家権力奪取が必要であり、プロレタリアート独裁を目標とした。マルクスは国家の所有（国有化）と国家の計画的経済を答えとしたが、それは見事に失敗に終わった。

マルクスはこの個人の悪の問題、個人と組織の葛藤の問題を正面からとらえることなく、国有化やプロレタリア独裁という抽象的普遍に逃げ込んだ。私にはそう見える。これはフォイエルバッハの抽象的類の立場への逃げ込み、退化ではなかったか。プロレタリア独裁や国有化と国家の計画的経済では、問題は解決できなかった。

精神労働と肉体労働の分業、分業による多様な分野の発展も、個人の成立と関係する。近代では社会全体の能力を高める方法が、人間が個々の能力を高め、社会全体の能力を高めていくという段階になった。個人の自己実現であり、社会の自己実現である。そうであれば分業が必須である。むしろ分業の発展によって個人が生まれ、個人の自己実現が生まれた。分業によらなければ能力（生産力）を高めるということは不可能になる。

スミスが言うように分業に伴う問題がある。全体が見られない視野の狭さであり、共同体から、生活からの遊離であり、社会全体では格差の拡大であり、差別意識であり、階級対立である。また指導者と大衆の分裂である。

しかしこれも結局は社会全体の能力、個人の能力を高める以外に解決はない。分業を推し進め、全体の能力を高めていく以外に解決はない。社会が分業を超えられるのは、その先に実現する課題である。

それは分業を否定したり、精神労働を貶めることでは達成できない。そうした社会を構想し実現する能力、マネジメントする能力、それは精神労働によるものだ。

ただし、個人の人生においては、自分の専門分野において自分の立場や基礎を確立した後に、分業を超えた生き方をすることはできるし、それがかえって専門分野の仕事をも充実させるであろう。

都市と農村の分裂の問題も、精神労働と肉体労働の分業の問題と同じではないか。これは分業の問題であり、産業構造の問題なのだ。その解答として、現在「六次産業」が話題になっている。一次産業、二次産業、三次産業の総体を統合する産業の構想である。これは正しい方向だと思うが、それには全体の総合、止揚が問われるのだから、その能力が問われる。その中で、個人と共同性の統合が必要になるのではないか。

ここで取り上げた問題の中で、個人の悪の問題、個人と組織の葛藤の問題は次章で再度考えたい。

(6) 唯物史観の規定の一面性

悟性的な理解とその表現は、認識としては低く、問題を真に解決できない。しかも、その上で自分たちを正しい立場だと主張することは、自分たちを堕落させる。

その極めつけが、唯物史観の中にある一面性、つまりその根底にある上部構造（イデオロギー）に対する下部構造の規定性の一面的な主張である。それは本章のここまでの検討で、一応の答えが出せる。

結局マルクスは、上部構造と下部構造の関係、下部構造が上部構造を規定するという命題を中核とした。それは疎外論の、宗教を現実世界の中に解消するという枠組みから、国家や思想をも同じ枠組みでとらえたのである。それはフォイエルバッハの疎外論では対象は宗教だけだったのを、国家や法制度にまで拡大したものであり、それをさらにすべての上部構造にまで拡大したのがイデオロギーという言葉である。

ここで下部構造が上部構造を規定し、条件づける側面しかなく、その逆の側面がないのは、宗教の疎外は、宗教を生んだ現実社会の外化であり、その解決がもともとの現実社会への回帰であるとされることに対応する。この解決は、内化（根源）への遡行であり、これが規定の方向を決める。ここには外化が、外化されたものが否定されるのだ。これが規定の方向の一面性を生む。

唯物史観の詳しい検討は、次章で行う。

第Ⅴ章

唯物史観

本章ではマルクスの唯物史観を検討する。その際、『経済学批判』の序言において定式化された唯物史観を考えることにする。

本書では、上部構造と下部構造の関係、イデオロギー批判については、すでにⅢ章とⅣ章で検討をしてきたが、それを踏まえて本章でまとめておく。

なお本章では唯物史観を考えるにあたって、それが一八四八年の革命の失敗の前後で、マルクスの反省によって唯物史観に変更などがあったか否か、という観点をも持ちながら、検討したい。

1 唯物史観のラディカルさ

マルクスの唯物史観とその革命の思想は人類に大きな影響を与えた。その影響力の大きさは、空前絶後である。

その思想は、思想界にとどまらず、現実の世界を直接に変えてしまった。革命を成功させたし、それも世界の一部ではなく全世界のあり方を変えてしまった。こうした思想は他に存在しない。

マルクスの革命の思想は、マルクスが言うように、実際に世界を変えてしまったのだ。


その猛威は二〇世紀に爆発した。恐慌が繰り返される中でロシア革命に成功し、第二次世界大戦後に中国でも革命を成功させ、二〇世紀後半では東西冷戦下で、社会主義と資本主義のせめぎ合いが続いた。

こうして二〇世紀の全般において、その思想は世界の政治と経済の変革を推し進めた。

それだけではない。マルクスの思想は、文化の上でも革命を引き起こし、世界中の学生・知識人に対して大きな影響力をもった。

それは何よりも正面から人間の当為が問われたということだ。一人一人の生き方が、学問や科学の立場が厳しく問われた。唯物史観は恐ろしい破壊力を持ったのである。

マルクスが問題にしたかったことは最初から当為であった。それはマルクスが憲法や人権宣言、法律を問題にしていたということから明らかである。

法律とは当為である。そして経済は存在である。経済はその当為を決めるものだから研究したのである。

その社会の革命とは、社会全体の「存在」が大きく変わり、人々の「当為」が変わることだ。しかもその当為の転換、それをマルクスはラディカルに根源的に行おうとする。

マルクスはそれまでの分業と分業によって生まれた上下関係を逆転しようとする。つまりマルクス以前は、精神労働と肉体労働、理論と実践、文化人と労働者は、前者が後者の上位にあり、後者を支配した。マルクスはその上下関係を転倒させようとする。

革命の主体はプロレタリアート、賃金労働者階級であり、肉体労働者たちである。知識人は彼らのための器官にならなければならない。これまでの上下関係がここで完全にひっくり返ったのである。これはそれまでの価値観の上に生きている知識人、文化人にとっては衝撃であっただろう。

人間とは何か、人間はいかに生きるべきか。学問とは何か、それは誰のためのものなのか。それがまっすぐに問われた。人類史上、思想や価値観のこのような規模での問い直しは存在しないのではないか。

すべての文化の活動、精神的活動の立場が問われ、全ての人間に、特にそれまで社会の指導的役割を担ってきた文化人たちに、その一人一人の生き方の問い直しを求めたのである。それは他者に自己批判を求めることになり、内部対立（内ゲバ）が引き起こされ、その自己批判は無限に拡大していく。この最も巨大な例が中国の文化大革命である。知識人や文化人たちが三角帽をかぶせられ、集団の中で弾劾され、自己批判を強要された。人間の尊厳はそこでは全く無視された。文化人たち、学生たちは農村での労働を強制された（「下放」）。しかし、文化大革命は壮大な失敗に終わり、社会は疲弊し、人々は深く傷ついた。

それは巨大な実験とその挫折だったが、その小さな例はどこでも行われ、内ゲバが常態化し、内なる敵の抹殺・殲滅にまで進む。

日本では連合赤軍事件が鮮明な例となっている。自己批判の要求は実際に殺人にまで進んだ。人類の解放のための運動がそうした悪夢を生み出してしまった。

その根っこにあるのが唯物史観である。

2　唯物史観の定式の立体性

(1) 立体的構成

『経済学批判』の「序言」からマルクス自身が唯物史観を定式化したところを取り上げる。本書のⅢ章1節で「序言」の訳文を提示したが、唯物史観の定式はその4段落中の4－2、4－3にある。この4－2を二つの部分に分け、唯物史観の定式となっている部分を①と②とする。4－3も唯物史観の定式となっている部分を四つに分け、それぞれを③④⑤⑥とする。どこがそれぞれに該当するかは、訳文（Ⅲ章1節）を参照されたい。

マルクスの唯物史観の定式は内容的に六つ（①〜⑥）にわけられ、さらにそれは大きくは4－2（①②）、4－3（③〜⑥）の二つにわかれる。

まず、最初に唯物史観の一般論、唯物史観の一般的な説明がある。これが4－2にある①と②である。ここで唯物史観の三項、下部構造（生産力と生産関係）と上部構造の関係が説明される。

次に、唯物史観の特殊の段階として、革命の時代の説明がある。これが4－3であり、唯物史観からとらえた革命の時代の説明である。これは、マルクスにとっての「現在」、革命の時代の唯物史観による分析であり、革命の時代の始まりから終わりまでの全過程の説明である。

こここそが、マルクスにとっての肝である。

マルクスの生涯のテーマは、革命の時代に生まれたのだから、その時代の意味を明らかにし、革命をなしとげるための思想を作ることだった。もちろん、その時代の中で如何に生きるべきかの答えを出すためである。

この答えが、4－3の③〜⑥である。その内容は、革命の時代とは生産力が高まった結果、生産関係と矛盾し、上部構造とも矛盾した発展段階とされ③、その時の上部構造と下部構造との関係は、下部が上部を決めるが、逆ではないとされる。人間が闘うのは下部構造を反映する上部構造においてとされ④、革命の成否を決めるのは生産力が十分に発展していること⑤である。そして最後に、今回の革命の時代の終わりは、これまでのすべての人類史、つまり人類の前史の終わりであり、そしてそれは後史（本史）の始まりであるとしている⑥。

この4－2（①②）、4－3（③〜⑥）の二つに区別して説明したことはどう評価されるだろうか。

まず、この構成は、唯物史観を一般論と特殊（革命の時代）に分けている。革命の時代の説明の前提を一般論として前に置いたのであろう。これは革命の時代と平時の時代を区別と関連の関係に置いたとも考えられる。

ここまでは普通の構成であるとも言えるが、マルクスにとっては一八四八年の革命前後での変化の一つであろう。革命の時代が何かを明示し、革命成功の条件と、それが人類史全体に及ぼす意味を示そうとした。

では4－2（①②）、4－3（③〜⑥）のそれぞれの内部を検討しよう。

4－2は唯物史観における三項とその関係を示すのが目的である。

①は唯物史観の三項の内の生産力と生産関係の関係、②は下部構造と上部構造の関係が説明される。この下部構造の内部の関係が①である。これによって唯物史観の三項の関係が確定する。生産力→生産関係→上部構造であり、それは前者が後者を規定し、条件付ける関係である。

この①と②の順番は、マルクスにとっては根源から始めるものだったろうが、②から①と書かれる方がわかりやすかっただろう。

②は下部構造が上部構造を規定することで、4－1をそのまま受ける。しかし、これは固定的で静的関係でしかない。その社会は発展していくのだから、ここに運動が起こらないければならない。それを説明するのが①である。つまり、社会は下部構造部分が発展するから、発展する。さらには下部構造の内部を生産関係と生産力と分ければ、その生産力がその発展段階を表わし、それが生産関係を決める。

こうした②から①への順番にすれば、その発展段階の高まりが革命の時代となるとして、自然に③に展開できる。

ここでの内容上の問題は、唯物史観の三項の必然性はこれで示されたと言えるのかであり、その三項の関係が一方的な規定の関係になっていることの是非である。これは後で検討する。

では、マルクスにとっての肝である4－3の③から⑥はどうか。

ここは、革命の時代の唯物史観による説明であり、次のようになっていると思う。

③革命の時代とは何か
④革命の思想とは何か
⑤革命の成否の鍵は何か
⑥人類史における革命の時代の意味

この展開も、決してわかりやすくは書かれていない。

特に最後の⑥が問題である。人類史の前史の終わりが突然出てくるからだ。その前に、そもそも人類史とは何か、前史とは何か、前史の後の本史とは何か、そうしたことが前もって説明されなければならないだろう。ところがそれがなく、いきなりの人類史の前史の終わりである。

また、内容的には、ここでは「敵対的な形式」の終わりとは何かが問題だ。「ブルジョア社会〔近代市民社会〕の胎内で発展する生産諸力は同時にこの敵対関係を解決するための物質的諸条件をも生み出す」とある。これをどう理解したらよいのだろうか。巨大な生産力があれば、どうして「敵対的な形式」が終わりになると言えるのだろうか。

マルクスはそれを説明しない。ただ事実として示すだけである。

他はどうだろうか。

③では、革命の時代と、それ以外の時代との区別が説明されるが、社会の発展一般の中で、革命の時代はどう位置付けられるのかがわからない。

④ではすべての思想がイデオロギーとして敵視されているように読めてしまうので、思想の重要性が問われていることがわかりにくくなっている。

⑤は重要だが、マルクスが③を明確に示していないので、わかりにくい。これはマルクス自身もよくわかっていないのだと思う。曖昧な表現、比喩表現に終始する。

⑥の唐突な結論のわかりにくさは、③から⑤までの曖昧さの当然の結果である。

ただし、⑥にギラリと光るマルクスの凄味があるのも事実である。今回の革命の成就（終わり）が、それまでの前史全体の終わりであり、それが後史（本史）の「始まり」になるというとらえ方は、ヘーゲルそのものであり、普遍、特殊、個別の発展過程を踏まえたものになっている。こうした大きなスケールのことを、他に言える人はいない。ヘーゲル以外には。

しかしである。しかし、それほどのマルクスの説明が、これほどわかりにくいのも事実である。それはなぜなのだろうか。

(2) マルクスの説明のわかりにくさ

マルクスの問題は、あまりにも多くのことを前提としていながら、その前提の説明がないことだ。

マルクスは前提としていることの全体像を示さずに、いきなり唯物史観を出して説明を始める。

マルクスは、唯物史観で、人類史、人間の社会発展を解明しようとした。そこでは経済と法国家の関係が問題になる。

しかしそれ以前に、それとは別に、そもそも発展とは何かという問いとその答えを出すべきであった。

なぜそうしないのか。マルクスにはできなかったからだ。また、その必要を理解していなかったからだ。

ここでは若き日のマルクスを問題にしているのではない。成熟したマルクスが今ここで問われていることに注意してほしい。

驚くことに、マルクスは発展とは何かという問いを立てたことはなく、それに答えを出す作業をもしていないのだ。その人生において、ついに一度も行っていないマルクスはそれを分かったつもり、わかったこととしてその先に進んでいる。もちろんマルクスは直感的にそれが分かっていた側面がある。しかしそれが十分ではなかったために大きな問題が起こっている。

唯物史観を説明するためには、本来は次の四段階がそれぞれ示されなければならない。

一　発展とは何か
二　自然と自然から生まれた生物一般の関係
三　生物から生まれた人間の意味
　人間と他の動物の違い、人間における意識の内的二分を説明し、人間の「始まり」を明らかにする。
四　人類史の概念的理解。その中での唯物史観の位置
　ここで人間の「終わり」を明らかにする。

この四つの段階を考えた時、マルクスは一から三を飛ばし、いきなり四から始め、それすら十分ではないことがわかるだろう。それが唯物史観の三項の曖昧さにもなるし、三項の関係の一面性にもなる。それが革命の時代の理論の不十分さ、わかりにくさに集中する。

こうした大きな欠陥は、全体の構成だけではなく、それぞれの細部でも、いっそう不透明でわかりにくい叙述を生んでいる。

前提とされた中で、一番の基本である発展観について述べておく。

発展についてのマルクスの理解には、大きくは二つの不十分な点、欠落がある。

一つは発展の始まりと終わりの理解の不十分さである。その結果、発展にはその「過程」の側面と、その「総体性」の側面との二つ（前者の止揚が後者であり、後者を時間の順番に並べ替えたのが前者である）があるが、この関係が十分に自覚できていない。

第二には、発展には本質レベルの発展と、それを止揚した概念レベルの発展とがあることを、わからなかったか、その自覚が弱かったことである。

それが、唯物史観のわかりにくさ、それゆえの誤解や歪曲の横行を呼んだ。

なお、本章の以下の叙述で、唯物史観の定式に言及する際は、定式の①～⑥について、定式1、定式2…定式6と表現することにする。

3 唯物史観の三項

（1） 問題

唯物史観で分からないのは、唯物史観の三項（生産力、生産関係、上部構造）がなぜこの三項なのか、この三項はどこから導出されるのか、なぜ他の項が存在しないのか、この三項の関係はどうなっているのか、こうした問題である。

こうした問題がわかりにくいのは、マルクス自身がこの問題をきちんと説明していないからである。読者の皆さんは驚くであろうが、本当である。

唯物史観とは、そもそも人間とは何かを明らかにするもの、つまり人間の労働とそのために生まれた人間社会の変革を解明するための仮説である。したがって労働とは何かを解明し、そこから唯物史観の三項が導出されなければならないはずだ。ところがそうなっていないのだ。

（2） 唯物史観の三項と生産力

①生産力とは社会の生産する能力である

唯物史観の三項は、すでに初期マルクスで確認できる。しかしどうしてこの三項なのか、どうして他の契機は存在しないのか、は説明されない。

マルクスの労働についての説明では、それは自然と人間の関係に始まる。

「人間が自然によって生きるということは、すなわち自然は人間が死なないためにはそれとの不断の交流過程の中に止まらねばならないところの、人間の身体であるということなのである。人間の肉体的および精神的生活が自然と連関しているということは、自然が自然自身と関連していること以外の何事をも意味しはしない」（『経済学・哲学草稿』「疎外された労働」）。

人間も生物の一種として自然との間に同化と異化の物質代謝を行っている。それは労働によって媒介され、人間はそれで生きてきた。その労働の際に人間は個人ではなく集団として、社会として自然に関わる。

「生産の際、人間達は事前に働きかけるばかりではなく、また互いに働きかけ合う。彼らは一定の仕方で共同して活動し、その活動を互いに交換するということによってのみ生産する」（『賃労働と資本』二章）。

しかしここまでなら他の生物、動物も同じことを行っている。すべての生物は自然との間で物質代謝を行っている。

すべての生物はその物質代謝の活動の中で、その種のあり方を変革することで自然に対応するべく努力してきた。そこで彼らと人間との違いが問われるのだが、それが意識、思考、認識なのだ。そしてこの自然と社会と意識の三要素が一体となった活動が「労働」なのである。マルクスはそのようにして三項を導出している。

ここに自然と社会と意識の三要素が確認できる。この意味は、人間にあって自然との関係が根本であり、それによって人間の社会的な関係が決まり、さらに社会関係によって人間の意識も決まるということであろう。

こうした考え方は、現在では常識になっていて誰もが理解できることである。しかしマルクスの時代ではそうではなかった。労働と社会とを結びつけること、社会の変革が問われるということは常識ではなかった。そしてマルクスはさらに、その人間社会を生産関係という下部構造と、上部構造に分けたのである。上部構造を重視するのは常識だったが、それが社会（生産関係）に規定されるということは常識ではなかった。

さて、自然と社会と意識が労働の三要素であるならば、唯物史観の三項、生産力、生産関係、上部構造（イデオロギー）は、この自然と社会と意識を言い換えたものであることになる。つまり、自然は生産力、社会は生産関係、意識は上部構造（イデオロギー）に重なるだろう。

しかし、生産関係、上部構造（イデオロギー）が、社会と意識に対応するのは良いとして、わからないのは、わかりにくいのは、生産力と自然との対応関係である。生産力とは人間の自然への対応力、人間が自然に対して持つ生産の能力だということになるだろう。しかし、生産力には生産関係のものがあるともマルクスは言う。

「一定の生産様式あるいは産業段階はいつも一定の協働様式あるいは社会的段階と結びついており、この協働様式がそれ自身一つの『生産力』であるということ、そして人間の達しうる生産諸力の量は社会的状態を制約し、したがって『人類の歴史』はいつも産業及び交換の歴史とのつながりにおいて研究され論及されなければならない」（『ドイツ・イデオロギー』）。ここでは協働様式、つまり生産関係がそれ自身一つの「生産力」だとするのだ。

そうならば、生産力には、自然に対するものだけではなく、社会自体のものがあることになる。生産力が自然にも社会（生産関係）にもあるのならば、意識にもそれがあるのではないか。

これでは読者は混乱するだろうし、それが当然である。

生産力とはアダム・スミス以来の経済学によってすでに確立したカテゴリーである。マルクスは当然その意味でも使用している。

スミスの『国富論』では次のように説明している。「労働者の生産力は労働を容易にし、またそれを短縮する機械や用具を多少とも増加し改善するか、または仕事をより一層適切に分割し配分するかこのどちらかによるのでなければ増加し得ないのである」。「分業はそれが取り入れられるだけでどんな技術の場合でも労働の生産力をそれに応じて増進させる」「労働の生産力における最大の改善とどの方向にであれ労働を振り向けたり用いたりする場合の熟練、技能、判断力の大部分は分業の結果であったように思われる」（傍線は中井）。

スミスは対自然の道具、対社会での分業や作業場の分業、分業による労働者個人の熟練、技能、判断力などの総合を生産力としている。これは大きくは対自然と対社会（人間）とまとめられる。

マルクスはどうかというと、『資本論』第一巻では次のように述べている。「労働の生産力は多種多様な事情によって規定されており、中でも特に労働者の技能の平均度、科学とその技術的応用可能性との発展段階、生産過程の社会的結合、生産手段の規模及び作業能力によって、さらにまた自然事情によって規定されている」（傍線は中井）。

まず、自然自体の条件、対自然の道具の規模と能力があり、次に労働者の技能の平均度、生産過程の社会的結合があり、最後に科学とその技術的応用可能性である。

ここからわかるのは、最初に自然との関係では自然と道具の能力、次に人間の個人と社会の能力、最後に人間の上部構造の能力と、三つのレベルのすべてが生産力に関係していることになる。

こうした使用法では、人間の社会全体の生産活動を、能力の側面から見たのが生産力であろう。そうであれば、それは自然、社会、意識の三つの分野のすべてを含むものになるし、マルクスもスミスもそう理解しているわけである。

そこでは、生産力は、その社会全体の発展段階のメルクマールになる。マルクスにはその社会の発展段階というべきところで、生産力の発展段階ということが度々ある。

そうならば、その生産力には自然、社会、意識の三つの分野がすべて関係し、その総合力が生産力であることになる。本来この三つの項はバラバラに存在できず、全体の契機として一つの総体性を作っているはずだ。ところが、上部構造だけをそこから排除するのがマルクスの唯物史観であるから、わけがわからなくなる。これはどういうことなのか。

牧野は生産力が全てを規定することについて、端的にそれを能力と捉えている。

「『生産力が生産関係を規定する』という命題について言いますと、この『規定する』とは『一義的に決定する』という意味ではなく、『大きな枠組みを定める』という意味です。つまり、人間は、種（しゅ）によって社会構造の固定されている動物と違って、どういう生産関係を作って生産活動をするか自由なのであり、これが人間社会の根本的特徴なのですが、それでもその『自由』はあくまでも『生産力で定められた枠内での選択の可能性』でしかないということです。能力の範囲内にない事はやりたくても出来ないという当たり前の原理です」(1)。

②二つの出自

唯物史観には、もともと違う出自を持つ二つの原理が混在しているのではないか。

上部構造と下部構造とは、精神労働と肉体労働という社会の実体の二つである。これはヘーゲルの『法の哲学』が、市民社会と国家として打ち出した観点である。しかし、この二項だけでは、社会は静止し固定化されている。

マルクスの「生産力」とはこの社会を動かすために、つまり発展させるために必要になったのではないか。その社会が発展してある段階になった時に、革命の時代がやってくるのだから、発展を示す項がどうしても必要で、それが生産力とされている。マルクスにおいては、発展段階を示す基準として生産力が必要なのだ。

他方で、生産力と社会の関係は経済学の研究から出ている。生産力とは経済学の用語で、アダム・スミス以来、国民経済学における、この用語の意味はすでに定まっている。それとマルクスの意味とは重ならない。

唯物史観の三項はもともとその出自が違うのだ。それを繋ぎ合わせている。だから特に生産力という言葉の意味が曖昧で揺れている。

スミス以来の経済学においては、人間社会全体の生産活動を、能力の側面から見たのが生産力である。

マルクスは、この大きな枠組みの中に、上部構造と下部構造の関係についての自説を強引に導入し、三項の関係としてとらえ直したのではないか。上部構造と下部構造の関係では、下部構造が上部構造を規定するとし、その下部構造の内部に生産力と生産関係を置いて、生産力が生産関係を規定するとした。そして全体を、下部構造（生産力→生産関係）→上部構造として関係づけたのが、マルクスの唯物史観なのではないか。すると、ここにはかなりの無理があり、矛盾が起こることになる。

まず、これでは自然、社会、意識との対応関係は壊れる。

それでは自然の位置づけが見失われるのではないか。

そして、それは革命の成否にも大きく関係するのではないか。生産力は重要で、唯物史観の核心である。社会変革とは、つまり革命とは、生産力と生産関係、生産力と上部構造との矛盾の克服、生産力の発展の障害の打倒である。その生産力の意味内容があいまいであることは、このマルクスの規定そのものをあいまいにし、革命の方針を考えることが難しくならないのか。

③恐慌の存在

実は、マルクスにとっては生産力とは自明だったのではないか。それは彼の眼前でそれがまさに破壊的な力を発揮していたからだ。

それは恐慌であり、当時の生産力は恐慌を引き起こすほどの巨大なものとして存在しており、それが世界を破滅する力でもあるという事実が示されていた。マルクスはこの破壊力の巨大さを、生産力の巨大さとしてとらえ、それを民衆のために用いるならば、人類解放の可能性にもなるととらえていたのだ。

生産力が人類解放を可能にするほどに巨大であるならば、それを人類解放のために使用することを阻害している諸原因を解明し、それを除去しさえすれば、人類は解放される。その阻害要因を解明すればよいだけだ。そこで、マルクスは下部構造の根源性から、剰余価値と搾取、資本家とプロレタリアートの根源的対立、それらを明らかにした。そして革命の成就のためには、マルクスにとってそれで十分だったのではないか。

その大前提としては人間の工業化の段階があり、物質的生産、その大工業化、大工業化における生産力の巨大化が進んでいた。それは絶対的に正しいとされる段階であり、それを疑う視点はマルクスには弱い。工業化による生産効率（生産力）こそが、人類の前史を終わらせると考えていたからだろう。

定式6では、巨大な生産力があれば「敵対的な形式」が終わりになるとマルクスは言う。貧しさは人間の闘争を引き起こすが、ある絶対的豊かさが達成されれば闘争はなくなるとマルクスは考えていたのではないか。

これが一八四八年の革命勃発の時点でのマルクスだったのだと思う。しかしそれが失敗に終わった後、マルクスは自らの唯物史観をどう反省し、それを根本から再考したのだろうか。

マルクスの反省は、恐慌の勃発が革命を引き起こしたが、その早期の収束が革命の失敗をもたらしたというものでしかない。それは上部構造を下部構造が規定するという唯物史観の確認でしかなく、それが正しいのならば、唯物史観の枠組みの反省は不要になる。

もしマルクスの反省が深刻であり、その再考の作業に本気で取り組んだならば、唯物史観の三項がその根源からとらえ直され、上部構造と下部構造との関係や、イデオロギーとのとらえ方に、大きな変化が生まれたのではないか。しかし、そうしたことはなかったようだ。

(3) ヘーゲルの目的論とマルクスの労働過程論

マルクスが人間の労働そのものについてまとめたものとしては、『資本論』第一巻の労働過程論(第三篇第五章第一節)が有名である。ここは、剰余価値の前提となる労働一般を原理的に説明する箇所である。

ここに労働の本質、そしてそこから唯物史観が原理的に導出されることを期待するわけだが、それはなされていない。

マルクスは人間と自然との関係から始める。「労働はまずは人間と自然との間の過程である。この過程で人間は自分と自然との物質代謝を自分自身の行為によって媒介し、規制し、制御するのである。人間は自然素材に対して彼自身ひとつの自然力として相対する」。

この「自分自身の行為によって媒介し、規制し、制御する」とは、人間の「労働」のことである。人間が生きること、労働の大前提は、自然だとし、自然が人間の活動すべての根底であり、大前提である、とマルクスは言っているのだ。労働の第一条件として自然との物質代謝を出していることは重要である。しかし、これ以上に、マルクスはこの観点を深めていかない。

次にマルクスは人間と他の生物との違いとして、目的意識をあげ、労働過程の契機を「合目的的な活動または労働そのものと労働対象と労働手段である」とし、その労働過程の最後に生産物を確認する。こうして労働過程を検討していくのだが、これはヘーゲルの目的論を下敷きにしたものである。

「労働過程論」は、確かに労働一般を説明してはいるが、この三項から工場労働の一般的な説明をしているだけなのである。これは不思議なことである。本来はこの三項と唯物史観の三項がどのように関係するのかを説明するべきではなかったか。

マルクスは労働一般を提示するその核心部分で、ヘーゲルの目的論を下敷きにした上で、自らの労働過程論を展開した。そこにはヘーゲルへの根本的な批判がなく、ヘーゲルの説明に対する、唯物史観からのとらえ直しがないのだ。

あれだけヘーゲルを批判するマルクスが、ここではヘーゲルのただのパクリに終始している。私はここに驚く。もちろんヘーゲルの目的論そのものは、人間の労働に対する圧倒的な高さと深さを持った見解である。

しかしヘーゲルの目的論を、労働論そのものとしてとらえるなら、そこには「社会」が抜けていることにすぐに気づく。労働における社会変革の役割、革命の役割が抜けている。

もちろん、一般的な表現としては労働の中での人間自身の変革、自己を変えることで自然との関係に対応する側面が示されている。人間の変革の無限性が示されてはいる。

しかし、そこには社会の媒介性、社会変革の観点、革命の時代の具体的な把握はない。ヘーゲルは人間の特殊性として、自己意識による自己との無限の闘争というのだが、それを階級闘争こそが人類の発展を生み出すとするのはマルクスであった。これがマルクスのヘーゲルを発展させたポイントである。

ところが、マルクスはそれを労働論として、ここでは明確に示そうとはしないのである。

また、マルクスは社会変革の外的理解に留まり、個人の内的葛藤の理解にまでは進まなかった。その側面では、ヘーゲルの方がはるかに上である。

これが資本論でのマルクスの姿勢である。私はここにマルクスの精神の弛緩を感じる。これは若きマルクスからの大きな後退ではないか。私は一八四八年の革命の挫折前後でマルクスの唯物史観は変わらなかったと考えている。その最大の根拠がここにある。

マルクスは、ついに、唯物史観の三項を論理必然的に導出しない。「労働過程論」以外でも、マルクスがそれを行った箇所はない。

マルクスがやらないのだから、私が代案を出すしかない。

(4) 人間労働の三項

唯物史観の三項はどこからどのように導出できるのか。

人間とその労働を考える時に、その起源から考えるためには、他の生物・動物の在り方と人間の在り方がどこが同じでどこが違うかを考えなければならない。人間も生物・動物の一員であり、そこから生まれたからである。そこでは自然の進化・発展の過程をとらえなければならない。

生物にとっての前提は自然である。自然(物質)から生命・生物が生まれたのだから、その自然との関係が生物にとってのすべての前提である。

生物は自然との関係では、自然との物質代謝（同化と異化）を行うことで栄養を摂取し、自己保存を行う。それによって、生物は生きること、生き続けることが可能になる。したがって、マルクスが、人間の労働の考察を、「自然との物質代謝」から始めたのはもちろん正しかったのである。

生物は自然との物質代謝をより効果的に機能的に行い、自然環境の変化にも適応していくために、自己の肉体を変え、集団社会のあり方を変え、自己の種のあり方を変えていく。

こうして生物から植物が生まれ、動物が生まれ、最後に人間が生まれた。人間の他との違いは、人間が意識の内的二分を可能にし、目的意識を持ち、思考能力、認識と意志の能力を持ったことである。

この発展をどうとらえたらよいのか。ヘーゲルは自然と人間の分裂を外的二分ととらえ、それが人間の内的二分（意識の内的二分、自己意識と他者意識、自己意識と対象意識）を生んだととらえている。

私はそこから次のように整理できると思う。

自然から生物が生まれたことは、生物の立場から見れば、生物の自然からの独立、自立であるが、それは自然の分裂であり、それを生物にとっての外的二分としてとらえることができる。

生物はこの自然と自己との分裂（外的二分）を克服し、その統合をする。これが自然との物質代謝なのだが、その際この物質代謝をより効果的に行い、自然環境にも対応していくために、自己と集団社会のあり方を変え、自己の種の在り方を変えていく。

これが生物の生きるための戦略なのだが、これは生物が内的二分をし、この分裂を統合することで、自らを変えていくことと結びついている。

例えば、動物は個体としては外胚葉から中胚葉さらに内胚葉へと進化していったが、これは分裂と結合の繰り返しである。生物は個体としてだけではなく、集団（社会）としても分裂と結合の繰り返しでそのあり方を変えていった。

つまり生物は自然と自己との外的二分に対して、自己をあえて内的に分裂させ（内的二分）それを統合して自己を変えることで、外的二分を克服してきたのだ。

人間も変わらない。では人間と他の生物は何が違うのか。自分を変え、自分の社会を作る際に、自己意識（意識の内的二分）によって媒介するようになったことだ。意識そのものは他の動物にもあるのだが、その意識の内的二分（自己意識と他者意識、自己意識と対象意識、ここから目的意識、思考や認識が生まれる）は人間だけの能力である。

人間の思考による認識、意志の能力は、意識の内的二分によるものだが、この意識の内的二分こそが人間を他の生物から分けるものであり、これこそが生物の内的二分の行き着いた究極の姿である。ヘーゲルは、この意識の内的二分によって生まれた自己意識こそが人間を最高の存在にしたとする。その一方で、人間は自己との無限の闘争を担うことになったと述べている。

ではこの意識の内的二分とはどこからどのように生まれるのか。

労働において、労働の対象世界の意識が生まれた。これは対象を対象として意識する意識であり、対象意識であり、人間にとっての客観性の側面である。

この対象を対象として意識するには、客観世界が人間の外に存続し続けており、それが常に意識されねばならない。それが道具であり、人間が道具によって対象世界に働きかけることが、この意識を生み確立して行く。

そして対象を対象として意識する中から、それを意識するのは何か、誰かという問いが生まれ、それが自己であることの意識、自己意識の始まりである。これが人間の主体性の側面である。

労働の中で、客観世界の意識、対象意識が生まれ、それに対して自己意識、主体の意識が生まれた。これは人間にとって自然と人間の分裂が、意識内に反映された分裂である。

分裂とは、それを克服することで発展するためにある。ここでの自己意識と対象意識、主体と客体との分裂の統一は、主体を中心とした統一、主体に客体が従う形での統一であり、それが「目的意識」である。人間は自己内に目的意識を持つ。そしてこの目的を実現するために客観世界に働きかけて、客観世界に目的を実現する。それが労働の生産物である。

この目的意識の目的こそが、労働過程を貫いて、自らを実現していく。ここにヘーゲルは世界における理念の実現の過程を見ている。

この目的意識は、現在の労働から未来を作り出す意識であるとともに、現在を過去の労働が作ったとする意識である。ここに過去と現在と未来の時間の意識、歴史意識が生まれる。

人間は労働によって対象を対象として意識する意識、対象意識を持った。これで外界、人間にとっての客観世界が意識されるようになる。そして対象意識から、それを意識する自己意識、人間の主体が意識される。この統一は目的意識である。

そして次に、対象意識の分裂と統合を、自己意識の分裂と統合を繰り返すことで、無限の発展を可能にした。

人間の無限の発展とは何か。何がそれを可能にしたのか。

人間は自己の目的を実現するために、対象世界を道具と労働対象に分裂させ、道具で対象に働きかけて生産物を作る。これが対象意識の分裂と統合によって可能になった。

この自然を道具と労働対象に分裂させ、その統合によって生産物を作ること。これは自然の内部に対立を生み、自然の内的な力（機械的関係や化学的関係から）を引き出すことである。ヘーゲルはこれを「理性の狡知」と呼ぶ。人間は道具で働きかけることで、自然の内的な力を利用し始めたのである。この人間の労働の中で、労働対象の豊かさが自然の生産力であり、道具の威力が自然に働きかける人間の生産力である。

生産物は次の労働の道具となったり、労働対象となったりして、さらなる生産物を生んでいく。こうして道具も労働対象も改良されて生き、人間は無限に生産力を高めていくことができる。

ここまではヘーゲルの目的論で示された論理である。マルクスはここから社会を出していくのだ。それは次のような論理的展開になるだろう。

人間の自然への働きかけを、より効果的にするために、つまりその生産力をより高めるために、人間は自ら自身と自らの社会を変えていく。それを担うのが、自己意識、人間の主体の意識の分裂と統合である。

狩猟採集の生活から農業牧畜が始まり、そこから商業と工業が生まれていく。人間はその中で、自らの社会をつくりかえてきたのである。そして近代になって分業と交換による社会が生まれ、それが資本主義社会の始まりになっている。このように、人間は社会を変革していくことで、労働の生産性を高めてきたのである。

ところが、社会を変えることは、自己と他者との対立、個人と社会との対立、社会内の対立と抗争を必然的に生み、それが常態化する。現行の社会のどこに限界を見て、どこを当為として変えなければならないか、その認識は個人の意識に媒介されるから、その答えは多様であり、そこには必ず対立と闘争、悪の問題が起こるからだ。

それは個人にあっては内的葛藤であり、社会にあっては対立と闘争である。人間はそうした対立と闘争を克服する過程で発展していくのである。社会の闘争と個人の葛藤は、とりあえず相互関係である。社会内の抗争が、個人の内的葛藤を生み、個人の内的葛藤は社会の闘争に影響を与える。こうした事態を受けて、ヘーゲルはこの意識の内的二分を根拠に、人間は自己との無限の闘争を担うことになったと述べているのだ。

社会内の対立とは、現在の社会の正しさをめぐるものであり、その社会変革の目的、方向性の正しさをめぐるものである。そして闘争に打ち勝った勢力の考え方が全体を支配していく。それは結局はその社会の当為となり、確認され、確定された当為が、その社会のルール、法律となっていく。ヘーゲルはここに理念が実現していく過程を見、神の視点からは理性の狡知であるととらえる。自然における理性の狡知と同じである。

ここでは「正しさ」の基準が問われ、ヘーゲルではそれは理念なのだが、マルクスはその基準は結局は生産力を高めたかどうかで決まると言う。これが存在が当為を規定するというマルクスの唯物史観なのである。

以上のように、人間にとってはまずは自然との関係があり、そこの段階で確認される生産力がある。さらにそれを高められるような社会のあり方が問われ、それが自然の生産力を止揚した人間社会の生産力となる。人間は自らの欲求や衝動を満たすべく、より大きな豊かさを求めていくのだ。

こうして人間は絶えず、目的を持ち、対象を認識し、活動の結果を反省し、その反省によって次の目的を見出し、自然に社会に働きかけていく。

その根底には、意識の内的二分、自己意識と対象意識、目的意識、思考・認識と意志、理論と実践の力がある。

こうした活動の中で自然への働きかけの反省から自然に対する認識が生まれ、社会のあり方への反省から社会に対する認識が生まれ、この結果の集積から自然科学と社会科学が発達していく。

自然とその法則をとらえていくのが自然科学であり、社会科学は対象が人間であり、社会の法則である。

社会に対する反省は、正しさ、正義、善、こうした倫理的道徳的な反省を生み出し、それが習慣、習俗として意識され、それが宗教になり、さらには法律として制度として公の承認を得て、皆に確認されて行く。

これは存在と当為の関係としてとらえられる。しかしここに大きな困難さがある。それは意識の媒介の二重性である。社会(存在)を形成していく時に、それは人々の意識(自己意識)に媒介される。そしてできあがった社会の当為をとらえる際にもまた意識に媒介されるということである。存在と当為の関係の理解には、それだけ激しい対立、葛藤が含まれている。そしてそれは最終的には個人の内的葛藤の克服を求めるだろう。

こうした困難を克服しながら、自然と社会の法則は蓄積されて、科学、哲学、思想が生まれ、さらに芸術一般が生まれ発展して行く。

そして近代の資本主義社会が生まれると共に、社会の経済活動の役割が大きくなり、経済活動と経済活動の上にある国家や諸制度、法律の間の矛盾が深まっていく。

社会のあり方の反省が従来のものよりも深まり、人間の社会を下部構造（経済活動）と上部構造（国家、法制度）の二つに分裂させてとらえるようになる。そこにマルクスの唯物史観が生まれる。人間はこうして、自然と社会の認識を深めてきたのである。

こうした活動はすべて、自然と人間という存在の運動であるが、その全てにおいて、人間の意識の内的二分が媒介する。この側面がマルクスが意識としてとらえようとした側面である。しかしマルクスは意識を意識としてしかとらえず、それを意識の内的二分として、自己意識と対象意識の統一としてとらえることが弱い。それでは人間の内的葛藤ととらえ方が弱くなり、人間の悪の面の必然性がとらえられなくなる。この点は、マルクスの大きな欠陥だと私は考えている。

以上が人間とその労働の原理である。したがって、ここにある自然、社会、意識（意識の内的二分、自己意識、思考）の三段階、三項が労働をめぐる基本項でなければならない。また、三項の中では、意識こそが最重要なはずである。

4　上部構造と下部構造、イデオロギー、存在と意識、存在と当為

唯物史観の三項の本来の導出方法、その三項の本来の関係については、前節で検討し、生産力とはその社会の生産に関わる能力の総体であることを明らかにした。本節では、それを踏まえて上部構造と下部構造との関係を検討する。

マルクスは『経済学批判』の序言での唯物史観の定式で、上部構造と下部構造との関係については、平時（4－2）と革命の時代（4－3）の二段階で、それぞれ次のように説明する。

平時での下部構造（経済）と上部構造（国家と法制度）の関係、それを存在と意識の関係で言い換え、それを社会での関係だけではなく個人の場合も例にする（定式の2）。

革命の時代でも同じで、下部構造と上部構造の関係、こ

の上部構造の内容を国家と法制度以外にも宗教、芸術、思想にまで広げ、すべてをイデオロギーと名付ける。この関係を存在と意識の関係で言い換え、それを社会での関係だけではなく、個人の場合を例にする（定式の4）。

マルクスは、平時でも革命の時代でも、下部構造（経済）と上部構造（国家と法制度）の関係を存在と意識の関係に言い換え、それを社会だけではなく個人の場合でも検討する。本節では、これを最初に取り上げる。

次に、規定の一方向性を考える。

最後に、マルクスが上部構造の内容を国家と法制度以外にも宗教、芸術、思想にまで広げ、すべてをイデオロギーと名付けたことについて検討する。

(1) 存在と当為、個人と社会

唯物史観の定式の2と4で、マルクスが、下部構造をSein（存在）、上部構造をBewusstsein（意識）と言い換えていることは重要である。この両者の関係を一目でわかるようにしたからである。Seinは Bewusstsein の中にも含まれている。牧野紀之はそれを表に出すために「あり方」と「意識のあり方」と訳している[(2)]。

この両者の関係をどうとらえるかが問題である。Seinを止揚して自己内に含み持っているのがBewusstsein、つまりBewusstseinとはSeinが自らに反省した形態なのではないか。つまりこれは存在と、存在が意識された内容との関係である。

下部構造と上部構造を、存在と意識と言い換えることができるところに、マルクスの根源的な考察方法がわかると思う。

また、唯物史観では社会のあり方が問われているのだが、マルクスは社会を論ずる前に、個人の場合を例に出していることも重要である。定式の2でも4でも、人が何であるかはそのひとが自分を何であると思っているかではなく、その人の実際の存在が示すという。逆ではないと。

マルクスは社会の革命だけを考えていたわけではない。個人が変わらない限り、社会は変わらない。その関係については、革命の中でこそ、個人は自己をまったく新たに作り変えることができると述べていた（フォイエルバッハ・テーゼ3）。そうした観点を持っていたことは最後まで変わらなかったのである。この事実は、「マルクスには個人がない」という批判への反論の根拠になるだろう。

しかし、そこに出て来る個人の例が、いかにも平板であり、深さがないことはどうしたことだろうか。つまり問題は、個人を取り上げるか否かではなく、個人を取り上げるレベルなのである。

牧野は、マルクスが存在と意識としてとらえたことを高く評価し、「唯物史観は事実上、価値判断の客観性を主張するものである」と主張する。

「政治とか法律とか精神生活とかは、みな、善悪を論じ、価値の高低、意義の大小を争うものです。法律は一番はっきりと『何が許される事か、許されない事か』を規定しています。これが価値判断でなくて何が価値判断でしょうか。しかるに、その価値判断は、結局は、その社会を支配している生産関係で決定されているという事実を発見して、定式化したのが唯物史観なのです。これを『価値判断の客観性の主張』と言わないとしたら、何と評するのでしょうか」(3)。

問題を存在と意識としてとらえるマルクスはさすがである。しかし、本来は存在と当為と表現するべきであった。本来はそのレベルまで深めなければならないし、実際にマルクスはそのレベルで考えていた。

マルクスが問題にしたかったことは最初から当為であった。それはマルクスが憲法や人権宣言、法律を問題にしていたということから明らかである。法律とは当為である。そして経済は存在である。経済はその当為を決めるものだからマルクスは研究したのである。

そしてそれはヘーゲルの存在と当為の理解を前提としている。ヘーゲル論理学では、存在の運動とは、自らの限界から制限、制限から当為へとの運動であった（Ⅱ章3節の（2）を参照）。それは存在から当為が導出されるという哲学史の伝統を、発展の立場から、より具体的に説明したものである。自己の存在の限界に対する自己理解から、当為が生まれるということである。

しかしマルクスはそれを言わないし、説明しないのだ。存在と意識と、存在と当為とは違う。同じではないし、言い換えにはならない。存在と意識では、それは存在に対する自己理解に留まる。そこから当為まで進められるかどうかが問題なのである。

存在と当為でも、存在と意識でも、両者の関係としてとらえたならば、そこには相互関係がある。存在が当為を決めるという客観性と、それを意識が媒介するという主観性の両側面がある。これをヘーゲルの存在が当為を決める、それは存在についての人々の意識を媒介として行われるというヘーゲルの弁証法を、マルクスが社会の分野で受け継いだと、牧野は説明する(4)。

私は牧野の説明は正しいと考えるが、それならば、下部構造が上部構造を規定するという定式2、定式4は一面的なことになる。意識の媒介性の側面を出すには、上部構造の重要性をも確認する必要がある。そうであれば、この二つの関係は実際は双方向であり、相互関係であることになる。人間と他の動物との違いは、意識による媒介の働きにあるのだから、それは外せないはずだ。

一般的に言って、定式では、そこに二つの側面があるのなら、その両面をきちんと言わなければならないだろう。それほどに大きな観点だからである。マルクスはこの客観性（存在の運動）と主観性（意識、認識の運動）との関係にあっては、客観性に力点をかけるのだ。それまでが主観性に大きく偏っているのを是正するためである。しかし定式では全体をきちんと示すべきである。主観性を貫くためにこそ、徹底的に客観性に徹するべきだと言えばよかったのではないか。

こうしたマルクスの一面性と深く関係するのが、個人の例の平板さ、人間理解の浅さである。これでは「マルクスには個人がある」とはとても言えない。

牧野もマルクスの指摘の一面性をつき、認識における主体性、意識の媒介の面を打ち出す。

「この見方は、①或る個人甲が自分ついて言っていること（A）と実際の姿（B）とを分けて、②Bこそ信頼するべきでAは当てにならない、ということである。しかしこれはもうひとつ不正確だと思う。甲を本当に知るためにはBだけでなくAも参考になるからであり、元来Aも参考にするべきだからである。なぜなら、甲が実際はBであるのにAと思い込んでいるという事自体がまた甲の姿を表しているからである。特に精神科の医者について言われるが、精神病の患者の自分についての発言はウソだとかデタラメだとして否定するのは間違いで、その患者の他の言動と合わせて総合的に理解するためのデータの一つとみなすのが正しいのである」[(5)]。

「甲が実際はBであるのにAと思い込んでいるという事自体がまた甲の姿を表している」という指摘は重要である。つまり実際のBとAは無関係ではなく、AはそれなりにBを反映している。そしてその反映の仕方Aには、その反映者の本質的な側面の一つが現れているはずである。

こうした個人の例から、逆に社会レベルでのマルクスのとらえ方の一面性もうかがえる。牧野は次のように言う。「或る社会を判断するには、その社会の経済構造についての研究を基礎とすると同時に、その社会が自分をどう意識しているかもまた重要なデータである」[(6)]。

こうした牧野の指摘はもっともであるが、これだけではまだ不十分だと思う。意識の媒介が、自己との無限の闘争を生んだことが説明されていないからである。意識の内的二分の重要性が抑えられていないからである。

（2）上部構造と下部構造

マルクスは上部構造を下部構造が規定すると言う。これはどこまで正しかったのだろうか。

まず、上部構造と下部構造は相互関係である。上部構造は下部構造をただ反映するのではない。下部構造への働きかけを行う。つまり、上部構造には、一応下部構造から区別され自立したそれ自体の発展がある。それが重要なのである。

しかし相互関係と言うだけでは不十分である。下部構造の規定性はあっても、最終的には上部構造こそが重要である。それが社会全体を変えていく。特に、革命の時代、社会変革にあっては、社会思想、哲学がそれをリードする。マルクスも哲学こそが革命運動全体の頭脳であることを認めている。最終的にはここに革命の成否がかかっている。つまりヘーゲル的に言えば、下部構造の真理が上部構造なのである。逆ではない。

それにも関わらず、マルクスは上部構造を下部構造が規定すると言うのだ。

この原因は、マルクスの根っこにはフォイエルバッハの宗教批判、疎外論があり、上部構造とのとらえ方はその宗教批判を上部構造全体に拡大したという側面があるからだ。しかし疎外論には限界がある。その根源への遡及には、発展における内化だけで外化がなく、両者の統一的な理解がないことだ。マルクスにはその低さの克服が、ついにできなかった。

例えば、マルクスは人権宣言の人権の抽象性を問題にする。その上部構造（人権）の限界への対応として、上部構造から下部構造に問題を移し、その改革、つまりプロレタリアートの立場による革命に希望を託す。しかし、これはあまりにも短絡的な発想である。

マルクスは、法制度の限界にぶつかり、その指摘で終わってしまっている。法制度全体を発展として理解すること、概念的把握ができていないのだ。

人権宣言は上部構造のレベルでの発展の成果であり、それは否定されるべきではなく、そこからのみ次の発展が始められる。憲法、法制度での発展の道筋の理解をしっかりと持ちながら、それと関連付けながら、経済レベルでの闘争を見ていくべきだったのではないか。

またマルクスは序言４－１で「法律上の諸関係や国家の諸形式はそれ自身から理解できるものでもなければ、いわゆる〔ヘーゲルの言ったように〕人間精神の一般的な発展から理解できるものでもなく、むしろ物質生活上の諸〔人間」関係（その全体をヘーゲルが一八世紀のイギリスとフランスの先輩にならって『市民社会』という名前でまとめてとらえているあの関係）に根ざしている」と言うのだが、このようなマルクスの表現は一面的である。

正しくは、存在の運動（市民社会）にも認識の運動（法律上の諸関係や国家の諸形式）にも根底に理念が貫かれているということである。存在の運動の中に正しいものがあり、それが認識に反映される。基本的にはそうであるとしても、認識が先行することはいくらでもある（例えば仮説と実験）のだし、それこそが重要なのではないか。

なお、こうしたマルクスの一面性についてはエンゲルスが後年、弁明、弁解をしている。「かつて唯物史観を打ち出した頃は、当時の事情によって、経済構造の規定的性格を強調する必要があったが、自分たちの真意は上部構造の反作用を軽視するものではない」と手紙（一八九〇年九月二一―二二日付け、ブロッホへの手紙。傍線は中井）の中に書いたことは有名である。これをもって、唯物史観の一面性の主張の弁明、擁護ができたと考える人がいる。

このことをどう考えるべきか。

私はこれほど重要なことを公的に文書にして示すことをせず、個人的な手紙にこそこそと書いていることに驚きあきれる。こうした事実は、マルクスやエンゲルスが社会運動のリーダーとして、公的な責任をとろうとしなかったことを示すと思う。

(3) イデオロギー

マルクスは、革命の時代の説明では、上部構造のすべて「法律、政治、宗教、芸術、哲学」をイデオロギーとしてくくり、それは下部構造に規定されるとした。

こうした乱暴なくくり方は、イデオロギー内部の区別を無視するものである。上部構造の内部では、下部構造からの規定性の強さには区別がある。国家や法制度などは下部構造と密接につながっている。しかし科学、科学技術、芸術や文学は間接的な関係であり、直接に階級闘争や階級的立場が反映されるわけではない。

その中で、思想、哲学は、イデオロギー内部での最高の存在であり、もっとも自立度が高く、すべてを止揚し、真理をとらえる可能性を持つ。これこそが下部構造を改革し、さらに他の上部構造をも改革することができる。だからマルクス自身が、自らの思想を革命の頭脳と言えたのである。

結局、すべてのイデオロギーは下部構造に規定されるという表現では、マルクスの真意はとうてい表現できていないのだ。

既に確認したように、社会の変革にあっては、上部構造が、特に哲学や思想こそがその全体の成否のカギを握るのだ。

だからこそ、その思想のレベルが厳しく問われ、下部構造を真に変革できるレベルが求められる。そしてそのレベルに達しない思想は下部構造の変革には役立たない、それどころかその変革の障害になる。だからマルクスはそれらをイデオロギーと呼び、それらと闘ったのである。マルクスは本当はこのように説明すればよいだけだったのだ。

しかしマルクスがやったことは、自らのレベルに到達しない思想を、全てイデオロギーと呼び、切り捨てることだった。ここに致命的な間違いがあった。

牧野は日本語のイデオロギーの意味について、次のように説明する。

「政治にイデオロギーを持ち込むな」とか「イデオロギーの対立」というような用法から、それは「価値判断を含む思想」のことであり、しかもその時その言葉は「価値判断は主観的なもので個人によって異なるから客観的なものではありえない」という暗黙の前提を伴っていて、マルクスの意味の正反対になっている。[7]

この用法はマルクスの反対者が使用し始めた意味であり、世界中での用法ではないか。そして、その用法は、マルクス自身が誘発したものではないか。

なぜならマルクスの「イデオロギー」とは、事実として自分だけが正しいとする態度と一体であり、それはマルクスの反対者からすれば主観的な思想に他ならないからだ。

では、マルクスのように自分の思想が一番高い、一番上だと考えた時、自分以外の思想には本来はどう対するべきだったろうか。

まず、他を自分の思想の中に位置づけるべきである。そしてさらには自分も含めて全てを思想全体の中に、つまり哲学史の系譜の中に位置づけるべきである。これが発展の立場、概念的把握の立場、「科学」の立場ではないか。ヘーゲルはそれを『論理学』や『哲学史』で実行している。

マルクスにはそれができなかった。他の思想を、イデオロギー、観念論として断罪するだけだった。これは批判としては無意味である。

それどころか、こうした態度は自分のみが正しいとする自己絶対化を生み、自らが宗教に転落する結果となった。マルクスが言っていた自己批判はそこには存在しない。マルクス主義自体がイデオロギーに成り下がり堕落した。下部構造の理解なしに、当為命題のみを振りかざすようになってしまった。そして自己批判の強要や粛清が蔓延する。

その最大の規模のものが中国の文化大革命である。

（4）サラリーマン、官僚・役人、大学教授という生き方

上部構造と下部構造との関係、さらにイデオロギーに関しては、マルクスに単純化と一面性という大きな間違いがあった。しかしそれでマルクスを切り捨ててしまえば、私たちもマルクスの過ちを繰り返すことになってしまう。

私たちはマルクスの正しさの側面を、しっかりと学ばなければならない。それは私たちの前提の自覚、意識化である。

全ての前提を疑う。その徹底的な懐疑の精神、マルクスの言うラディカル。私たちは無意識、無自覚のままに、さまざまな前提に取り巻かれ、支配されている。その前提をどのように暴くか、自覚していくか、それがマルクスが目指していたものである。

その結果、マルクスは分業の問題に到達し、私有財産や国家の根源的問題に到達することができ、その変革を目的としてはっきりと打ち出すことができた。

しかしそれを立場の階級性、プロレタリアートの立場に限定したために、現実の諸問題がかえって見えにくくなった面がある。

例えば、イデオロギーやイデオローグとは、「ブルセラショップの女子高生」たちに、偉そうに説教をする文化人たち（「はじめに」参照）のことであり、自分のあり方、生き方の反省をしないサラリーマンや、官僚や公務員（役人）、大学教授たちのことである。

牧野は、イデオロギーの例として講壇学者たちを挙げている。

「サラリーマンでありながら自分がサラリーマンであることが自分の『研究』にどう影響しているかを反省せず、その反省なしに客観的で科学的な真の哲学を打ち立てることが出来ると『思い込んでいる』講壇学者たちはこの意味で文字通り『イデオローグ』であり、その哲学や学問は『イデオロギー』である。たとえその人がマルクス主義者と自称し、土台が上部構造を制約するということを『言葉として』知っていても。サラリーマンであることが悪いのではない。自分の生き方についての反省の有無が問題なのである。ヘーゲルもサラリーマンだったが彼は自分の哲学体系の頂点に哲学を位置づけた。つまり自分の生き方を反省していた」（傍線は中井）[8]。

牧野が指摘する、サラリーマンの疎外された在り方（イデオロギー性）の指摘は、今の私たちの社会を考える上で、そこでの一人一人の生き方を具体的に検討する上で、大いに有効である。

サラリーマンにとっては、その所属する組織内部での目的、基準、方法やそこからの評価が絶対となり、世間一般、社会の論理や倫理から外れてしまい、自分個人の価値観やテーマ、倫理などが見失われることは、あまりに普通のことである。人事異動、昇進、そして定年がすべてを決める。パワハラ、セクハラの問題の根っこにはそれがある。

それは、公務員、役人も全く同じ危険性を持ち、さらにはどの業界団体でも同じであろう。上部構造にあっては大学の研究室、学会や文壇、学士院など、閉ざされており、しかも社会的に高く評価される空間に属することには、堕落の大きな危険性があるだろう。

国立大学法人化の際に、反対運動をする大学人の中に「学問の自由」を掲げる人がいた。しかし、国家公務員であったあなたたちは、「学問の自由」とサラリーマンや公務員であることに、対立や矛盾があることに気づき、それについて考えたことはないのだろうか。そうしたことがもっと議論されなければならなかったのではないか。

もちろん「サラリーマンであることが悪いのではない。自分の生き方についての反省の有無が問題なのである」。

5　自然と人間の関係

(1)　前提と定立の関係

前節までで、唯物史観の三項の理解を深めてきたが、自然、人間社会と、人間の意識（意識の内的二分）の三項の関係は、本来はどう考えたらよいのだろうか。ヘーゲルの説明をここで聞こう。

ヘーゲルは、この三項は発展として、自然から人間社会へ、下部構造から人間の意識への発展としてとらえられるべきである、とする。

（自然→人間社会）→人間の意識

この発展をヘーゲルは人間は自然の真理であると表現する。それは、前者が分裂して後者が生まれたという事態であり、時間の前後関係という観点からは、前者は後者の前提であり、後者を規定し、根拠づけるのだが、発展という観点からは、後者が前者の発展した姿であり、前者の真理だと、ヘーゲルは言う。後者は前者を止揚しており、さらにその止揚を押し進める可能性を持つからだ。

この両者の関係は、一方が他方を規定するのでもないし、両者が対等な相互関係でもない。両者の分裂に対して、後者こそが前者を止揚して、分裂を統合する関係なのである。ここに両者はひとつの総体性の中に統合されその中の契機となっている。ここで全体の総体性の中心は後者である。

ヘーゲルはこの関係を前提と定立の関係としてとらえる。ここに発展の始まりと終わりにおける円環構造がある。

これは自然と人間の関係だけではなく、上部構造と下部構造の関係の本来の理解になるのではないか。

つまり、自然から生まれた人間は、自然全体の自己意識、頭脳として自然を完成させる使命を持つし、その使命を果たすだけの能力、可能性を持っている。

下部構造に規定される上部構造、肉体労働から生まれた精神労働、存在と認識、実践と理論との関係も同じである。後者は前者に規定されながらも、前者を止揚し、前者をより高めていくという使命があるし、その使命を果たすだけの能力、可能性を持っている。

ヘーゲルはこのように考えるから、自然と社会と、宗教、国家や諸制度、科学などの社会的意識、そのすべてを止揚し、すべてをとらえることができるのは哲学であるとし、自らの哲学がそれであり、絶対的真理だと宣言したのだ。それが正しいかどうかは別として、ここには前提と定立の関係についてのヘーゲルの理解があるのである。

(2) 自然の真理は人間である

ヘーゲルは、自然の真理は人間である、と述べている。

私たちの地球の発展を、物質→生命・生物(植物→動物→人間)、ととらえられるならば、人間は地球の発展、生物の進化の最終形態であり、全発展過程の成果であり、すべてを止揚した存在である。ヘーゲルの言葉は、まずはこれを言い換えたものだろう。

しかし、自然の真理は人間である、とは何を意味するのだろうか。人間が最高の存在である、ということだろうか。人間が最高の存在であり、他のすべてを支配でき、人間の好き勝手に振る舞えるという意味だろうか。

ヘーゲル、マルクス、エンゲルスは、「人間が自然を支配できる」「自然をコントロールできる」という表現をよくする。この発展の上下関係を、支配、被支配の関係で表現するのだ。ここに彼らの理解の不十分さ、時代の限界を思う。

人間が自然に対して大きな威力を発揮するようになったことは確かだが、それを「支配」や「コントロール」と言ってよいのだろうか。

人間は自然から生まれた。自然と人間は、前提と定立の関係である。

自然は人間にとっての「大前提」であり、人間が生きる上での基盤、基礎であり、人間はそれによって条件づけられている。その意味では常に自然が人間を支配しているのである。人間が自然を自由に変え、支配できるのではない。

しかし、人間は自然に全く支配されているのではない。あくまでも、自然によって条件付けられる範囲の中ではあるが、人間は生きるために、自然を変えることができる。自然を変えることで、自然に与えられた条件付けの一部を変えることができる。この自然という前提を変えていく作業を、人間は無限に繰り返していくことができる。この人間が自然を変える側面を「定立」と呼ぶ。

しかし、これでは「前提」と「定立」の相互関係を示せただけである。

ヘーゲルは、自然と人間の関係を相互関係といったレベルでは終わらせない。自然の真理は精神（人間）であり、精神は自然を止揚する、ととらえる。

自然は自らの自己意識、目的意識として人間を生み出した。人間によって自然が完成できるようにするためである。したがって、人間は自然を自らの肉体とし、自らの自己意識を自然全体の自己意識とし、その自然を完成させるべく生きていかなければならない。

これがヘーゲルの自然と人間の関係についての最終回答である。人間は自然から生まれたが、それは自然界が本来の姿を実現していくためなのである。

人間が自然の真理だという意味は、人間自体が自然の完成、自然の発展の終わりという意味ではない。人間が自然の目的やゴールなのではない。

人間の真理性とは相対的なものであり、絶対的なものではない。それは自然の真理の実現のための媒介なのである。その意味での真理性なのである。

人間は現時点での自然の発展の最終地点だが、人間もまだ発展の途上であり、途中の地点にいるだけである。ただし、「途中」「途上」と言うのは、将来に人間を超える種が生まれると予測するからではなく、人間が生まれるまでが自然の発展の中間地点、折り返し地点だととらえるからである。

発展とは変化が本質に戻るような円環運動、外化が内化である運動である。しかし、人間が生まれるまでは、外化の運動しか存在しなかった。その外化には本質に帰るという内化の意味があったとしても、その内化の意味、自然の本質を実際に理解できる存在はいなかった。人間が生まれたことで初めて、内化の認識の可能性が生まれたのである。

人間が生まれたことで、それまでの発展の運動の一方向性が、反転することを可能にし、外化と内化の一体の運動を現実に行うことが可能になったのである。これが人間の真理性である。したがって、現時点の人間の真理性とは、半分の真理性でしかない。

人間とは、自然全体の自己意識であり自我であり、自然が自己反省する機能としての役割を担っている。自然が、人間を媒介にして、自らの本質、概念を理解し、それを実現するためである。

人間の誕生で、自然史の一つの段階は終わった。自然史の次のステップとは、人間による自然史の完成をめざす段階である。これが人類史であり、自然の完成は、人類史の完成であり、人類史の完成が自然の完成である。人間は、そのために自然から生まれた。

このように自然史、人類史を大きくとらえると、前提と定立の関係がわかる。これが発展における、始まりと終わりの関係であり、発展の円環構造である。

こうとらえれば、マルクスの唯物史観の規定、限界づけの一面性も、その本来の解決の方向性もはっきりとわかるだろう。自然と人間のこの基本構造が、人類史の発展でも貫かれているはずである。

つまり、上部構造とは、下部構造全体の自己意識であり自我であり、下部構造が自己反省する機能としての役割を担っている。下部構造が、上部構造を媒介にして、自らの本質、概念を理解し、それを実現するためである。

ただし、マルクスはこのようには理解できなかった。

ヘーゲルの自然と人間の関係についての考えが、何を明らかにするかを説明してきたが、これが実はヘーゲルの絶対的真理観の意味なのではないか。

(3) ヘーゲルの絶対的真理観

ヘーゲルには三段階からなる真理観がある。

①主観的真理　対象と表象の一致
②客観的真理　対象とその概念の一致
③絶対的真理　主観的真理と客観的真理の統一

存在が運動して自らの本質を明らかにする。だから私たちはその本質を認識することができる。この意味をⅡ章以降で考えてきたのだが、それはヘーゲルの真理認識の第三段階に当たる部分だったのではないか。

普通に真理として理解されているものは①である。ヘーゲルはこれをただの「正しさ」「形式的真理」として低く位置付ける。なぜなら、ここでは対象・現象と認識との一致だけが問われ、対象・現象が説明されれば正しいとされるからだ。ここでは対象・現象が真理の基準であり、認識が対象を反映しているかどうかだけしか問題にならないからだ。これが主観的真理である。外的反省はまさにその一つである。

それに対して、②は当然「内容的真理」であり、対象や現象が問われ、批判される。その対象自体が、その本質に一致し、さらにはその概念に一致しているか否かが問われるのだ。これは、それまでもそして今も、理想からの現実批判として繰り返されてきたことだ。しかし、ヘーゲルはこれを存在が運動して、自らの本質を表わすとして主観性を排除したのだ。これは従来の真理観を大きく転換した。これが客観的真理である。こうした真理観を打ち出したことこそ、ヘーゲルの偉大な功績である。

ここでは存在と当為の分裂はない。当為は必ず実現する。存在と当為は最終的には必ず一致するからだ。この一致に存在が本質に一致していく段階（本質レベル）と、本質を超えてその概念に一致する段階（概念レベル）があることはすでに示した。

③は、①と②の主観と客観の対立、矛盾を止揚する段階として絶対的真理として用意される。

②の段階では、存在が運動して自らの本質を明らかにする。だから私たちはその本質を認識することができる。これが②を①でとらえる段階になる。ヘーゲルの「ただ見ているだけ」でよいのだという段階である。これがヘーゲルの概念的な認識方法であり、それが③の段階の始まりである。①や②に止まる認識に対して、③まで突き進む認識だけが本来の認識、つまり認識がその概念に一致した認識である。

しかし、そこにはさまざまな難問が現われて来ることを、すでに述べてきた。

それは、存在の運動と認識の運動の両者の関係には、より深い根源的な理解が必要なことを示しているのだろう。存在の運動と認識の運動とが分かれたのは、人間が誕生し、思考によって認識を始めた時からである。そしてその分裂の統合が常に問題となってきた。

人間の発展段階として、最初は存在が運動することは意識できても、それをどうとらえたらよいかはわからずに、ただ存在の外から外的な反省、分析と抽象で理解していくことしかできなかった。その段階に当たるのが①なのである。

そして、ヘーゲルによって、その外的反省の方法を超える認識が現れた。それがヘーゲルの「見ているだけ」の方法である。存在が運動し、発展して、自らの本質、概念を明らかにする。それはすべての存在が吟味されるということである。

しかし、それでは対象が発展していない段階ではどうしたらよいのか、完成していない段階では認識はできないのか、という問題が起こる。

そこで、私たちは、存在の運動と認識の運動の関係そのものの理解へと導かれるのである。それは存在の運動から認識の運動が生まれた理由、認識の使命が問題になる。

これを考えるためには、自然から人間が生まれ、人間が思考によって認識を始めたことの意味を考えなければならない。

自然が人間を生んだのは、人間を自然自らの自己意識、思考、認識、目的意識としたのではないか。人間によって自然が完成できるようにするためである。

したがって、人間は自然を自らの肉体とし、自らの自己意識を自然全体の自己意識とし、その自然を完成させるべく生きていかなければならない。これがこのレベルにおける存在と当為の関係である。

人間とは、自然全体の自己意識であり自我であり、自然が自己反省する機能としての役割を担っている。自然が、人間を媒介にして、自らの本質、概念を理解し、それを実現するためである。これが人間が真理であるということの意味であり、そこからその使命が出て来る。

そうであれば、人間は自然全体の一つの契機でしかない。その全体を総体性として、人間をその契機としてとらえなければならない。人間は一つの契機でしかないが、しかし自然の契機の中では最も重要な契機なのである。

以上の自然と人間を、存在の運動と認識の運動と言い換えて、それを自覚的に、意識的に行う段階が、③の絶対的真理の姿なのであろう。

そしてこれが自然と人間の真の関係であり、存在と認識の真の統一であり、人間の認識がその概念に一致した姿であり、それは人間という存在がその概念に一致した姿なのである。

認識は実は存在の運動の契機なのであり、その存在の契機の一つとして、存在とともに、それを発展させ、完成させればよいのである。それは完成に向かう運動の途上にあり、その意味では完成しておらず、ゴールに達してはいない。

しかし、それぞれの段階で可能な限り、存在が発展するための内在的な運動を引き起こしていけばよいのである。それは永遠に向かう無限の運動の一コマでしかないが、その運動に関わることで、その契機になることで、それ自体が永遠となる。

マルクスが言った「自分の目の前で起っていることを理解し、その器官になりさえすればよい」の本当の意味はここにあるのではないか。

自分が全体の契機であるという理解、こうした考え方は、エコロジーの本来の考え方であろう。やっとそこまで人類の理解が進んできたのである。

もちろん、こうした考えがヘーゲルに明確にあったわけではない。その発展観や真理観に an sich に（潜在的可能性として）含まれていた。それが現在の私たちが危機的状況に直面し、今の私たちの時代の限界を考えることを求められた時に、ヘーゲルのこうした思想が光り輝いてくるのだ。ヘーゲルやそれを継承したマルクス・エンゲルスには、やはり人間の自然支配は前提とされていたのだろう。しかしその思想のうちにはこうした考えが最初からあったのである。

（４）社会の真理は個人である

ここまで自然と人間との関係について考えてきた。そこから人間の意識の内的二分、人間の認識の意味、その役割を確認してきた。しかし私たちはこれをもう一つ深めなければならない。

近代社会、資本主義社会がそれを求めている。それは社会の中での個人の意味と役割の問題、個人と社会、個人と組織の関係の問題である。人間の労働から人間の社会の変革が生まれ、社会の変革を媒介として、人間は自然との関わりを深めてきた。その社会の変革とはその下部構造の変革なのだが、それは上部構造の変革をもたらす。否、上部構造の変革によってこそ下部構造を変えることができたのである。これは大きく言えば下部構造の真理は上部構造だと言えるのである。

さらにここには、個人の問題、個人と社会の関係の問題が重なってくる。上部構造の変革特に認識の最高レベルである思想や哲学では、その担い手とはあくまでも個人である。

この意味を深く考えねばならない。人間の社会の発展はそこから個人を生んだ。他の生物、動物も社会を発展させてきたのだが、人間だけはそれを意識の内的二分、自己意識が媒介する。この自己意識とは何よりもまず個人の意識である。

社会には常に内部の対立闘争が起こるが、それとともにその中で個人もまた自己内の対立葛藤を経てそこで個人が個人として確立していくのである。

近代市民社会ではそれが人権、人間の自由平等、基本的人権、人格の尊厳となっている。それはマルクスの言うように、いまだ低いレベルのものであり、貧しさの自由でしかないという側面はあるのだが、そこからすべては始まるのである。

これは自然から人間が生まれたこと、この人間が生まれたことの意味も初めは分からなかったように、社会から個人が生まれた、この意味も初めは分からないのである。しかし、社会の真理が個人であるということは、個人こそが社会を変革する可能性を持っているということである。これは個人と社会の関係が最大の問題になることを意味する。

マルクスにはこの点の理解が非常に弱かった。マルクスは憲法や法制度における人権のレベルの低さを問題とした。そこから階級闘争に活路を求めた。しかしそれが失敗に終わった今、人権を真の人権に、個人を真の個人に発展させなければならない。

マルクスにはその自覚がなかったから、自らの運動内部で宗教的個人崇拝が起こり、個人が自己批判を強要され、個人の尊厳が守られないという事態を呼び起こした。個人と組織の問題がそこでは問われない。共産主義革命で「協同」「共同」が実現されれば、問題は解決したことにされてしまい、その内部における対立、闘争、葛藤が真剣に考えられることはなかった。

自然と人間の関係は、人間においては社会と個人の関係でもあるのだ。自然の完成とは、人間社会の完成によってしか実現できない。その人間社会の完成は、人間個人の完成によってしか実現できない。私たち一人一人はそれほどに重い意味を持って生きているのである。それをヘーゲルは人間の概念と呼ぶ。

ここまで、唯物史観の限界について、ヘーゲル哲学の立場から考えてきた。唯物史観を相対化するためである。

唯物史観は、世界を精神労働と肉体労働、上部構造と下部構造として二分した上で、上部構造を下部構造が規定するとした。これほどに大きく根源的な問題を、これほどに単純化して、わかりやすく示した思想は存在しない。唯物史観のこの規定は強固な枠組みであり、政治、経済、文化、すべての面でその威力を発揮してきた。

その唯物史観の全体を相対化するには、どうしてもヘーゲル哲学の力を借りなければならなかった。それが一応できた今、ここで唯物史観の全体を、一つの方法として考えてみたい。

6 方法

(1) 研究のための「導きの糸」

唯物史観は劇薬である。それゆえに、その威力のすさまじさをみなが認める一方で、そのマイナス面、その弊害を訴える呪詛の声、大きな批判の声がある。

その原因の一つに、唯物史観の信奉者による公式主義・図式主義・教条主義を指摘する人がいる。個々の具体的な対象や状況に対して、浅い理解のままに、ただ唯物史観を振りかざすだけの言説の横行である。

唯物史観は研究のための「導きの糸」であるとマルクスは言う（4－2）。

牧野紀之はこの「導きの糸」とは「方法」のことであると説明する。

「ここに方法（方法論ではない）というものの性格がよく出ている。それは何よりもまず第一に、それ以前の研究の成果であり理論である。第二に、しかし、それが一般化されてとらえられているが故に、その後の研究の導きの糸になる。第三に、それはあくまでも『導きの糸』であって、証明手段ではない。いくつかの社会を研究した結果、『経済的関係が国家のあり方を規定する』という一般的結論が得られると、それ以後は、何か或る社会を研究しようとする時に、国家や法律をそれ自体として調べて事足れりとしないで、その社会の経済関係を研究するように自覚的に自分を統制するようになる、ということである。だからといって、その社会の国家形態や法体系はその経済関係の故にそうなったのだと断定するのではなく、『事実調査に基づいて』経済関係がこうだから法律がこうなっていると証明するのが科学である。この『事実調査に基づいて』ということが省かれたり不十分だったりすると公式主義・図式主義・教条主義になるのである。だから、或る方法を使うということと図式主義との差は現実には紙一重であり、方法の中には図式主義の「契機」が含まれている、と言える。」[9]

ここにある三点の中で、第一の「それ以前の研究の成果であり理論」と、第二の「それが一般化されてとらえられているが故に、その後の研究の導きの糸になる」の二点をまず考えたい。

唯物史観は、マルクスの経済学研究の内部から生まれた方法であり、その経済学をさらに推し進めるものとなっている。

唯物史観による、その後の経済学の更なる研究、その経済学の研究の発展は、その唯物史観の応用から生まれる。ここで研究が二段階になっていることに注目したい。唯物史観そのものと、唯物史観による研究の二段階である。二段階式ロケットなのである。

しかし、それはマルクスだけのものだろうか。

そもそも研究の過程にあっては、一つ一つの結果、成果は、たとえ失敗であっても、それを反省することで、常に、その後の研究の「導きの糸」となる。その意味では、研究の結果のすべては、次の研究のための方法とも言えるのである。

ではそうした、研究の積み重ねと、唯物史観は何が違うのだろうか。もちろん、それは研究の途上で画期的な段階であり、「一般化」されていることが違う。ではなぜそれは一般化されたのか。

一般化されるのは、その前後で、その人の世界観、人生観、自然観、社会観が変わるほどのものである場合に限られるのではないか。その時、それは一般的な形式にまで抽象的に全体としてとらえられる可能性がある。また、そうしないではいられないのだ。

マルクスのそれは研究者としての立場が定まった地点であり、その後それが変わることはなかった。それはヘーゲル、フォイエルバッハ、唯物論のすべての思想と決別した地点である。

マルクスは、自分の立場がそれまでの全てを壊し、したがって全てを敵にするものであることを知っていた。唯物史観の成立過程は、その自覚の過程であり、それを最後まで推し進めていく覚悟と決意を持つ過程であった。だからそれは「それまでのすべての唯物論」を批判することができるのだ。

そうした場合には、それは普遍的な観点となり、他のすべての思想を批判することができるものとなる。

実は、このマルクスの二段階からなる研究のあり方は、ヘーゲルと同じである。ヘーゲルにも論理学の確立までと、その論理学をこの世界のすべて（自然と人間）に適応する二つの段階があり、論理学をその際の方法として強く意識している（『法の哲学』の序言など）。マルクスもこれを強く意識していたと私は推測する。

しかしヘーゲルとマルクスの他者に対する態度はまるで違うものとなっている。

唯物史観の「一般化」、マルクスのイデオロギーという考えは、他の全てを切り捨て、自己を絶対化してしまう結果になった。自己絶対化がおこれば、それは宗教的な妄信の態度に転落してしまう。

本当の普遍化とは、自分が他者を止揚するのはもちろんだが、その自己自身をも全体の中に位置付けることである。対立矛盾を消してしまうことではなく、それを深めることで全体を止揚することができる。ヘーゲルはつねにそうした総体性をめざしていたと思う。

マルクスの絶対化、唯物史観の絶対化、共産党の絶対化が進み、それにだれも反対できなくなったことが、数多くの醜悪な事態を生んだ。

(2) 方法と能力と生き方

牧野が示した第三の論点は、「事実調査に基づいて」が省かれたり不十分だったりすると公式主義・図式主義・教条主義になる、というものだ。つまりあらゆる方法の中には図式主義の「契機」が最初から含まれている。

しかし、牧野のような説明によって、図式主義がなくなるかといえば、そうではないだろう。

方法は図式主義に簡単に転落する。それはなぜか。これは一言で言えば「能力」の問題である。方法を使いこなすには、その方法に対応する能力が必要であるが、その能力がない場合は、図式主義になるのである。

方法は能力と一体であり、その能力を離れては意味をなさない。しかしそのことは自覚されず、またはそれが忘れられている。

そういうと、すぐにも、能力が問われない方法もあるのではないかという反論が予想される。そう、「マニュアル」である。

しかし、マニュアルも、能力を前提としている。ただし、それは低いレベルであり、ほとんどの人が実行できるレベルなのである。人々の八、九割の人が可能な能力のレベルで、誰もができるレベルで一番良い方法、一番簡単な方法、というのがマニュアルである。しかしそのマニュアルでも対応できない人がいることも知っておかなければならない。

低いレベルの方法でもそうなのである。高いレベルの方法には、それに必要な高い能力が必要である。その能力がない人が、その方法を使おうとすると、ひどいことになる。高いレベルの方法は、大きな影響力を発揮するものだから、それは一層ひどいことになるのだ。

ヘーゲルの弁証法、マルクスの唯物史観などがそれである。

だから、方法も高いレベルになると劇薬であり、役に立つが、自他を破滅させるほどの猛威を振るう。以上は、その方法を使う上で必要な能力の話であった。

しかし、本当の意味でその方法を使いこなすには、その方法の限界をわきまえていることが必要である。どんな方法にも限界があり、その適切な使用方法がある。その対象にも、その対象への適応方法にも、それには適切な範囲と限界がある。それを外れると有害であり破滅することになる。

しかし、それを理解する能力は誰にあるだろうか。

マルクスには、それを理解する可能性がある。自分でその方法を作ったからである。しかし、マルクスにもそれは十分には自覚できていない。他にはとても無理だっただろう。それを理解するには、マルクスと同じかそれ以上の高い能力が必要だからだ。

以上の問題と危険性を理解していたら、マルクスはその処方箋を示す必要があった。しかしマルクスにはそれはできなかった。

もちろん、マルクスにも、その危険性は予感されていたし、それへの配慮はあった。

それは、この唯物史観の叙述において、重要なキーワードがほとんどすべて複数形で表現されていることによく出ている。生産力、生産関係、法関係、国家形態、すべてが複数形で表現されている。その内実がどうなっているかはとりあえず触れず、大きくくくっておき、唯物史観の三項の関係に集中するためである。

大枠の関係のみを問題にし、その具体的な細部は、読者一人一人の主体的な調査研究に委ねるという態度である。こうした落ち着いた態度に、大人になったマルクスを感ずる。しかし、それだけでは問題の解決にはならなかった。

ではそれへの対策は何か。以下の教育活動だけがそれを解決していく。

方法と能力は一体であることの自覚、認知。それぞれの方法に、どれほどの能力が必要かを表示すること。そして、その能力をどうやって高めるかという方法を具体的に示すことである。

一般に高い能力はどうやって獲得できるのか。予備的な練習問題に取り組むことは必要だが、それだけでは実践には役立たない。実践の力は、その方法を実際の場で使用しながら、それによって失敗を重ねる中で、自分の能力を反省し、そのレベルを上げ続けるしかない。

そしてさらに言わなければならない。方法には能力が必要であるが、さらにその前提には生き方があることを。生き方は能力を必要とし、能力を高めるためには生き方が必要になる。

マルクスにこうした問題の自覚がなかったのではない。それは有名なフォイエルバッハ・テーゼの3にある。そこでは環境と人間の相互関係を説明し、革命に必要な人間は、革命運動の中から生まれるとしている箇所である。

しかし、マルクスは、その後、こうした問題を問題として提示し、具体的な解決策を講じることがなかった。だから、その運動は堕落していった。

すべての社会運動には、メンバーの能力向上を目的とした教育活動の側面がある。それにどれだけ自覚的かで、その運動の成果が決まる。

マルクスにそれができなかったことは偶然ではない。一八四八年の革命は失敗におわった。その前後でのマルクスの大きな変化を考えなければならない。それまでのマルクスには自らを頭脳とし、それを実現するプロレタリアートとの統合された姿が意識されていた。そしてその理論と実践の統一も強く意識されていた。マルクスは共産主義者同盟に関わりその理論的指導を引き受けていた。

しかし、同盟の組織内部の闘争に敗れたマルクスは、実際の運動からは退くことになる。そして理論の面をもっぱら引き受けることにし、経済学研究に専念することになる。唯物史観からは経済学研究が最重要な研究であることになるから、それが正当化される。

この実際の運動から退いたことには、マルクスの自己絶対視し、他者を全否定するような傲慢な態度も大きく影響しただろう。しかし、その運動から身を引いたことは、運動の組織面、組織内部の個々の人間たちの教育、そこでの議論や闘争の克服方法を考えていく機会をマルクスから奪ってしまった。これは実践家としては致命的である。

それが唯物史観の絶対化を阻止し、自らの絶対化を阻止する機会を、マルクスから奪ってしまったのではないか。

能力の問題の検討の最後に、大きな論点を出しておく。唯物史観では生産力が全てを規定するととらえる。この意味は人間においてはその能力の内にあることしかできないという考え方であった。ところがその意味をマルクスはついに自分のこと、自分がリーダーとして責任を持つべき革命運動の問題としては、とらえられなかった。これをどう考えたら良いのだろうか。

(3)　唯物史観と「経済学の方法」

唯物史観が「方法」であるならば、それは新たな疑問を誘発する。では、経済学批判の序説における「経済学の方法」はどうなるのか。二つの方法はどう関係するか。こうした問題である。

「経済学の方法」の方法とは何か。

ここでマルクスが何を述べているのかを理解することがそもそも難しいのだが、私は、発展についての一般論、発展を検討する際の基本の二つの観点を説明したのだと考えている。

それは発展の過程と、発展における総体性である。この二つの観点を打ち出すこととその関係を示すことを行っている。それが資本主義社会の総体を考察するうえでの前提となる方法であり、能力だからである。こうとらえると、同じく重要な観点である発展の二種類、本質レベルと概念レベルの発展の違い、概念の発展における三段階の意味の説明はないことがわかる。くわしいことはⅥ章で説明する。

「経済学の方法」が発展一般の説明であるのに対して、唯物史観は、マルクスの経済学研究の内部から生まれた基礎的枠組みであり、その基礎の上に経済学研究を推し進めるものとなっている。

ではこの唯物史観と「経済学の方法」とはどう関係するのか。

それは一八四八年の革命の失敗後のマルクスの役割の変化に大きく関わっていると思う。共産主義者同盟の内紛を契機として、マルクスは実際の運動からは退くことになる。そして理論の面を引き受けることにし、特に経済学研究に特化する。近代社会の全体像を経済の面から描き切ること。その中で革命の必然性を示すこと。その革命の意義を人類史全体の中に位置づけること。『資本論』を完成させること。

それにはマルクスの当時の方法と能力では無理があった。唯物史観は基礎理論であって、社会全体の構造を明らかにすることはできない。ここでマルクスは自らの限界をはっきりと自覚しただろう。新たな展開のためには発展について学ぶ必要があった。それにはヘーゲルの論理学の学び直しが必要であった。全体とは総体性であり、そこではヘーゲルの「科学」的な体系、始まりが終わりである円環構造として理解し表現する能力が必要であったからだ。マルクスはそれに専念することになる。それが『経済学批判』、『資本論』第一巻に結実する。

マルクスが、ヘーゲルの思想から本気で学ぼうとしたのは、若き日の『法の哲学』以来ではなかったか。否、本気で向き合ったのはこれが初めてではなかったか。それは若き日のヘーゲル学派の立場に戻ることでもあったろう。

しかし、そうした総体性や科学的体系の理解が、『経済学批判』の序言では唯物史観への見直しや、変更、訂正にはつながらない。唯物史観の根本はそのままである。その根本的な問い直し、大きな変更は行われてはいない。規定の一方向性やイデオロギーのとらえ方は何も変わってはいない。

せいぜいが、平時（一般）と革命の時代という特殊との区別があるだけであり、人類の前史と後史という人類史における大きなとらえ方、人類史全体の中での今回の革命の意味づけが明らかにされているだけである。

唯物史観はそのままに置いて、それとは別に、資本主義社会全体の構造と運動をとらえることに邁進していく。

二つの方法は、そのままバラバラに存在している。マルクスは「経済学の方法」はまとまった論述として残した（生前に公開はしなかった）が、唯物史観についてはそれがない。その方法を駆使した研究の成果を出しているだけだ。

これは何を意味するのだろうか。マルクスは自らの失敗を全体として超えることを断念し、それを下部構造に、資本主義社会の分析に限定して行うことにしたのではないか。ここに大きな岐路があったのではないか。

7　マルクスはヘーゲル哲学のどこをどう発展させたのか

5節で、ヘーゲルの発展観の枠組み、その構想力の大きさを確認した。そこからマルクスの唯物史観とその思想を眺めると、マルクスはヘーゲル哲学の中にすっぽり入ってしまうように思う。

マルクスの思想は、ヘーゲルの発展観の全体を、更に深め拡充したものではない。ヘーゲル哲学の全体の中の一部、人間の市民社会、下部構造、経済関係を中心としてその発展をとらえたものなのである。この生産関係に特化して詳しく研究をした。その限りヘーゲル哲学の一部を具体化し、発展させたと言える。しかし対自然、対意識の理解では非常に弱い。ヘーゲルの理解には遠く及ばない。

その結果、自然と生産力の関係と、個人と組織の関係の理解に大きな問題が生まれた。

それを次節で取り上げるが、その前に、マルクスはヘーゲル哲学のどこをどう発展させたのかを確認しておこう。

マルクスの問題意識ははっきりとしていた。それは革命の時代の革命の思想を作ること。それを自らの使命と考えていた。

そのためにマルクスはヘーゲルの『法の哲学』から始め、マルクスの唯物史観を確立させ、資本主義社会の原理、私的所有制度の発展をとらえ、剰余価値と搾取を明らかにした。

マルクスにとって、なぜヘーゲルの『法の哲学』だったのか。ヘーゲルは当時の最高レベルの哲学だったからであり、『法の哲学』こそが当時の資本主義社会の全体を構造的に解き明かした唯一の著作だったからである。

では、マルクスにとって、そのヘーゲルの何が問題だったのか。

ヘーゲルにあっては、正義、法は今の現実社会にまさに実現している。そしてこれからもさらなる理性的であるものが実現していく。その未来の理性的であるものは、今の現実に実現している理性的であるものの中にあり、それが実現していく。

これはマルクスにとっても前提である。しかし、マルクスには、それが革命の時代においてどう改革され、新たな法と正義が生まれ、実現していくのかが問題なのである。ところがそこには革命の時代が説明されていないのである。

ヘーゲルとの関係においてマルクスの最大の功績は、革命の時代とそこで求められる革命の思想という問題を提起したことである。

もちろんヘーゲルにおいても、それは意識されていた。もし現実的なものが本来の理性的であるものでなかった場合には、それは滅び去り、真に理性的であるものが、新たな現実的なものとして生まれてくる。マルクスはこの場合に特化して考えたことになる。

ヘーゲルの『法の哲学』では、下部構造（市民社会）と上部構造（国家）との関係では、市民社会の真理（その対立、矛盾を克服する段階）が国家であるという理解になる。しかし、マルクスの眼前で展開されている現実の国家と社会の関係は、そうではない。

国家は支配階級の支配のための装置である。国家には市民社会の対立、矛盾を克服する力はなく、むしろそれを反映するだけである。市民社会に階級対立があれば、国家はその支配者側を守り、その擁護をする機構でしかない。

それが破壊されるのが革命の時代である。しかし革命は上部構造からは始まらない。市民社会の中で、生産関係の内部で対立が起こりそれが激化し、その関係が変わる。そして、それによって国家や諸制度も変化する。この関係を示し、革命の仕組みを解き明かそうとしたのがマルクスなのである。

革命の時代の社会変動を検討することで、マルクスは上部構造と下部構造の対立と、下部構造の規定性を確認した。人間の存在（社会）を二つに分け、上部構造と下部構造の対立を、精神労働と肉体労働の対立ととらえ、その従来の上下関係を逆転させた。ついで、それが人間の階級、階層の対立とも重なり、それを逆転させた。

生産関係の研究から、階級闘争をとらえ、革命の主体としてプロレタリアートを示した。

これはヘーゲルの『法の哲学』では一般的で抽象的だった現実世界が、革命の時代という特殊性の段階の研究によって、上部構造と下部構造の対立、またその階級対立として具体化され、さらには変革の主体としてプロレタリアートを設定するまでに、個別化され、深められたのである。すべては、このプロレタリアートの階級的立場から評価され、批判されなければならない。

これはヘーゲルの存在と当為をより具体化し、ヘーゲルが前提としていた分業、私有財産、国家と諸制度をも厳しく問い直すものとなっている。

したがって、こうした問題設定の是非、成否は、マルクスのプロレタリアートの存在と当為の理解にかかっている。

マルクスは、なぜプロレタリアートを革命の主体としてとらえたのか。

プロレタリアートが「市民社会の他の階級から自己を解放し、さらに他の階級も解放しなければ人間解放されることがない（当為命題）という、徹底的な非人間状態に置かれている（事実命題）」から、「この階級を心臓とした人間解放を行え」。

マルクスは経済を研究し、その生産関係の中に、剰余価値と搾取を発見し、資本家と労働者の対立の意味を明らかにした。

それは経済活動のための中心が資本家とプロレタリアートであり、プロレタリアートの力が大きいからであるが、しかしそれならば資本家も同じであり、なぜ資本家が主体にはなれないのだろうか。資本家は搾取する側であり、搾取される側からしか変革の運動は起こらないとマルクスは考えたからだ。

これまでの人類史において革命、権力の奪取は、常に能力、実力が上のものが行なってきた。ここに初めてその逆のことを可能と考え、それを実現させようとする思想が生まれたのである。

これは人類史上画期的なものだ。かくして壮大な実験が一九世紀二〇世紀において行われたのである。それが壮大な失敗に終わった今、私たちは問いを立て直さなければならない。

この事実命題と、この当為命題は、どこまで正しかったのだろうか。

私はこの事実命題はほぼ正しかったが、その当為命題は半分しか正しくなかったと思う。

そもそも、プロレタリアート自身が、この事実命題と当為命題を、自力で理解し、実行することは無理である。それが可能なのは思想家であって、プロレタリアートからは生まれないだろう。だからマルクスはプロレタリアートの器官になる。

しかし、マルクスによってプロレタリアートにそれが伝えられたとして、プロレタリアートがそれを理解し、受け入れるだろうか。マルクスはそれをプロレタリアートに伝えることができれば、プロレタリアートは事実に強制されて、それができると理解していた。

結果はどうだったか。もちろん搾取を打ち破る運動は起こったし、それによって賃金闘争が常に行われるようになって、生活が改善された。しかし、そこからさらに、他の階級も解放し、人間解放を行うことは起こらなかった(10)。

他方で、資本家もバカではないので、革命が起こらないように、不公正な格差を是正するすべを心得ていた。資本を過度に集中させるのではなく、あえて分散させて競争力を高めることもできた。それは独占禁止法を生み出すまでに至る。

マルクスに欠けていたのは何か。二つの観点が欠落していたと思う。

一つは能力の問題。二つ目は人間の内的二分、つまり悪の問題。これをマルクスは看過していた。

能力の観点は大きい。プロレタリアートに資本家を超える能力がなければ、全人類の解放は不可能である。また、事実と当為を理解する能力のレベルが問題で、ヘーゲルやマルクスレベルの指導者が一〇人はプロレタリアートの内部から生まれるようにならなければ、それは無理だったろう。ここにないのは、止揚とは能力の問題であるという自覚である。これはマルクスの社会主義がいかに「空想的」であったかという証拠である。これは生産力を根底に置く唯物史観、つまり人間はその能力の内でしか結果を出せない、という理解からの大きな逸脱である。どうしてそうなったのか。

それが第二の悪の問題である。これが決定的だ。人間には誰でも自分さえよければよい、という側面がある。こうした人間の弱さを克服できる仕組みは何か。このように、人間の成長、発展には「自己との無限の闘争」が起こり、それに打ち勝ち続けることが必要である。

マルクスは資本家は悪の問題を解決できないと仮定し、プロレタリアートは解決できると仮定した。それは間違いだった。むしろ人間の弱さや悪の面に自覚的なのが保守派や資本家たちのリアリズムであった。マルクスこそが空想的であり、妄想の中にあった。

私は、こうした人間のリアルな理解に至らないマルクスに対して、これこそ観念論であったと思う。ただし、「若気の至り」というように、若きマルクスにとってはそれはしかたがない面がある。問題はそれが最後まで変わることがなかった点である。

資本論で示された窮乏化論もまったく同じ論理である。こうなると、これは「若気の至り」ではすまされない。マルクスの根本的な問題となる。

こうしてマルクスのプロレタリアートのとらえかたの問題が明らかになった段階で、もう一度、マルクスのヘーゲル批判の最初に戻る必要が出てくる。マルクスのヘーゲル批判はどこまで正しかったのだろう。これはⅦ章で検討する。

8　マルクスの限界と私たちの課題

マルクスの限界として、自然と生産力の関係と、個人と組織の関係の理解に大きな問題が生まれた。

それはマルクスの限界として指摘するだけでは済まない。それは私たち自身の課題となるからだ。

(1)　自然と生産力

マルクスの唯物史観ではすべての基礎に生産力があり、それが他のすべてを規定するとされていた。しかし、実際は、その生産力とは、大工業化の時代における工業を中心とした生産力を指している。それがマルクスにとっての前提であった。

マルクスにあっては、自然は基本的には人間が支配し利用するものであり、人間社会の変革がなされれば、それがそのまま自然の完成だととらえていたように思われる。人間社会と自然が対立・矛盾する観点は弱かった。

これで何が失われたのか。人間にとっての自然の前提性が消えてしまった。それに変えて生産力だけが残った。その結果が公害や環境破壊であった

実は、そうした公害や環境破壊の事実はエンゲルスの晩

年には、すでに明らかになっていた。エンゲルスは、その事実を受けて「サルの人間化における労働の役割」において、「人間の自然支配」という考えの限界を認めている。

エンゲルスは森林破壊の結果としての洪水や干ばつ、牧畜業の全滅の例を挙げる。「我々人間が自然を支配するといっても、それは征服者が異民族を支配したり、自然の外に立っている誰かが自然を支配したりするようにではないということ—我々人間は肉と血と脳とをもって自然に属し自然のまっただ中に立っているのだということ、そして我々人間の自然に対する支配とは、人間が他の全ての被造物にまさって自然の法則を認識しそれを正しく応用する能力をもっている点にあるのだということ、これである」。

しかし、エンゲルスはこうした反省を述べてはいても、唯物史観そのものを根底から問い直すことはない。どこまでも自然は人間のためのものであり、それとは独立した自然の完成という目標は出てこない。これでは、産業と自然環境との調整、調和といった答えしかでてこないだろう。

しかし、現実にはその生産力を規定するものがあり、それが自然だったのである。こうなると、自然との関係から、人間労働の限界、その可能な範囲が決まってくる。それは自然の循環を壊すような自然破壊をしないという限界であろう。それは「生産力」という考え、生産力の向上を正しいとする前提と矛盾することになる。

マルクスとエンゲルスにおいては生産力が他の全てを規定するととらえていた。しかし本来の意味ではその生産力を規定するのが自然であり、自然の物質代謝、自然の循環、その自然の回復力の範囲内であることが、すべての条件になる。

自然の循環という枠内でしか、生産力を巨大化させることはできない。そのことは、自然破壊、気候変動、コロナなどのウイルス感染症の世界的拡大などで明確になっている。日本でも水俣の公害病に始まり、三・一一の福島の原発事故によって自明である。

それが私たちの時代である。工業化の果てに物質的な豊かさは実現されても、社会における格差は拡大し、人類の前史は終わらなかった。

地球上の環境破壊に対して、現在では「持続可能性」という言葉をキーワードとした運動がある。これは経済成長至上主義、生産力の拡大至上主義に対して、「持続可能性の枠内での生産力の行使」というとらえ返しをする。現在、この「持続可能性」に基づいた、脱炭素社会、ＳＤＧｓなどを目標に掲げた国際的な大きな流れが起こっている。しかし日本国内の動きを見ていると、根源的な疑問を持たざるを得ない。

国民的な議論がまるでないままに、日本政府が行った脱炭素社会に向けた大きく急激な傾斜ぶり、その性急さと強引さ。バタバタと浅い理解のままに突き進んでいるが、現象論と技術論、生き残るための金勘定だけであり、問題の本質を問う真剣な議論は国会でも、マスコミでもまるでない。国民的議論がまるでないということは、そこには国民の主体性、自発性がないということである。そこには、自然と人間、人間社会の根本的変革を問うような、激しい議論は起こらない。

例えば、脱炭素社会は結構だが、原発を止めることの方が、CO_2 排出量の削減よりも優先されるべきではないか。CO_2 排出量の抑制のために、原発の廃止が先延ばしになるのでは本末転倒であろう。

またＳＤＧｓの底の浅い上からの外的な広がりもまともではない。今、日本の教育現場では、一斉にＳＤＧｓが上から降りていっている。そこには生徒一人ひとりの主体性、自発性はないままである。これでは彼らは内申点のためにＳＤＧｓに邁進していくだろう。それは本末転倒ではないか。

何かが決定的におかしい。

そもそも「持続可能性」とは、今の環境危機を解決できるような思想なのだろうか。「持続可能性」とは何にとっての可能性かといえば、それは人間にとって人間が生き残るための可能性である。

しかし人間が生き残ることだけを絶対の、最優先課題としていて良いのだろうか。それではこれまでの延長上でしかなく、よりよい科学技術だけが、よりよい産業構造だけが、よりよい社会や教育の仕組みづくりだけが問題になるのではないか。しかし、それでは人間を守ることすらできない。

人間の使命は、人間を守ることではない。その使命は自然の完成である。その意味は、自然を完成させるように生きなければ、人間は滅びるしかないということである。

自然を完成させるためには、人間社会の完成を媒介とするしかない。つまり、問題の核心は、私たちの社会そのものにある。国際的な南北問題がある。戦争と暴力の問題がある。国内にも経済格差の問題、性差別などの差別の問題がある。そこには人間の悪の問題がある。こうした対立・矛盾を克服していく中でしか、社会を変えられないし、それを媒介としてしか、自然への有効な働きかけはできない。私たちと私たちの社会を変えていくこと、つまり人間の悪の問題にきちんと向き合うこと、この課題を本当に課題としていけるのかどうか。

そしてそこで問われるのは、人間の存在と当為、人間の使命という根源的問いを考え抜いていく強靭な思考力と意志であり、それが可能な個人と組織が存在するのか否かである。

(2) 個人と組織　民主主義の問題

私たちが今直面している問題も、大きくとらえれば、存在が当為を決めるという問題である。今は、この世界の存在の運動が新たな事実、人間による自然破壊と自然からの人間への逆襲を明らかに示している。私たちはその存在の運動が示している事実(限界)を認識し、そこから新たな当為を明らかにしなければならない。しかし問題は私たちの現在の社会の限界と固く結びついているから、それには私たちの社会の改革が必要だ。社会の限界を制限にし、その当為を行うためである。

そこで必要なのは、新たな認識であり、新たな思想である。存在の運動を認識することがすべての始まりであり、それによって明らかにされる当為がすべてを変える可能性を持つ。その時、存在と当為をどうとらえるか、どのレベルで理解できるかが問われる。

そしてそれを問う時に、個人が大きく浮かび上がってくる。なぜなら思想は結局は個人が生み出すものであるから。新たな思想を自らの胎内から生み出せるのは一人の個人、自己の使命感に燃え上がった個人だけであるから。

そのためには個人が個人として自立していること、他者や家族や組織から自立できることが必要である。そこでは個人の自発性や主体性が尊重されなければならない。

しかし、今の私たち日本社会はどうだろうか。個人が個人として自立することが非常に難しい社会ではないか。

個人は、まずは家庭、家族の中から生まれ、学校教育の後、社会に出て、就職先の組織の中で生きていく。そのどこでも、個人が自立することは難しいのではないか。

KYが問われ、同調圧力が強く、親子や先輩・後輩の上下関係が前提にあり、縦社会の上下の権力構造が基盤となり、国民は「お上」には逆らわない。

学校などでも、周囲と「うまくやれる」人材を教育しようとしているのではないか。友人関係などのトラブルがあると、「人を傷つけるようなことは言わないように」と指導する。それは真っ当な批判を封印する結果になるだろう。いじめの問題があると、少しばかりの話し合いの後、加害者が謝罪し、最後は仲直りの儀式が強要される。

昨今のコロナ感染症の問題にも、私は同じ問題を見る。

志村けん、岡江久美子らがなくなった時、家族は病院での面会も見取りもできず、火葬場にも行けず、葬儀もできないまま、骨壺一つが戻っただけだった。そこには人間の尊厳がどこにもなかった。しかし、それから一年半が過ぎた現在でも、状況は大きくは変わっていない。

コロナ感染症のせいでそうなっていると、多くの国民は思っているのだろうが、私はそうではないと考える。コロナ感染症は、私たちの社会の問題を浮き彫りにしただけである。

病院も葬儀会社も火葬場も、国の方針、ガイドラインのせいにするが、それは嘘である。一部の病院、火葬場、葬儀会社は、きちんとした対応をしているからである。

自分たちが突出する行動をとれない。自分が責任を取りたくないから、周囲に合わせる。国の方針が出るまでは何もせず、出れば出たで、そのせいにして何もしない。実際は厚生労働省のガイドラインでは、火葬も葬儀もできるし、遺族への最大の配慮を求めている。

コロナ感染症で明らかになったのは、私たちの社会の無責任体質、使命感のなさである。今国内で進んでいる脱炭素社会、SDGs などの動きも大きく見れば同じではないか。

個人の自立が難しいことを述べてきたのだが、もちろん程度問題であり、日本も民主主義社会の一員であり、その中で個人は個人として生きている。

そこでは個人が自由に生きることによって、問題もまた無数に起こっている。資本主義社会では、基本的には欲望や衝動が全面的に肯定されるのだから、それがぶつかり合う。個人は意識の内的二分を持ち、それゆえに悪の可能性を持ち、それが現れてくる。また、一つの問題への考え方も、意識の内的二分に媒介されるから、そこには意見の対立が必然的に起こり、彼らが形成する集団、組織、社会は、内部に対立・矛盾を抱えることになる。

その結果、どんな組織にも、内部に対立・矛盾が起こる。悪が現れて個人や組織を危機に落としいれることも起こる。この葛藤、矛盾をどう解決できるかが、その組織の存立のカギを握る。

先に述べた日本社会の無責任体質、同調社会の問題とは、逆に言えば、こうした内部対立に耐えられない組織が、その組織を改革せずに取れる唯一の対応なのだとも言えるだろう。

個人が個人として生きるために、その個人の能力を最大限に発揮するために、組織と社会はある。個人の能力が最大限に発揮されているとき、その組織と社会もまた自らの能力を最大限に発揮しているときである。

マルクスは人間は社会の中でのみ個別化できると言った。しかしマルクスの思想を継承したはずの社会主義運動では、個人に対して、査問という名の「自己批判」強要の場が用意され、反対派へは粛清が行われることになった。最後は個人崇拝までが起こって全体主義に転落した。こうした危険はどの組織にもある。

ここに個人と組織の関係の問題がある。これを解決できる制度と能力を作らなければならない。私はそれは、民主主義の徹底とそれを真に実現する能力の教育だと考えている。厳しい批判と深い信頼、そのような民主主義の実現が可能かどうか。

(3) 悪の問題　悪の肯定的理解

新たな思想の重要性、そのための個人の重要性を確認したならば、個人が自立し、自分の思想を作って生きていけるようなあり方と、それを可能にするような社会のあり方も示さなければならない。

個人は自己の能力を最大限にまで高めなければならず、そのためには現実の諸問題と闘っていく生き方が必要になる。それは本書で繰り返し述べてきた。例えばⅡ章4節。

個人は自分の問い（問題意識）を立て、その答えを求めて生きていく。それをどこまで貫いていけるか、それによって、その能力は規定される。

そこに必要なのは、先生（思想の立場）であり、その先生の下で学ぶ仲間であり、運動の組織である。

思想を作り生きようとする者は、哲学史におけるある立場を自らの立場として選ばざるを得ない。どの立場で認識するか。それは発展の立場か概念的把握の立場か。これが先生を選ぶことになる。それは生者である場合もあるが、すでに亡くなっている場合もある。その場合も、その思想を継承した弟子がいるからそのもとで学べばよい。

学習は、それまでの自らの人生を反省するものとなる。生き方の反省なしには、思想を作ることはできないからである。それまでの人間関係から自立し、それまでの価値観を徹底的に吟味することになる。

その反省の中には、自らの親からの影響の反省、自らの階級・階層の自覚をそのうちに含むものになる。そこには社会ならびに自然に対する自らの関わりの反省を含む。そこに限界、制限、当為が現れるのだが、その認識と実践が厳しく問われる。だからこそ、そこに自己や他者や社会の悪の問題がはっきりと現れるだろう。それらから逃げずに考えることだ。

こうした厳しい反省と能力を高めるための修業は、先生や確かな仲間がいなくては困難である。民主主義の問題は、こうした真に信頼関係のある組織内でこそ徹底的に実行され、その反省と改善の試みを蓄積していくことで深まっていく。

最期に、悪の問題への対応を考えたい。これが個人にとっても組織にとっても重要であるから。

人間は意識の内的二分を経て、自己意識と他者意識とを持つ。人間の悪とは意識の内的二分の結果生まれる。私たちの内部には、善と悪とが常に生まれ、その選択をめぐって争い続けている。それは人間として生まれた以上避けがたいことであり、必然である。

したがって、悪とは、ただ単に否定や除去によって、解決、解消できるものではない。「悪と闘い、悪を克服する」といった発想がよくあるが、それは、悪の否定であり、悪の消去、除去を目的とすることになる。そうした試みは、さらに深刻な問題を引き起こすだろう。

むしろ人間はその悪を発展させるべきなのである。悪がどこからどのように生まれ、展開し、消滅するのか。その全過程を、冷静に観察し、理解することが必要だ。悪の存在の運動を、発展的に、概念的に理解すること、その肯定的理解である。この世界になぜ悪は存在するのか。人間が成長、発展するためである。それは認識における「間違い」と同じである。間違いとは正解を導くためにどうしても必要な過程である。正解とは、間違いのより深い理解からのみ導き出せるからだ。悪もまたその中からのみ、人間の成長を可能にする。悪のこうした理解によってのみ、悪の真の克服は可能になる。これがヘーゲルの性悪説の真の意味であると、私は考えている。

その悪は、人間が自己反省し、自己の限界が制限になり、当為が生まれる過程で、はっきりと表れる。だから、そうした局面でこそ、師弟関係や仲間が必要なのだと思う。自他の悪を観察し合い、認め合い、悪の真の姿、当為の実現への努力をうながしていくためだ。

この悪の認識と、それを成長の契機とするための実践では、その後ろにある人間の欲求、衝動の発展をも、丁寧に観察しなければならない。

人間は自らの欲求、衝動に駆られて生きている。それはその人の夢であり、無意識だったりもする。これをどう位置付け、対応できるか。その解決は、否定や抑圧では不可能だ。除去や解消はあり得ない。その克服、その止揚は、ただそれらを正しく発展させ、自分が本当に求めているもの（当為）に気づき、それを自覚し、その実現のために生きること。それだけがその真の解決である。

マルクスは夢や無意識の衝動を重視しない。そうした否定が悪の問題の看過、「宗教」の否定にまで及んだと私は思っている。それはマルクスの自然軽視と関係するだろう。「自然」とは、いわゆる環境のことだけではない。自然のとらえ方の浅さは、人間の内なる自然（欲求や衝動）への軽視、否定に進むだろう。

人間の無意識の領域に踏み込んだのが唯物史観だと私は考えるが、マルクス自身はその自覚が弱い。そして悪の問題が難しいのは、それが無意識の世界を支配していることがあるからだ。そしてそれに気づき、その真の意味を理解することでのみ、それを克服できる。

私たちが意識できないままに支配されているのは、自己の欲求や衝動、悪によってだけではない。私たちは、私たちの生きる社会と時代から支配されている。自己の欲求や衝動とは、その社会と時代がもたらしているものである。個人はその社会とその時代から自由ではない。これがⅡ章で考えた問題であった。人はいかに生き、その時代と関わり、その時代を超えることができるのか。人間はその時代の発展段階の中でいかに認識し、いかにその発展段階を超えた認識を獲得することができるのだろうか。

本章では牧野紀之の訳注「『経済学批判』への序言」（『マルクスの空想的社会主義』に収録）を参照することが多かった。本文中で牧野が注記した内容を引用したり、それに言及した箇所には『マルクスの空想的社会主義』のページ数と注の番号を添えた。

(1)(3) 牧野紀之のウェブ版哲学辞典『マキペディア』の「土台（と上部構造）」
(2) 二九二ページ　注15、三〇二、三〇三ページ　注3
(4) 三〇三ページ　注3
(5)(6) 三〇四ページ　注4
(7) 三〇〇ページ　注3
(8) 二九八ページ　注3
(9) 二七九、二八〇ページ　注3
(10) 牧野紀之は、この問題に関連して、労働者と労働者階級を区別する必要を主張している。問題は労働者であるか否かではない。問題は労働者階級の使命、当為であり、それに賛同する人が、どのような階級の出身でも、労働者階級の立場に立つ人である。これを混同すると、自分たちの利害だけにしか関心のない労働運動を肯定することになるという（牧野「労働者の立場と労働者階級の立場」）。

しかし、それではプロレタリアートの存在と当為の関係はどうなるのだろうか。牧野の主張は、結局はマルクスの存在と当為の関係の理解の不十分さに帰着すると思う。

第Ⅵ章

「経済学の方法」（「経済学批判序説」の第三章）

「経済学の方法」は『経済学批判』に対する序説（「経済学批判序説」）の第三章にあたる。

「経済学の方法」はマルクス自身が、自らの方法について述べたものなので、多くの研究者が取り上げてきた。しかし、ほとんど成果は上がっていないのではないか。

1「経済学の方法」（「経済学批判序説」の第三章）の訳注

訳文は岩波文庫版を使用した。ただし私が訳文の一部を変えている個所がある。その中で重要な点は注で理由を示した。〔　〕を多数入れたがこれは中井によるもの。マルクスの意図や真意を私がどう理解したかを出来る限り示そうとした。この目的のために牧野訳ではなく岩波文庫版を使用した。

「経済学の方法」についても牧野紀之の訳注「経済学の方法 ―『経済学批判序説』の第三章―」があり、参考にしている。私の注の中で牧野の訳注に言及した際は、そのページ数と注番号を示した。

第2段落だけは、三つに分け表題を付けた。三つに分けたのは、内容上三つに分けた方が読みやすいと考えたからである。また一つの段落内部でも、いくつかに分けたところがある。読者の読みやすさを考えてのことである。

段落については、「段落」を省略し、4段落を4と表記する。ただし、2段落だけはその内部をさらに三つに分け、それぞれを2－1、2－2、2－3と表記する。

形式段落それぞれに表題をつけた。

〔内容目次〕

1　問い　経済学の正しい叙述（編別構成）はどうあるべきか
2－1　下降法と上昇法
2－2　下降法・上昇法と経済学の発展
2－3　ヘーゲルの観念論
3　歴史と論理の一致
4　歴史と論理の不一致
5　例示　労働というカテゴリーの確立まで
　その1　重金主義、重商主義、重農主義への発展
6　例示　労働というカテゴリーの確立まで
　その2　アダム・スミスによる労働というカテゴリーの確立
7　例示　労働というカテゴリーの確立まで
　その3　まとめ
8　経済発展の最高段階としてのブルジョア社会
9　近代社会の経済学の「始まり」は「資本」である
10　9のまとめ

11 同じカテゴリーなのに社会発展の中で位置づけが変わる例
その1 商業民族、ロンバルト人、ユダヤ人
12 同じカテゴリーなのに社会発展の中で位置づけが変わる例
その2 株式会社
13 同じカテゴリーなのに社会発展の中で位置づけが変わる例
その3 国富
14 問いの答え

〔1 問い 経済学の正しい叙述（編別構成）はどうあるべきか〕

あるあたえられた地域(1)を経済学的(2)に考察するときには、われわれ〔経済学者〕は、その地域の住民(3)から始め、その住民が諸階級にどう分かれているか、都市、農村、海洋とにどう分かれているか、さまざまな生産部門にどう分かれているかなどを考える。その上で次に(4)、輸出と輸入、年々の生産と消費、商品価格などを考察する。(5)

---

(1)(3) ein gegebnes Land と mit seiner Bevölkerung を岩波文庫は、「国」「国の人口」と訳している。この「経済学の方法」では、マルクスは地域と国や国家とを区別して使用している箇所（2－2の注(2)）があるから、「地域」としておく。また「人口」という訳語は数に力点があり、それをマルクスは2で生産の「主体」としている（2－1の注(3)）のでふさわしくない。ここは住民、市民、国民が考えられる。住民とか市民とかでは住民運動とか市民運動とかの意味合いが生まれるから避けたい。国に対しては国民になるが、地域に対しては、そこで生活し経済活動をする「人々」でどうだろうか。ただ、短く端的に言えば「住民」となるだろう。

(2) 経済学の政治学からの自立、経済学の生成の必然性が問題になる。これは2－2につながっていく。

(4) ここは文としてはつながっていて、すべてが「始める」対象を並べているだけだが、「どう分かれているか」が三種類あるので、それが区別できるように訳した。牧野紀之がそうしており、私もそれに従った。

(5) この段落では「考察」、つまり研究方法を問うように読めるが、実際は叙述方法を問題にしている。もちろん両者は切り離せない。

〔2－1 下降法と上昇法〕

実在するもの、具体的なものから、つまり現実的な前提(1)

から〔研究を〕始めること、したがってたとえば経済学では、社会的生産行為という全体の基礎であり主体である住民[2]からはじめることは、正しい[3]ことのようにみえる。しかしこれは、もっとたちいって考察すると、まちがい[4]であることがわかる。

〔なぜならば〕住民は〔一見具体的に見えるが〕、たとえばそれをなりたたせている[5]諸階級をのぞいてしまえば、抽象的なもの[6]である〔からである〕[7]。〔そして、さらに〕これらの階級もまた、その階級が基づいている諸要素[8]、たとえば賃労働、資本等々を知らなければ、やはり内容のない〔抽象的な〕[9]言葉でしかない[10]。〔そして、さらにそうした〕賃労働、資本等々は、交換、分業、価格等々を自分の下に置く〈前提する〉[11][12]。たとえば資本は、賃労働がなければ、価値、貨幣、価格等々がなければ、無〔何ものでもないこと〕である[13][14]。

そこで、もし私が住民からはじめるとすれば、それは全体の〔具体的に見えても〕混沌とした表象[15]なのであり、いっそうたちいって規定するならば、私は分析的[16]にだんだんとより単純な概念[17]に達するであろう、つまり私は、具体的なものの表象からますます稀薄で抽象的なもの[18]にすすんでいき、ついには、もっとも単純な諸規定[19]に到達してしまうであろう〔ここまでが下降法〕。

そこから、こんどは、ふたたび元に戻るための旅[20]〔ここからが上昇法〕をはじめられるはずで、そしてついに私は、ふたたび住民に到達するであろう、しかしそれは、こんどは、全体の混沌とした表象[21]としての住民ではなくて、多くの規定と関係とをもつ豊かな総体[22]としての住民である。〔これが上昇法〕

---

(1) mit dem Realen und Konkreten, der wirklichen Voraussetzung を、「実在するもの、具体的なものから、つまり現実的な前提」と訳した。ここでは三者はすべて言い換えである。これらは感覚器官に与えられたものの意味ではなく、あくまでも認識上のもの。

(2) この主体として考えた時、「人口」ではなく「住民」や「国民」と訳すべきであろう。

(3)(4) das Richtige（richtig）と falsch では、ヘーゲルの真理観の主観的真理（正しさ）と客観的真理（真実 wahr）との区別がすぐに思い出されるが、マルクスはここではごく普通の意味で使用しているようだ。

(5)(8)(11) 「なりたたせている」、「基づいている諸要素」、「自分の下に置く〈前提する〉」。
これが下降法で、下降していくことの意味である。これをマルクスは「分析」とするが、ここで例示されていることを「分析」という表現で理解できるだろうか。

ここでは経済学上のカテゴリー〔観念〕の内部での話をしている。具体的と言うが、感覚器官に与えられるという意味での具体性は問題にならない。

(6)(9)(13)

「抽象的なもの」、「内容のない〔抽象的な〕言葉〕」「無〔何ものでもないこと〕」。

ここでは、抽象的とは内容のない、無〔何ものでもないこと〕であることになる。これは注(1)「実在するもの、具体的なものから、つまり現実的な前提」の反対として出されている。

具体から抽象と言うが、ここでは感覚的な具体物は存在しない。ここでは経済学上のカテゴリーの内部の話をしている。そこでの「具体」と「抽象」の意味はヘーゲルの意味である。つまりその中に含まれている「規定」の豊かさ、規定の豊富と貧困の対である。ところがマルクスは、それを説明しない。

ここではマルクスは世間の理解への批判、つまり本質の深い理解ができていないという意味で使用しているのだろうが、これも「抽象」という普通の意味からの逸脱ではないだろうか。こうした言葉の使用法が読者の理解を難しくしている。

(7)(10)(12)(14)の四つの文について

ここには三つの抽象化の行為がある。

(7)の文では、最初に取り上げられる住民と三つの階級の関係を問題にするが、それは部分と全体の関係、ここでは一つが三つに分類された。これは分類での上位と下位の関係であり、それを普通は「抽象」とは呼ばない。

(10)の文では、階級のレベルでの関係〔生産関係、社会関係〕と、実際の労働レベルでの関係であり、生産関係と生産〔労働〕との関係である。唯物史観における規定する、されるの関係であり、これを「抽象」とは普通は言わない。

(12)(14)の文では労働概念とその前提、構成要素が問題になる。しかし、(14)で出される資本と賃労働は同レベルの相互関係であり、両者の前提、構成要素が価値、貨幣、価格である。ここではまさに、労働の本質、概念が問われている。「抽象」ですむ話ではない。

以上、述べてきたように、この三つの抽象化は同じではない。レベルが異なり、それを「抽象」や「下降」でくくるのは無理がある。

(15)

「混沌」とは、その内部の「多くの規定と関係」が明確でなく、漠然としていることである。

(16)

「分析的」で良いか。これはヘーゲルの認識論〔論理学では、概念論の内部の理念論の認識〕上の、分析と総合の区別では、分析ではなくすでに総合である。

ヘーゲルの分析とは、感覚器官に与えられた表象〔イメージ〕から思考上の観念、カテゴリーを作る活動であり、総合は認識上の、観念・カテゴリー内での認識の発展の活動。

マルクスは、ヘーゲルの意味では使用していない。

(17)(18)(19)

「より単純な概念」、「稀薄で抽象的なもの」、「もっとも単純な諸規定」

この三者はすべて言い換えとして出されている。それで良いか。

「単純」「もっとも単純」だが、抽象化はそのまま単純化ではないし、「希薄」ではない。

より単純な「概念」(18)の「概念」とは、普通には「観念」とされる意味。ヘーゲル哲学の意味での「概念」ではなく、「観念」でしかない。なぜここでは概念としているのだろうか。マルクスにはヘーゲルの「本質」と「概念」の区別が意識できない。

より単純な「概念」とは、複合的な観念ではなく、単一の観念という意味である。

ここでは「全体の混沌とした表象」が漠然としたものであるのに対して、明確に他と区別された観念が、反対になっている。

(20)「元に戻るための旅」
「始まりに帰る」発展の運動として理解している。

(21)(22) この具体性。「全体の混沌とした表象」と「多くの規定と関係とをもつ豊かな総体としての住民」との区別をどう理解するかが問題である。
ここで「総体」を出していることが重要。これはヘーゲルの意味で考えるべき。ここでの「豊かさ」とは、「多くの規定と関係」をもつこと、つまり対立物の統一、規定をたくさん止揚していることである。

逆に「混沌」とは、その内部の「多くの規定と関係」が明確でなく、漠然としていることである。

ここでは、「具体性」の意味が大きく変化していることを指摘するべきだ。最初にあった「実在するもの、具体的なもの、現実的な前提」の意味から、ヘーゲルの用法、意味（対立物の統一、規定をたくさん止揚している）に。

同じ「具体性」という言葉を、違う意味で使用するならば、そのことを明確に断り、なぜそうした使用法をするのかを説明するべきではないか。

もともとここで問題にしていることは、具体性と抽象性という悟性的な二項対立では説明ができないのに、マルクスは最後までその使用法を貫いているので、わからなくなる。

〔2-2　下降法・上昇法と経済学の発展〕

第一の道は、経済学がその成立の過程で歴史的にとった道である(1)。たとえば一七世紀の経済学者たちは、いつも生きた全体、つまり住民、国民、国家、いくつかの国家等々(2)からはじめた(3)。しかしかれらは、いつも、分析によって二、三の抽象化された一般的(4)であって、それによって他を規定する諸関係、たとえば分業、貨幣、価値等々をみつけだすことにおわった〔これが下降法である〕。

これらの個々の契機〔要因〕が(5)多かれ少なかれ固定され抽象化される(6)とすぐに、経済学の諸体系がはじまった(7)。それは、労働、分業、欲望、交換価値のような単純なものから、国家、諸国民間の交換、世界市場〔といった複雑で具体的な規定〕にまで昇っていく(8)〔これが上昇法〕。

このあとの方法が、あきらかに科学的に正しい方法(9)である。〔なぜなら、真に〕具体的なものが具体的であるのは、それが多くの規定をまとめたもの(10)だからであり、したがって多様なものの統一だからである(11)。したがって思考においては、〔こうした意味での〕具体的なものは、規定をまとめていく過程として、結果〔終わり〕として現れ、出発点〔始まり〕としてはあらわれない、たとえそれが、実際の出発点であり、したがってまた直観と表象の出発点〔普通の意味での具体的なもの〕であるにしても(12)。第一の道では、完全な表象〔の具体性〕が蒸発されて抽象的な規定となり、第二の道では、抽象的な諸規定が思考の道をへて具体的なものの再生産にみちびかれる。

---

(1) 歴史上の認識の発展を、自分の枠組み（下降法と上昇法）でとらえなおしている。マルクスのすばらしさである。しかしこうした二分法での説明はわかりやすいが表面的で、本当には間違いである。二つは常に一つであり、切り離せないからである。

(2) 「住民」「国民」「国家」「いくつかの国家」

こうした表現があるので1の注(4)の箇所は「住民」として訳しておくのが妥当だろう。

(3) これが国家の家政学、国民経済学の始まり。

(4) 「分析によって二、三の規定的な抽象的一般的諸関係」

「抽象的」はこれまでに繰り返し出てくるが、ここで初めてそれが「一般化」であることを明示する。

(5) これは「総体」に対して、その「契機」であることが示されている。

(6) 「固定されることと」、「抽象されること」を等置している。抽象化され、それが固定されると、それはカテゴリー、観念となる。

(7) 「体系」とはヘーゲルにおいては「総体性」であり、それをとらえるのが「科学」(die Wissenschaft)である。経済学のそれはアダム・スミスの『国富論』に始まる。

(8) この「昇る」(aufsteigen) が「上向法」と訳され、その逆が「下向法」と呼ばれるようになった。本来は「上昇法」と「下降法」である。

(9) この「科学的」とは体系として形成されているという意味。

ここでも「正しさ」が問われるが、ヘーゲル的には「真理、真実」である。

(10) 「まとめる」とは、ヘーゲルの「総合」の過程。

(11) ここでの「具体的」の意味は、ヘーゲルの意味である。

「多くの規定の総括だからであり、したがって多様なものの統一」。つまり対立物の統一であり、そこに止揚され含まれる規定の豊かさ。

(12) ここで「具体的」の意味が変わったことが確認される。

この「出発点」（始まり）と「結果」（終わり）いう枠組みで、マルクスは考えている。これはヘーゲルの発展観そのものである。

「実際の出発点」「直観と表象の出発点」とは、実在レベルではなく、認識上のものである。

〔2-3　ヘーゲルの観念論〕

そこで、ヘーゲルは、実在的なものとは思考が生み出したものであるとする幻想に到ったのである。思考は自分を自分のうちにまとめあげ、自分を自分のうちで深め、かつ自分自身から自己を動かすものであり[1]、その結果生まれたもの〔カテゴリー、観念〕が実在的なものであるとするのだ[2]。〔しかしこれは完全な間違いであった。なぜなら〕抽象的なものから具体的なものへ上昇する方法は、思考にとってのあり方にすぎず、思考にできることは具体的なものを自分のものにするために、それを〔実在上ではなくただ〕精神〔思考〕のうえで具体的なものとして再生産するだけだ〔からだ〕。だがそれは、けっして、具体的なもの自身の生成の過程ではない。

たとえば、もっとも単純な経済学的カテゴリーの一例として交換価値をあげれば、交換価値は、住民〔人々〕を、一定の〔生産〕関係のもとで生産している人々を前提とする。それをきちんと言えば、ある種の家族や共同体や国家等々である。交換価値は〔それ自体で存在できるものではなく〕、すでにあたえられている具体的で生きた全体〔つまり生産している人々、家族や共同体や国家等〕〔の中に存在しているのであり、その全体から離れては存在できない。〕〔交換という実際の関係は〕その全体からその一面である〔社会〕関係を抽象化したものとしてしか存在のしようがない〔つまり全体が先である〕。

これに反して、カテゴリーとしては、交換価値はノアの洪水以前から存在してきた。つまり、意識にとっては、諸カテゴリーの運動が現実を生産する行為〔残念ながらそれは刺戟だけは外部からうける〕としてあらわれ、その〔思考による現実の生産行為の〕結果〔生まれたもの〕がこの〔現実〕世界なのである。さらに〔ヘーゲルのような〕哲学的意識になれば、概念的に把握している思考が現実の人間であり、したがって概念的に把握された世界そのものこそがはじめて現実の世界である、ととらえるから、いっそうそうした考えが強まるのである。そしてこのことは〔これもまた〔いま述べたことの〕同語反復ではあるが〕、具体的な総体は思考された総体であり、思考された具体物だから、事実上も思考の産物、概念作用の産物であるかぎりでは、正しいのだ。しかしそれは、けっして直観と表象とのそとで、あるいはまたそれらをこえて、概念が思考して自分自身〔交換価値と言う現実〕をうみだしたものではなくて、直観と表象とを概念へ加工したものなのである。頭のなかに思考された全体としてあらわれる全体は、思考する頭の産物である、そしてこの頭は自分にできる唯一の可能なあり方で世界をわがものにするが、そのあり方は、他の芸術、宗教、実践的・精神がこの世界をわがものにするあり方とはちがうあり方[3]である。

実在する主体は、〔概念的にとらえられる〕前にも後にも、頭の外に、その自立性をたもちつつ存在しつづける、つまり、頭は〔現実の世界に対して〕ただ思弁的にだけ、ただ理論的にだけふるまうことができるだけなのだ。だから理論的方法においてもまた、〔他の方法と同じように〕主体が、社会が、いつも前提として表象に浮かべられていなければならない。

---

(1) ヘーゲルの発展観では、その発展過程は普遍〔抽象的普遍〕→特殊→個別〔具体的普遍〕、これを逆に言えば、個別→特殊→普遍〔普遍としての個別〕になる。これをヘーゲルはこう表現する。
(2) ヘーゲルはこんな主張をしていない、と私は考えている。
(3) 何が違うのか？ 実践精神の有無か。ヘーゲル哲学には対象の変革、変化をさせることができない、実践なしと言っているのか。しかし本当は実践のない認識、理論はない。

〔3 歴史と論理の一致〕

では、これらの単純な諸カテゴリー〔交換価値など〕が、いっそう具体的な諸カテゴリー〔主体〕にさきだって存在し、それから独立して歴史的〔社会的〕または自然的に存在するということは、本当にないのだろうか。[1] それは、ことことしだいとによる。[2]

たとえばヘーゲルは、『法の哲学』を、主体〔社会〕の法的関係としてもっとも単純な「占有」からはじめているが、これは正しい。[3] けれども、〔存在するという観点では正しくない。なぜなら〕どんな「占有」も、「家族」や「支配・被支配」の関係という主体以前には存在するものではないが、これらは「占有」よりもはるかに具体的な関係の主体であるからだ。〔したがって〕これに反して、まだ占有するだけであって所有権をもたない家族や種族全体が主体として存在する、というのならば、それは正しいであろう。[4]

こうして、この〔占有という〕比較的単純なカテゴリーは、〔所有というカテゴリーと結びつく家族や種族社会と比較すると、より〕単純な家族共同体または種族共同体〔という主体〕が持つ関係としてあらわれる〔他方で所有関係は、より発展した社会に現れる〕。そして、もっと高度の社会、いっそう発展した有機体〔社会〕においては、〔占有は〕より単純な関係としてあらわれる。しかし、〔占有が現れるためには、占有よりも〕もっと具体的な実体〔社会〕が、いつも前提されているのであり、その社会が持つ関係が占有という形であらわれるのである。

個々の野蛮人が物を占有すると考えることもできる。だがこのばあいその占有は、けっして法的関係ではない[5]。占有〔というカテゴリー〕が歴史的に家族〔主体〕に発展したとするのは、まちがいである。むしろ、占有はつねに、この「より具体的な法的カテゴリー」〔つまり家族や共同体〕を前提しているのである[6]。

それにしても、つぎのことだけは依然として変らない。すなわち、〔占有のような〕単純な諸カテゴリーは、具体物〔家族や種族社会〕がまだ未発展で、いっそう多面的な関連、またはいっそう多面的な関係をうみだしていないような段階の、諸関係の表現であるということ。

そして、いっそう多面的な関連、またはいっそう多面的な関係は単純な諸カテゴリーよりもより具体的なカテゴリーのうちに精神的には〔思考の上では〕表現されている。そしてその発展した社会は、当初の単純な諸カテゴリーを、〔消してしまうのではなく〕全体においては従属的な関係として〔止揚して〕もちつづけているということ、これである[7]。

〔ヘーゲルの『法の哲学』についてはこのぐらいにして、次に先に例にした交換価値を取り上げよう[8]。交換価値が実際に現れるのは貨幣としてであるから貨幣を考察する。〕貨幣は、資本が実在する以前、銀行が実在する以前、賃労働などが実在する以前に存在しうるし、また歴史的にも存在した。

そこでこの方面からはつぎのようにいうことができる。すなわち、〔交換価値、貨幣のような〕比較的単純なカテゴリーは、比較的未発展なひとつの全体〔社会〕にあっては支配的諸関係を表現できるし[9]、または比較的発展したひとつの全体〔社会〕にあっては従属的諸関係〔そうした諸関係は、その全体〔社会〕が、比較的具体的なカテゴリーで表現されているような方向へ発展するまえから歴史的にはすでに実在していたのであるが〕を表現することができるということ[10]、これである。

そのかぎりでは[11]、もっとも単純なものから複雑なものへと上昇していく抽象的な思考の歩みは、実際の歴史的過程に照応しているといえるだろう[12]。

(1) この問いを出すことは、妥当だろうか。

これは2－3で、ヘーゲル批判をしたことに対する、反論になっている。

そこではカテゴリーが主体の前に、それを前提にすることなしに、存在することはないと、主張した。主体の前提性である。それを否定する例があるのかどうかを、問題にする。

しかし、この問いの一般化、一般的な問いかけが、問題を深める問いになっていない。こうしたバカげた問いが、バカげた答えを生み、混乱したのではないか。

(2) これでは偶然性の立場になってしまう。答えは明確に示されなければならない。それはこの文章において最後までなされていない。

(3) これは叙述の方法、何を最初において、そこから展開するかという問いの答えである。これが前の問いの答えたりうるか。

(4) ここにマルクスのヘーゲル評価の二面性がよく出ている。マルクスのこの説明は、ヘーゲルの考え方そのものを説明していると思う。ここにマルクスのヘーゲル理解の深さがある。しかし、他方で、マルクスは自分の説明はヘーゲルの考えをひっくり返したものだと言うのだ。これはどうしようもないだめさである。これが両立するのが私には不思議である。

(5) 「法的関係」とは、社会がそこに成立していることが前提である。ところが、個々の野蛮人はまだ社会を形成していないと、マルクスは考えている。

(6) ここまでは経済学上のカテゴリーと、そこに前提される主体（社会、家族、国家）の関係を問題にしてきた。

(7) 社会（主体）とその社会における多様な総体的関係。

主体（社会）と、その社会内部の経済関係（経済のカテゴリー）を大きく区別するのは当然。ヘーゲルもそうしている。その上で、主体の発展を確認し、その社会の経済関係の発展を確認し、その関係を考えればよい。

しかし、その際に、過去の社会で中心だった経済関係が、変化する。前を止揚する、止揚されるの関係である。これは総体性としてとらえる問題。

(8) なぜ法の関係から経済の関係の話に移行できるのだろうか。唯物史観ならばそれを説明できなければならない。少なくとも、法の関係から経済の関係の話に移行する際には、そのことへの注意喚起をするべきではないか。

(9) 次の4で、貨幣がそうでないことが示される。

(10) 貨幣がそうであることを、4で示す。

(11) これをきちんと場合分けをするなどして、まとめるべき。それをしないと、ただの遊びである。

(12) このまとめ方はひどい。大切なことを示さず、ただ歴史か論理かと言う雑なまとめ方にした。そもそもの問いがおかしい。だから次の4で馬鹿げた展開になった。

〔4　歴史と論理の不一致〕

他方では〔カテゴリーの順番が歴史的過程に対応しない

ことあるから〕、つぎのようにいうことができる。すなわち、きわめて発展した、しかし歴史的には未成熟な社会諸形態が存在している。つまりそこでは貨幣もまったく実在しないのに、協業や発展した分業等々のような経済の最高の諸形態がみられるのだ。たとえばペルーである[(1)]。

またスラヴの共同体でも、〔貨幣は実在はするが、その社会で果たす役割は、現在とは全く異なっている。〕貨幣および貨幣の前提をなす交換は、個々の共同体の内部では、まったく、またはほとんどあらわれず、その境界で、他の共同体との交易のさいにあらわれたのである。ここからわかるように、交換を共同体の内部における本源的な構成要素としてとらえることは、全くのあやまりである。交換は、むしろ最初には、同じ共同体のなかの成員のためというよりも、異なった共同体の相互関係のうちに登場する[(2)]。

さらに、貨幣は、きわめて早くからしかもどこでもある役割を演ずるものであるとはいえ、古代において、貨幣が支配的要素として〔その社会の中に一般的に〕存在した[(3)]ということはない。ただ〔貿易や商業活動だけに従事するという〕一面的に規定された国民、つまり商業国民についてのみ、貨幣が支配的要素であると指摘できるだけである。そして古代において、もっとも文明化が進んだギリシャ人やローマ人のもとでさえ、近代ブルジョア社会で前提されているような貨幣の完全な発達は、ただその崩壊の時代にあらわれたにすぎない。

こうして〔貨幣という〕まったく単純なカテゴリー[(4)]は、歴史的には、ただ社会のもっとも発展した状態〔近代ブルジョア社会〕にだけ集約的な形であらわれるのである。〔それまでの社会では貨幣は〕けっして、すべての経済的諸関係のすみずみにまでいきわたっていた[(5)]のではない。

たとえばローマ帝国では、その最大の発展をとげたときにすら、〔その税の支払いは貨幣ではなく〕現物税と現物給付とが基礎となっていた。そこでは貨幣制度が完全に発展していたのは、本来ただ軍隊のなかだけにすぎなかったのである[(6)]。つまり貨幣制度は、けっして労働の全体を支配してはいなかったのである[(7)]。

こうして、たとえ比較的単純なカテゴリー〔貨幣〕が比較的具体的なカテゴリー〔資本、株式会社など〕にさきだって歴史上実在していたとしても、それは、内包的にも外延的にも完全に発展[(8)]した形では、なんといってもただ複雑に組み合わされた社会形態〔ブルジョア社会〕にしか属しえないものである。他方で、〔ペルーの例のように〕比較的具体的なカテゴリー〔分業、共同性〕の方は、未発展な[(9)]社会形態でも単純なカテゴリー〔貨幣〕よりはずっと完

全に発展していたのである。(10)

---

(1) 人類の発展として西洋の発展が唯一の発展なのか、多様な発展のひとつでしかないのか。西欧の経済発展と違う発展があるのか。これは大きな論点である。

(2) スラブの例は、社会の限界を超えるもので、これこそ本質的ではないか。共同体の内と外を結ぶ力。

(3)(4)(5)

問題になっているのは、貨幣が支配的要素として〔その社会の中に一般的に〕存在するか否か(3)、すべての経済的諸関係のすみずみにまでいきわたっていたか否か(5)である。これが社会に一般化することだが、それをマルクスは「まったく単純なカテゴリー」(3)と表現するのだ。これは特殊な使用法であろう。

(6) 傭兵部隊のこと。共同体としての懲役の義務が金で免除されるようになった。

(7) 労働に対する支払いは金で行うものではなかった。

この(6)(7)は、いずれも社会全体としては例外的であった説明だ。これが一般化し始めた時、ローマ帝国は崩壊していく。このことと貨幣経済の関係は魅力的なテーマだ。ここでマルクスの貨幣の力の分析説明があればよかった。貨幣は特別な力であり、社会の限界を超える方法なのである。

(8)(9)「発展」ということばをコチョコチョ出しているが、「発展」とは何かを正面から問わず、具体性と抽象性、単純と複雑といった言葉でごまかしている。それはなぜか。

(10) この段落は、前の3段落のラストに対応し、その反対〔歴史と論理の不一致〕になっている。

この「一方」「他方」では何が反対なのか。前は貨幣、交換価値の例、スラブの例やギリシャローマの例で貨幣が例外的にだが存在する。後は分業、協働の例でペルーの例であり、貨幣がない。

この違いの説明こそが必要で、分類しても仕方がない。ここで単純、具体性といった枠では説明ができないし、こういうことを言うことは無意味ではないか。貨幣の生成の必然性を言うべき。

〔5 例示 労働というカテゴリーの確立まで その1 重金主義、重商主義、重農主義への発展〕

労働〔という言葉〕は、まったく単純なカテゴリーのようにみえる。〔確かに〕労働という表象を、一般性でとらえれば、労働一般として見れば、それはきわめて古いもの〔聖書に既にある〕である。それにもかかわらず、経済学上、この単純性で把握された「労働」は、この単純な抽象をつくりだす諸関係〔ブルジョア市民社会〕と同じようにひとつの近代的なカテゴリーである。

〔この労働概念が生まれるまでを歴史的に振り返ってみ

れば〕たとえば重金主義は、富をまだまったく客体的に、自分のそとにあって貨幣の姿をした物〔対象〕としてとらえた。

　この重金主義の立場に反対し、大きな進歩をもたらしたのは、製造業主義〔マニュファクチュアー〕または重商主義である。それは、富の源泉を対象から主体的な活動〔商業労働と製造業労働〕にうつした。しかしそれでもなおこの活動そのものは、金をもうけるという限定された意味で把握されていたにすぎなかった。

　この主義に反対したのが重農主義である。それは、労働のある一定の形態である農業を、富を創造する労働としておき、そして客体そのものを、もはや貨幣の仮装ではなく、生産物一般として、労働の一般的結果として把握した。この生産物は、〔富をつくる〕活動がまだ〔農業に〕限定されているのに対応して、やはりまだ自然に規定された生産物、農業生産物とりわけ土地生産物として把握されていた。

この段落は労働の把握、労働の認識の発展過程。

〔6　例示　労働というカテゴリーの確立まで
その2　アダム・スミスによる労働というカテゴリーの確立〕

　最後に、アダム・スミスによる巨大な一歩があった。スミスは、富をうむ活動〔労働〕から、〔製造業労働とか商業労働とか農業労働とかといった〕どんな規定性をも投げ捨てた。労働そのものは、もはや製造業労働ではなく、商業労働でも農業労働でもないが、しかしそのどれでもあるものになっているのだ。富を創造する活動〔主体の側〕を抽象的一般性としてとらえるとともに、こんどはまた、その富として規定される対象〔客体の側〕をも一般性でとらえる、つまり生産物一般、もしくは、やはり労働一般としてとらえるのだが、過去に労働の対象とされてきた〔生産物としての意味での〕労働一般としてとらえるのだ(1)。この移行がどれほどむずかしく大きいものであったかは、アダム・スミス自身がまだときどき重農主義の考えに逆もどりしていることからも明らかである(2)。

　ところで、こうした移行だけでは、もっとも単純でもっとも古い関係〔労働〕に、抽象的〔で一般的〕な表現がみつけだされた〔認識の運動〕にすぎないように思われるかもしれない。その関係〔労働〕の中に、人間は〔どんな社会形態においてであろうと〕生産するものとして登場するのだと。[3][4]

これは〔認識の運動という〕一面からみれば〔つまり、表面的には〕正しい。他の面からみれば〔つまり、認識の発展の背後に、社会（存在）の発展の運動があるという、より深い見方からすれば〕正しくない。[5]

〔正しくない理由の第一は、労働そのものの客観的な側面にあり、〕労働の種類に対する無関心は、その無関心を引き起こすほどに、現実の各種の労働が非常に発展して、そのうちのどれひとつとして、もはやすべてを支配する労働[6]ではないというような、労働の総体性[7]〔が現実に存在するまでにいたっていること〕を前提している。こうして、もっとも普遍的な抽象[8]とは一般的には具体的なもの〔社会〕がもっとも豊かに発展したところ[9]においてだけ成立するのである。そこでは、どの種の労働も多くのものに共通で、すべてのものに共通なものとして現れるのだ。そうなると、〔労働を〕ただ特定の形態〔農業とか商業とか工業とか〕でしか考えられないということはなくなる。

他方では〔労働者の側の職業選択の自由という主体的な面からも〕、労働一般というこの抽象は、単に各種の労働が具体的な〔現実としての〕総体性を形成するまでにいたり、それを精神〔思考〕がとらえたというばかりではない。〔その社会に置かれた労働者の現状の反映なのである。〕労働の種類に対する無関心は、個々人[10]がたやすくひとつの労働からほかの労働にうつっていき、どの種類の労働に就くかは彼らにとっては偶然であり、したがって無関心であるような社会形態に照応するものである。労働はここでは、ただカテゴリーにおいてだけではなく現実においても、富一般を創造する手段になっており、個々人が特殊な労働と結びついていたあり方〔封建制の身分社会〕は終わっているのだ。こういう〔職業選択の自由の〕状態は、ブルジョア社会のもっとも近代的な存在形態〔アメリカ合衆国〕でもっとも発展[11]している。[12]

だからここ〔アメリカ合衆国〕では、「労働」「労働一般」、単なる労働といった、カテゴリーの抽象、それは近代の経済学の出発点なのだが、それがはじめて実際上も真実[13]になったのである。こうしてもっとも単純な抽象〔労働〕は、近代の経済学がその頂点として〔したがって、それははじまりとして〕かかげており、しかも、すべての社会形態にあてはまるきわめて古い〔経済上の〕関係として現わしているのではあるが、やはりこうした抽象性が実際上も真実[14]であるのは、ただもっとも近代的な社会のカテゴリーとしてだけなのである。[15][16]

合衆国で〔もっとも発展して〕歴史の産物としてあらわれるもの（特定の労働にたいする無関心）は、たとえばロシア人にあっては自然発生的な状態としてあらわれる、というひとがあるかもしれない。しかしながら、野蛮人がすべての種類の労働をしなければならない〔自給自足の生活〕ということと、文明人が自分ですべての種類の労働をするということとのあいだには、なんといっても大変な相違がある。[17] しかもこのばあい、ロシア人の労働の規定性にたいするこの無関心に実際上照応するものは、かれらが〔農奴としての〕特殊な労働に伝統的にしっかりとしばりつけられ、ただそとからの影響によってしかそこから投げだされることはないという社会状況である。[18]

---

(1) ここは、ただの普遍性の話ではない。普遍としての個別性の話ではないか。ところがマルクスには、普遍性から個別性へとの理解がないように見える。

労働における主体的側面と客観的側面の両面を押さえている。労働が主体性であり、総体性、客観性とは労働の結果、成果である。これは唯物史観に繋がるところ。

「過去に労働の対象とされてきた〔生産物としての意味での〕労働一般」という理解は、眼前の世界を、過去の労働の生産物の蓄積としてとらえるもの。人類史を人類の労働の生産の過程としてとらえる観点がここにある。これがマルクスである。

(2) こうしたスミスへの評価の姿勢は正しい。大きな存在への対応は、小さな欠点をあげつらうのではなく、何よりもまずその大きさをとらえること、その大きさに感動すること、自分もそれを目指すこと、それが正しい。マルクスはスミスにはこうした敬意を表明できたが、ヘーゲルに対してはついにできなかった。

(3) これがマルクスの人間観である。これはヘーゲルの人間観、自然観を継承したもの。

(4) 「もっとも古い関係〔労働〕に、抽象的〔で一般的〕な表現がみつけだされたにすぎない」。これは認識の運動を示す。もちろんアダム・スミスの活動であるが。この段落全体がそうである。

(5) ここに存在の運動と認識の運動の両方を押さえていく態度が示される。さすがマルクスである。しかし、マルクスはそれを明示しない。ところで、この問いの答えはどこにあるのか。なお、この後の二つの段落の内容が、存在の運動の説明である。

(6) この「支配」という表現には注意したい。牧畜、農業、工業化の初期まではこう言える。しかし工業化で労働が商品になる、賃金労働の生成で、これ以降は、転換が起こる。

資本主義を支配しているのは資本であり、剰余価値だが、それは大きく言えば、賃金労働に依存している。それは支配されているともいえる。だからマルクスは革命の必然性を言えたのだ。

(7) この「総体性」とは何か。労働その物が商品になり、賃金が労働時間で支払われるようになったこと。貨幣の一般化と、労働の一般化は同じ。すべてが商品になったのは、労働そのものが商品となったことに対応する。これが労働の一般化の意味。

(8) 注(1)と同じ。

(9)(11) ここでは「発展」をかなり前面に出している。問題にしているのが発展であると、わかるように書いている。しかし、発展とは何かを明らかにしているわけではない。

(10) 「個々人」が出てきた。これは社会がブルジョアとプロレタリアートの二大階級となり、プロレタリアートは賃金労働の契約をする際に、「個人」として現れるようになるからであり、これが近代の人格の尊厳性と自由、平等の根拠であるとスミスは考え、ヘーゲルも『法の哲学』第一部でそう考え、マルクスもそう理解している。

(12) この段落とその前の段落は、「他方」でつながっていて対関係がある。

ともに存在の運動なのだが、それにも二つあるのだ。

一つはその「客体」の側面。社会における労働そのものの発展（賃金労働の一般化、契約関係の一般化）である。他方は、主体として、つまり社会の発展に対して、個々人の職業選択の自由の結果の側面である。

研究者が理解する以前に、すべての人々が無意識に、そう行動しているということと、その後追いながらも、その意味を説明できる経済学。

(13)(14) ヘーゲルでは「正しさ」と「真実」とは区別されるが、ここまでマルクスはすべて「正しさ」を使用している。ここだけ「真実」を使用しているが、ヘーゲルの意味で使用したのだろうか。

(15) これが問いの答えである。しかし、これで答えになっているか。

ここでマルクスが示しているのは、「終わり」が「始まり」であるということではないか。

(16) この段落も存在の運動だが、時代の最先端を走るアメリカを例に出している。ヘーゲルの理性的なものが現実的、現実的なものが理性的を思い出す。

(17) 自給自足運動を目標とした社会運動の低さの指摘となっている。

(18) 最後に、ロシアの場合は、農奴制という封建社会に対応し、職業選択の自由は近代資本主義社会に対応すると、述べている。

こういう観点こそが、マルクスが打ち出したもの。唯物史観。

農奴には自由はない。自給自足の話と、契約社会での自由の違い。それをマルクスはきちんと説明しない。

近代人は自由を持つ。しかし、貧困になる自由だとマルクスは言う。ところがこれを分からないで自給自足の運動があった。

○この段落は、スミスの認識の運動をとらえるとともに、その前提となる存在の運動を押さえている。スミスの理論も社会（存在）の発展のゆえに可能になったということだ。

〔7　例示　労働というカテゴリーの確立まで
その3　まとめ〕

労働の例がここで示しているのは決定的なことである。それは〔労働という〕もっとも〔単純で〕抽象的な諸カテゴリーでさえ（まさにその抽象性のために）すべての時代にたいしてあてはまるにもかかわらず、なおその抽象性（一般性）が抽象として成立できるのは、歴史的な諸関係〔社会〕がそれを生み出したからであり、そして労働の抽象性が完全にあてはまる[1]のは、ただ歴史的な諸関係〔ブルジョア市民社会〕にたいしてだけであり、かつその内部においてだけだということである。

(1) Vollgültigkeit「発展」と言わない。一般化する、全体を支配する、抽象化、すべて同じである。この具体例が次の8。

〔8　経済発展の最高段階としてのブルジョア社会〕

ブルジョア社会は、歴史上の生産組織でもっとも発展し、もっとも多様[1]になった社会である。だから[2]この社会の諸関係を表現する諸カテゴリーは、つまりこの社会がどう組み上げられているのか[3]を理解することは、同時にまた、すでに滅びてしまったいっさいの社会形態の仕組と生産諸関係に対する洞察を可能にする。そして、こうした過去の社会形態の破片と諸要素とをもってブルジョア社会はきずかれているのであり、それらのうち、部分的にはなお克服されない遺物がこの社会でも余命をたもっているし、ただの前兆にすぎなかったものがその意味を明らかにするまでに発展している等々である[4]。

要するに、人間の解剖は猿の解剖にたいする鍵なのである。しかしこれに対して、低級な種類の動物〔サル〕にある、より高級な動物への暗示〔芽〕が理解されうるのは、この高級なもの〔人間〕そのものがすでに知られているばあいだけである[5]。

したがって〔いまやブルジョア社会が出現したので〕ブルジョア経済は、古代やそのほかの経済への鍵を提供する。だがそれはけっして、歴史的な区別[6]のすべてをあいまいにし、すべての社会形態のなかにブルジョア的形態をみるといった経済学者たちのやり方によるのではない。地代を知れば、租税、十分の一税などを〔より深く〕理解することができる。けれどもそれらを同一視[7]してはならない。さらにブルジョア社会そのものは発展の対立的な形態[8]にすぎないから、それ以前の諸形態の諸関係は、この社会では、ただまったく未発展の萎縮した形[9]でみいだされるにすぎないか、またはまるで戯画のようなもの[10]にかえられていることがしばしばある。たとえば共同体所有がそうである。

だからブルジョア経済学の諸カテゴリーは、ほかのすべての社会形態にたいして真実性をもつということ[11]がほんとうであるとしても、それはただ、気のきいた洒落た意味で〔全く特別な意味で〕理解されなければならない[12]。これらのカテゴリーは、ほかのすべての社会形態を、発展させたり、萎縮したり、戯画化[13]したりなどして、内にふくむことはできるが、〔そこには〕つねに本質的に差異があるのだ。

いわゆる歴史的発展という考え方は、一般に、最後の形態〔である自分たち〕が過去の諸形態を自分自身にいたる段階だとみなすということにもとづいている[14]。〔そこで、自分たちにとって都合の良いように考えやすいのだ。〕そしてこの最後の形態は、自分自身を批判的にみる[15]ことはまれにしか、かつまったく限られた条件[16]のもとでしかできないから（もちろんここではそれ自身でも崩壊期だと思われるような歴史的時代のことをいっているのではないが[17]）、いつでも過去の諸形態を一面的にしか把握できないのである。

キリスト教が、それ以前の神話を客観的に理解することに寄与することができるようになったのは、キリスト教自身の自己批判[18]がある程度まで、いわば可能な限りでできあがったときだったのだ[19]。そのようにブルジョア経済学も、ブルジョア社会が自己批判[20]をはじめたとき[21]にはじめて、封建的、古代的、アジア的諸社会を理解するようになったのである。[22]ブルジョア経済学が自分を過去のものと純粋に同一だとした神話化が壊れるかぎりで、この経済学のそれ以前の社会への批判、つまり封建社会にたいする批判が可能になった。〔もちろん〕ブルジョア経済学がなお直接にたたかわなければならなかったのが封建社会だった[23]。こうした事情は、キリスト教が異教にたいして、またはは新教が旧教にたいしておこなった批判に似ているのである。

（1）「発展」と「多様」が並べられている。マルクスは、発展の形態として多様性を出している。しかし、発展とはいつも多様ではなく、単純化＝抽象化されることも労働についてですでに述べている。これを個別化としてとらえれば、「終わり」になる。

多様性とは一面性、単純性の反対だろうが、誤解が生じやすい表現。マルクスはなぜ、こうしたあいまいな用語を使用して、説明を続けていくのだろうか。

(2) 存在（社会）の発展から、その認識の発展へと展開した。

(3) ここで述べようとしていることは、きわめて重要。発展の二段階の違いを、マルクスなりに説明しようとしている箇所だからだ。

A↓Bへの発展があった時、AとBをどう関係させて理解するか。それは止揚の関係である。

ではAもBも、それを全体として総体性としてとらえた時、その全体としては、AとBをどう関係させて理解するか。Aの要素はBの要素とどう関係するか。そこでの止揚とはどう現れるのか。これが問題なのだ。

ここではBからAを理解できるとして、その条件を問題にするが、そもそもAからBを理解する面を無視している。BからAを理解する際は、止揚の関係を理解することになる。しかし、AからBを理解する際も、止揚の関係を理解することになる。両者がないと、止揚の関係が理解できない。

現在から過去、過去から現在。何がどう発展したものか、どこに本質があるのか、これを知るためには両方向が必要。

現在の意味は過去からの発展的理解による。それを現在から過去のみを一方的に言っている。だからわかりにくい。

一般的に言えば、発展した対象は発展したものとして発展的に理解するしかなく、その説明も発展したものを発展として説明するのが一番わかりやすい。

(4) ここではいくつかの場合の中で二つの場合が挙げられる。一つでは「克服」が問われている。他方では「発展」である。しかしこの二分法は本当は間違いである。すべてが発展だからだ。マルクスでは、こうした場合分けをしながら、その意味を明らかにしないままで先に進んでいくことがある（多い）。

例えば、ではこの二つの場合のほかに何があるのか。これをマルクスは言わない。本来は三つある。マルクスが挙げた二つ以外に、完全に克服され表面からは消えてしまう場合だ。しかし、すべては止揚なので、内的には存在している。ここでは、本当は総体性が問われている。

(5) 「低級」「高級」の二つの関係を明示すべき。ここは発展段階の違いを示そうとしている。しかし、マルクスは「低級」「高級」、より高い、より低い、といった表現でしか語らない。なぜ「発展」という表現を使用しないのか。

(6)(7) 区別と同一。ヘーゲルの本質論。

(8) これは具体的には何のことか。

発展の三段階を考えれば、始めと中と終わりで、中の段階ではすべて対立した形式になる。特殊という意味なら全てがそう。新しい段階は矛盾が止揚されひと色になっているように見える。それがまた分裂したという意味か。

隠している、見ないようにしているが、その中には対立矛盾が隠されている。ブルジョアとプロレタリアートの対立が、という意味か。牧野の9ページの注2。

(9)(10)(13) 「発展」「萎縮」「戯画化」の三者は、以下の図でまとめられる。

- 発展の内部
  - 発展できた　…「発展」
  - 発展できない　…「萎縮」
- 発展からの逸脱　…「劇画化」

(11) これがヘーゲルの発展観。
(12) それにすぐに茶々を入れるのがマルクス。
(14) ここでは発展を正面から出して、それを論じ始めるかと思うと、すぐにその揶揄から、本来の発展の説明をしない。こうした歴史のとらえ方をマルクスがどう評価しているのかがわからない。では結局、どうしろというのか。いわゆる歴史的な見方を何だと言いたいのか。間違いだと言いたいのか。これがわからない。

(15)(16)(18)(20)
　経済学の論考の中で、「自分自身を批判的にみる」「自己批判」という言葉を出すのが、マルクスである。彼にとっては、存在から当為がでるので、経済学は倫理学なのだ。ここは単なるお題目ではなく、自己理解と他者理解の統一を主張したいのだと思う。正しいと思う。

　しかし「まったく限られた条件」(16)とは何かを具体的に説明しない、できない。

(17) 崩壊期には、誰もが何が悪かったのかを考える。勃興期（生成の時期）や軌道に乗ってから（展開期）には、反省が起こりにくいと言っているのだろう。しかし、ある立場からは崩壊期が、他の立場からは勃興期である。

(19) 具体的には何のことか。

(21) スミスの『国富論』の完成を考えているのか。マルクスもそれを継承している。

(22) ここから最後までの部分で、牧野は岩波文庫版とは違う訳を提出している。
　「ブルジョア経済学が神話的な段階は卒業し〔て学問に成っ〕たとはいえ、まだ過去と自分とを純粋に同一視していた間は、その先行者に対する批判、殊に自分の直接的な打倒対象たる封建社会に対する批判は〔未熟なもので〕、キリスト教の異教批判やプロテスタントのカトリック批判と異なる所が無かった」。

　この違いは、文法的には否定語をどこにかけるかである。牧野は「神話的」だけとし、岩波は全体的にかかると理解している。ともに可能なのだと思う。

　内容理解の上での違いは、この段落の前半と、注(22)以降との関係を、前半と後半がつながっている、つまり自己反省は一応できたという理解（岩波）か、前半では自己反省の始まりを認めるが、まだまだ不十分であるととるかの違いである。

　私は牧野の方が深い理解だと思う。マルクスの複眼がその訳文によってとらえられていると思うからだ。

(23) 外との闘争は本来は自己内二分を大きくする。自己反省を深める。そうしなければ戦えず、勝つことはできない。しかし、自己内二分をごまかすために、外に敵を作ることもよく人が行うことである。ここに注(22)での正反対の訳が生まれる理由がある。

〔9　近代社会の経済学の「始まり」は「資本」である〕

一般にどの歴史上の科学、社会科学でもそうであるように、経済学的諸カテゴリーの歩み[1]についてもまた、つねにつぎのことが銘記されなければならない。

すなわち、現実では主体〔人間社会〕が、ここでは近代ブルジョア社会が、あたえられているのであり、したがって頭のなかでも、主体〔人間社会〕、近代ブルジョア社会が前提になるということ[2]、だからこれらのカテゴリーは、この社会の、この主体の〔実在そのもの、存在そのものを表現できるのではなく〕、その存在を形式として、その実在を諸規定によって表現しているに過ぎないし、〔さらにその表現も、その主体の多様な関係の全体ではなく〕しばしば単に〔主体の多様な諸関係の中の〕いくつかの側面を表現しているにすぎないということ[3]、だから前提とされる社会〔ブルジョア市民社会〕は、その学問のうえでもまた、それがそれ自体として問題となるところ〔『経済学批判』でブルジョア市民社会が出てくる箇所〕で初めてはじまるものではな〔く、最初から前提として存在していた〕ということ[4]、これである。

このことが銘記されなければならないのは、それがただちに〔経済学を書くにあたっての〕編別について[5]決定的な手がかりをあたえるからである。

たとえば、〔経済学を〕地代から、土地所有からはじめることほど自然なことはないように思われる、なぜならば、それは、すべての生産とすべての定在との源泉である土地にむすびついており、また多少とも定住生活が始まったすべての社会での最初の生産形態〔農業〕にむすびついているからである。だが、〔もしそうしたならば〕これほどまちがったことはあるまい。〔なぜなら〕すべての社会形態には、それがあらゆるほかの生産[6]に、したがってまたその生産諸関係[7]が、あらゆるほかの生産の諸関係に影響をあたえているような生産があって、〔それから始めなければならないからである〕[8]。この生産はひとつの普遍的な照明であって、ほかのすべての色彩はこのなかにとけこんでおり、またすべての色彩はこの特殊な照明によって変化をうける。それはひとつの特殊なエーテルであって、そのなかにあらわれるあらゆる定在の〔それぞれに固有の〕比重をさだめる[9]。

遊牧民族を例にとろう。〔単なる狩猟民族や漁猟民族から始めないのは、彼らは実際の発展〔人類史〕のはじまる点[10]のそとにあるからだ。〕遊牧民族にあっては、農耕の一形態である散在農耕形態[11]があらわれる。土地所有はこれによって規定される。それは共同的土地所有であって、この形態は、たとえばスラヴ人の共同体所有のように、これらの民族がなおその伝統にどの程度まで固執しているかに応じて、多かれ少なかれ維持されている。

近代の定住農耕諸民族にあっては、古代社会や封建社会でのように定住農耕[12]が優勢であるのだが、〔この定住〔化そのもの〕がすでに〔発展〕段階としての大きな一歩である〕その社会では、工業とその組織、ならびに工業に照応する所有の諸形態までが、多かれ少なかれ土地所有における定住という性格をおびている。古代ローマ人はまったく農耕に依存しているし、また中世では都市とその諸関係においても農村の組織をまねている。中世においては、資本そのものですら〔それが純粋の貨幣資本でないかぎり〕伝統的な手工業用具等々としてあったために、こうした土地所有的性格をおびていた。

〔近代でも〕ブルジョア社会では、この農業と資本の関係が逆転する。農業は、ますます工業のただの一部門となり、資本に完全に支配されていく。地代も同じである。土地所有が支配しているすべての形態では、自然的関係がまだ優勢である。[13] 資本が支配している諸形態では、社会的、歴史的に人間が生み出した要素が優勢である。[14] 地代は資本をぬきにしては理解できない。しかし、資本は地代をぬきにしてもじゅうぶん理解できる。[15] 資本はブルジョア社会において、いっさいを支配する経済力である。それは、出発点をなし、かつ終点をなさなければならない。[16] つまり、土地所有の形態を支配するまでに発展していなければならない。[17] 〔したがって資本と土地所有のあり方については〕両者が別々に考察されたのち、その相互関係が考察されなくてはならない。

---

(1)(5)「経済学的諸カテゴリーの歩み」「〔経済学を書くにあたっての〕編別」がこの文章のテーマであった。いよいよその答えを出す。

(2)(3)(4) この三者をどう理解するか。これは研究方法ではなく、叙述の方法の話。

(4) これがマルクスが問題にしていること。それが確認できる。

(6)(7) 生産と生産関係。

(8) これがマルクスの答え。
　しかし、この答えを出すために、「歴史と論理」の話をする必要があったのだろうか。また、これを言うために、ここまでの叙述が必要か。必要だとして、それが必然的な展開になっているだろうか。

(9) マルクスにはこうした「比喩」が多い。比喩が悪いのではないが、きちんと論理的に説明すべきことをしないで、比喩に逃げるのは間違いである。

(10) これは具体的には何が基準なのであろうか。

(11)(12) 遊牧民族の散在農耕形態が農耕民族の定住農耕形態へと発展する。

(13)(14)「自然的関係」と「社会的、歴史的」関係の優位性を問うのがマルクスの観点。

(15) 簡単なチェック方法。この関係は、止揚と被止揚の関係。

(16) これが、注(8)の答えを踏まえた、この段落でのマルクスの最終的な答えである。ここで「出発点」（始まり）と「終点」（終わり）が一つになっている。これはマルクスが「人類史の前史の終わり」を考える根拠だったろう。

　これに基づき、マルクスは『経済学批判』を書き、『資本論』第一巻を書いた。

(17) ここで前にという vor の意味をこう理解した。土地所有といったレベルとは別に、社会のすべてに。他のすべてを支配するということ。

〔10　9のまとめ〕

〔以上をまとめよう。資本主義社会を、歴史的にではなく、現在存在しているその総体として論じる際には〕経済学的諸カテゴリーを、歴史上それらが〔その社会を〕規定していた[1]順序にならべることは、実行もできないし、またまちがいであろう。[2]むしろそれらのカテゴリーの序列は、それらが近代ブルジョア社会のなかでおたがいにたいしてもつ関係によって規定されるのであるが、この関係は、それらのカテゴリーの自然的な関係〔順番〕や、社会発展の歴史的順序に一致するものの、まさに逆である。[3]

　ここで問題なのは、経済的諸関係〔カテゴリー〕がさまざまな社会発展の継起のうちに歴史的にしめる序列ではない。[4]ましてや〔歴史的運動のぼんやりした表象である〕「理念における」（プルードン）その序列でもない。問題なのは、〔眼前に存在する〕近代ブルジョア社会のなかにおける経済的諸関係の〔現実の〕組み立て方なのである。[5]

---

(1) 9で示されたのは、その社会の中心であり、その社会を規定し、他のすべてを支配するものである。

(2) 9にあるように、それはできるし、わかりやすいだろう。マルクスの求めた基準、つまり総体性ではないというだけ。

(3)(4) ならば、歴史の話をなぜここまでこれだけしてきたのか。

(5) これが最終的な答えで良いのだろうか。途中に出してきたさまざまな疑問がそのままに放置されている。後片付けしない子供のようだ。

〔11　同じカテゴリーなのに社会発展の中で位置づけが変わる例　その1　商業民族、ロンバルト人、ユダヤ人〕

　商業民族〔フェニキア人、カルタゴ人〕は、古代世界では〔他から切り離された〕純粋な形であらわれているが、その純粋さ(抽象的な規定性)は、まさに農業民族が優勢であったことによる〔商業民族がきわめて例外的で特殊であったからである〕。商業資本や貨幣資本としての資本はまさにこの抽象性であらわれるが、そこでは資本がまだ社会の支配的な要素になっていないからである。同じことが、ロンバルト人、ユダヤ人についても言えて、彼らは農業をいとなむ中世の諸社会における純粋な他者〔対立者〕であったのだ。[1]

(1) ここから西欧でのユダヤ人への、あの強烈な差別、蔑視、恐れや恐怖が説明できるのだろう。マルクスはここで、自らの出自であるユダヤ人への強烈な否定の意識を、その経済関係から、唯物史観から、解明したのである。

ユダヤ民族への強烈な否定の意識、きたないもの、嫌悪、こうした強い感情や無意識を、精神の力で、思考の力で、壊していく。そこに精神の光、明るさがある。私はこの力を信じたい。

〔12　同じカテゴリーなのに社会発展の中で位置づけが変わる例　その2　株式会社〕

同じカテゴリーが、社会の異なった発展段階でしめる、異なった役割を持つ例として、株式会社がある。これは、ブルジョア社会の最後の形態であるが、これもやはり、ブルジョア社会の初期には、独占権をあたへられた大特権商事会社の形であらわれている。[1]

(1) これは独占の形態が、自由主義経済に反するので、独占から自由で平等のあり方への転換の例となっている。しかし、株式会社が拡大していくにつれて独占への傾向が強くなっていったことをマルクスが示していく。この段落では転換、逆転の例を出しているだけ。

〔13　同じカテゴリーなのに社会発展の中で位置づけが変わる例　その3　国富〕

国富という考え方が経済学者に芽生えたのは、まずは一七世紀であったが、それはただの表象でしかなかった。その考え方は一八世紀の経済学者の一部にもつづいてみられるが、富はただ国家のためにだけ創造され、しかも国家の力はこの富に比例する、というものだった。そこにはまだ無意識のうちのごまかしがあり、本当は富そのものと富の生産とが近代国家の目的であり、近代国家は富の生産のための手段にすぎないと考えられていたのだ。

この段落は12に続いて、転換、逆転の例を出したのだろう。国家と富との関係の逆転である。しかし、これは事実か。認識の上での逆転でしかないのではないか。

国家は古くから存在するし、カテゴリーとしても古くから存在してきたが、近代国家の真実が明らかになるには、資本主義の発展が必要と言うことか。

富とは何かから、労働の話に戻っている。重商主義の歴史的状況の背景である。スミスの不十分さの例でもある。重商主義のしっぽが残っている。

〔14　問いの答え〕

編別は明らかにつぎのようになされなければならない。

（一）一般的に抽象的な諸規定[1]、したがって多かれ少なかれすべての社会形態に見られるのだが、それはこれまで説明してきた意味においてである。[2]

（二）ブルジョア社会の内部の仕組をなし、その基本的諸階級の基礎となっている諸カテゴリー、つまり資本、賃労働、土地所有。それら相互の関係。都市と農村。三大社会階級。これらのあいだの交換。流通。（私的）信用制度。

（三）ブルジョア社会の国家形態での総括。国家を〔他国との関係からではなく〕それ自身との関係で考察すること。「非生産的」な諸階級。租税。国債。公信用。国内の住民〔国民〕。植民地。移民。

（四）生産の国際的関係。国際的分業。国際的交換。輸出入。為替相場。

（五）世界市場と恐慌。[3]

---

(1)　牧野はこれを「特殊的に抽象的な規定」の反対としてとらえた上で、その意味を「最も抽象度の高い規定」とする。一一ページ注1。

(2)　ここを具体的に書かないと、これまでの説明の意味がない。

商品→貨幣→資本。商品では交換価値と使用価値。ここまでに傍線の三つを説明してきている。そうであれば、労働が商品になったこと、これを説明に入れておくべきだった。

(3)　この段落の内容では、1で紹介されたものと大差ないのではないか。どこがどう違うのだろうか。

2 全体の構成のわかりにくさ

「経済学の方法」は非常にわかりにくい文章である。それは何よりも、全体の構成のわかりにくさからくる。

以下、構成の検討をするが、「段落」は省略し、3段落、4段落はそれぞれ3、4と表記する。ただし、2段落だけは三つに分けて、2－1、2－2、2－3と表記する。この分ける箇所は訳文を参照。この表記法は、本章全体のものである。

全体を読んで、すぐにわかるのは、最初に問いが置かれ、ラストにその答えがあり、両者を媒介する真ん中に、経済と経済学の本質論があることだ。つまり三部構成である。

（一）問題提起　1

『経済学批判』で取り上げる項目をどう並べるか。何から始めて、何へと向かい、何で終わるべきか

（二）経済の本質と経済学の発展　2～13

（三）問いへの答え　14

『経済学批判』での編別構成

最初の段落は、この文章全体の問いを立てたものである。ここに疑問文はないが、これが全体への問いで、その答えがラストの段落であるととらえると、全体がわかりやすい。

では、問いとは何か。『経済学批判』で取り上げる経済学のカテゴリーをどう並べるか。何から始めて、何へと向かい、何で終わるべきか、である。つまり、経済学の正しい叙述（編別構成）はどうあるべきかだが、叙述は研究の方法とも関係し、その両者が問題とされている。いかに研究し、いかに叙述するか、である。

ただし、マルクスはそれを明言しない。研究と叙述を明確に区別して書かないし、その関係を述べることもない。これが、この「方法」についての理解をわかりにくくしている第一の理由である。

しかし本当にわからないのは、2～13の経済と経済学の本質論の部分である。

2が下降法と上昇法の説明であり、3から、歴史と論理の関係、両者の一致、不一致が論じられていることはわかる。3と4が、一致する例、一致しない例を挙げていることもわかる。5から13がわかりにくい。歴史と論理の話はどこまでなのだろうか。8の人間の解剖とサルの解剖の話は、前とどうつながっているのだろうか。

誰もが、ここにはとても豊かな内容があることはわかる。「豊か」ではとても表現できないほどの、圧倒的な迫力がある。しかし、ここに書かれた全体の意味、その真意がわかりにくいのだ。結局、マルクスの方法とは何のことなのだろうか。それは私たちとどう関係するのだろうか。

例えば、下降法と上昇法を問題にするのはなぜなのだろうか。また、歴史と論理の一致、不一致を問題にするのはなぜなのだろうか。この下降法と上昇法の話と、歴史と論理の関係の話はどうつながっているのだろうか。これがなぜ、冒頭の問いの答えを出すこととつながっているのだろうか。8では「対立」や「自己批判」といった言葉が出てくるが、これは何を意味しているのだろうか。

そもそもマルクスはここで、何をやっているのだろうか。これが分からない。わかるように書かれていない。

例えば、牧野紀之はこの「経済学の方法」への訳注（一ページ）で、次のような内容目次を提示している（段落の数字をいれたのは中井）。

第一項・下降法と上昇法　1～2前半
第二項・観念論と唯物論　2後半
第三項・歴史と論理　3、4
第四項・労働概念の抽出過程　5～7
第五項・人間の解剖はサルの解剖への鍵　8
第六項・現実的主体の前提性と一般的照明　9～13
第七項・叙述の区分と順序　14

考察の内容だけをとらえれば、第一項から第六項のこうした表題は間違っていない。しかし、私の疑問には答えてくれない。こうして並ぶ内容のそれぞれを、この表題から一応は理解することができる。しかしその内容を深く考えようとすると、わからないことがたくさん出て来る。

結局、この六つの項が、このように並ぶことが何を意味するのかが分からないのだ。

疑問は続く。この考察の全体は、冒頭の問いに答えを出すために入れたものだが、これだけの内容のある考察を経て、出てきた答え（14段落）には拍子抜けしないか。

また、この経済学の方法に、唯物史観が出てこないのはなぜなのだろうか。

私にはこうした疑問が次々とわいてくる。誰も答えてくれないので、自分で考えるしかない。

なお、「下降法と上昇法」という訳語だが、「上向法と下向法」として訳されるのが普通なようだが、マルクスの原語に従った。これは牧野がそうしており、私もそれが正しいと考えるからだ。上向きか下向きかが問題なのではない。

3　歴史と論理　全体の理解

マルクスの叙述は、なぜこうもわかりにくいのだろうか。まず押さえなければならないことは、ここでマルクスが考察している際に、発展という枠組みで考えているということである。

マルクスは経済学の方法を問題にしているのだが、経済学とは発展という枠組みで考えなければならないからだ。なぜなら経済は、また人類史は発展してきたし、これからも発展していく対象だからである。

一般に、対象が発展するものであるならば、それを発展してきたもの、今後も発展していくものとして発展的に理解しなければならない。

これがマルクスの対象とする経済の本質であり、発展した対象を、どう発展的に理解したらよいのか、それをどう叙述したらよいかがマルクスの問いの答えでもある。

ところがマルクスはこのことを言わないのだ。

マルクスには発展一般をきちんと普遍化し、定式化することができないのだ。そこでその普遍に対する特殊としての経済学を、さらにその特殊の段階である革命の時代をくっきりと示すことができない。

これは「マルクス巨人」説を信奉している方々には信じられないであろうが、本当である。

(1)　発展の理解　補助線

この内容の展開を理解するには、どうしても補助線が必要である。

発展を一般的にとらえるなら、考えるべきポイントが大きくは二つある。

第一に、ひとつの発展には常に二つの側面があることだ。

その一つとは、発展を過程として見ていくことだ。これを過程的側面と呼ぶ。これは「歴史的」側面としても良い。

そこでは、初めに潜在的にあったものが、外化していく過程が現われ、その外化は同時に内化でもあり、その深い本質に戻って行くという意味を持っている。

もう一つが、その過程のひとつの時点で対象の全体の構造を見ることだ。これはヘーゲルの用語では総体性の側面である。これをマルクスは「論理的」側面としている。

この両者は、もともと同じ一つの運動を、違う視点で見ただけのものである。

その関係は、ある時点までの過程が、その時点の全体から見られたもので、過程の中に現れてきた要素は、全体に対する部分、さらには総体に対する契機として現れる。止揚と被止揚の関係がそこにある。

逆に、総体性における契機、全体に対する部分を、それが生まれてきた過程の順番に並べると、過程、歴史的側面に戻る。

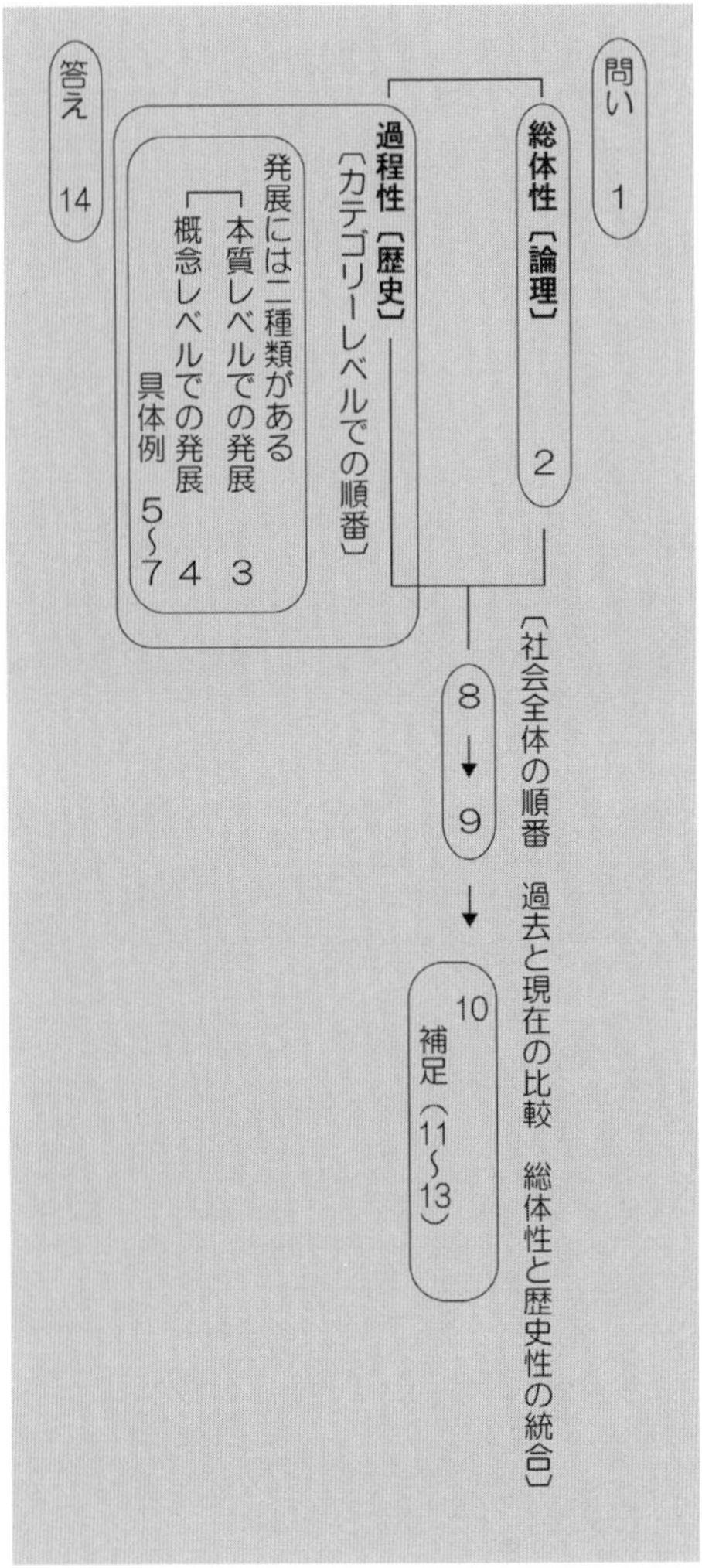

そして第二に発展（止揚）には二つの段階があることだ。

一つは本質レベル、本質内での発展である。これは本質に帰るような変化であり、終わりは始まりに戻る。個々の主体が変化し、発展し、滅びていくが、類や種としては主体は同じであり、同じことが繰り返されるだけである。

これに対して、概念レベルの発展がある。これはその本質を超える発展である。古いものは発展してその本質を表わすが、最終的には没落し、そこから新しいものが生まれる。古いものの終わりは、新しいもののはじまりである。

これを本質に帰るような変化、終わりは始まりに戻る、とは言えない。これは概念に帰るような変化であり、古いものの終わりが、新たなものの始まりである。

（2）マルクスの歴史と論理とは何か

（1）の理解を補助線として考えれば、「経済学の方法」の全体は前ページの図のようにとらえることができるのではないか。

このテキストの全体の立体性を図のように理解すれば、全体の展開の意味が分かり、マルクスの歴史と論理についての理解が可能になると、私は考える。以下、この図を説明する。

2と〔3、4〕の関係は、総体性（「論理」）と過程性（「歴史」）という発展における二つの側面の関係である。

そして、過程性（「歴史」）においての3と4の関係は、本質レベルの発展と概念レベルの発展の二段階の関係なのである。

そしてこの総体性（「論理」）と過程性（「歴史」）の両者をまとめたのが8であり、それを受けた9である。9にすでに、「始まり」とは何かの答えが出ているが、8と9を受けたまとめが10であり、これが最終的な答えとなる。11～13は、この段階における10への補足である。

このように全体を理解できれば、マルクスの「歴史」とは、発展の過程的な側面であり、「論理」とは総体性の側面であることがわかる。以下からはマルクスの「歴史」と「論理」という用語で説明する。

2は「論理」の観点を出し、3からは「歴史」の観点で述べているのだ。

2は、ある時点での社会全体を経済学的に見ていく際の、社会の要素（カテゴリー）の関係性を見ている。それは「論理」の観点である。

それに対して、社会の要素（カテゴリー）の関係性を「歴史」の観点（歴史上の順番）において見ているのが3～7までである。ここでは経済学上のカテゴリーの順番を問題にしている。

この歴史上の順番において、3と4とが反対になる。それは発展の本質レベルと概念レベルの区別であり、この区別が3と4で、「論理」と「歴史」の一致と不一致として表現されていることもわかるだろう。

5～7は、4の具体例であるが、人類の最高段階としてブルジョア社会を導出して、8へとつないでいる。

8が「論理」と「歴史」の統合としての、人類の発展の最高段階としてブルジョア社会を説明する。だからそれは「論理」の説明であり、かつ「歴史」の説明でもある。3～7に対しては、カテゴリーにおける順番から、社会全体の順番、発展を問う段階になっている。

ブルジョア社会を「論理」として、それまでのすべてのカテゴリーを止揚している側面と、過去のすべての社会を止揚している「歴史」の側面がここで統一的に扱われる。

それはさらに、本質レベルの発展と概念レベルの発展との区別が意識されている。だから「対立」「自己反省」が出てくるのである。

9では、概念レベルでの発展を人類史を振り返って確認し、今現在の近代ブルジョア社会の生成の必然性を確認する。そして、近代ブルジョア社会の始まりとなるカテゴリー、それはそれまでの社会の終わりとなるカテゴリーを示す。それは「資本」であり、そこでは「資本」がすべてを支配している。これが経済学の叙述の始まりに置かれなければならない。

10は以上をまとめたもの。他の全てを支配して止揚している「資本」が始まりに置かれなければならないことが確認されている。

11〜13は10のまとめへの補足。

14で冒頭の問いの答えを出して終わっている。

このように全体を理解できたときに、初めて、個々の段落内の疑問もまた解けるのではないか。

4 各段落の理解

1

この段落は、この文章全体の問いを立て、全体のテーマを示したものである。

問いは、経済学の正しい叙述（編別構成）はどうあるべきかだが、叙述は研究の方法とも関係し、その両者が問題とされている。いかに研究し、いかに叙述するか、である。

しかしマルクスはそれを明言しない。研究と叙述を明確に区別して書かないし、その関係を述べることもない。これがこの方法についての理解を分かりにくくしている第一の理由である。

そして実際に書かれているのは、当時の経済学がどう叙述しているかである。それへの批判として、次の第2段落が書かれている。

2

2－1

ここでは、なぜわざわざ「下降法」と「上昇法」といった新たな用語を出す必要があるのかがわかりにくい。ただの比喩でしかなく、明らかに誤解を誘発する表現である。

　ここで問題にしていることは、普通には現象と本質の関係として理解とされることではないだろうか。それと何が違うのだろう。

　普通には、研究は現象の本質をとらえることを目標とする。現象の本質、法則をとらえれば、研究は目標を果たしたことになる。

「現象の本質をとらえること」を、わざわざ、現象から本質へと「下降し」、本質から現象へと「上昇する」とは言うことはない。本質をつかめば終わりで、それが法則である。

　本質から現象をつかみ直すことをわざわざ言わない。それは当たり前であり、そう言ったからと言って、そのことで何かが変わることはない。

　ではなぜ、マルクスはそれを問題にするのか。経済学は自然科学（物理学や化学）とは違うからである。

　それは対象の違いである。自然科学（物理や化学）の対象は物であり、それは変化、運動はするが、発展はしない。だからそれは現象と本質の二項でとらえ、法則が理解できれば終わりなのだ。

　しかし、経済学とは人間、人間の社会が対象であり、それは発展してきたし、今後も発展する対象である。それは物理学のようには扱えない。経済学では自然科学の方法が使えないのだ。だから下降法と上昇法を言い、始めと終わりが重要になるし、だから歴史と論理を問うことになった。

　では発展する対象であることが、下降法と上昇法とどう関係するのか。

　発展する対象をある時点で、その全体を考察するならば、総体性としてとらえるしかないということである。

　現象と本質との二項でとらえるなら、感覚器官でとらえる現象の奥に、普遍の本質を思考でとらえることになる。こうした理解では、対象は現象と本質との二層に分けられるだけである。

　総体性ではそうはいかない。総体性は多様な契機からなり、その契機を止揚している。また、各契機もまた、他の契機と関係しながら、過去の契機を止揚してもいる。

　契機は感覚器官ではとらえられず、思考でしかとらえられない。総体性とは多様なレベルの契機からなり、本質のさらに奥の本質、さらにその奥の本質へと、その根底、基底へとさかのぼることができる。そして、それらは全体と部分、総体と契機として構成されている。

　この総体性をそのようにとらえた時、それを体系と言うのである。

　下降法とは、ある社会の経済の現象面から多様な層を経て、その根底、基底へとさかのぼることであり、上昇法とはその基底となるカテゴリーを「始まり」として、その内部矛盾が運動して、それを契機として止揚したより上のレベルのカテゴリーが生まれ、それが繰り返されていく。そして最後に、最初の社会の経済の現象面をとらえ直す。

これが発展を、その全体から見る観点、総体性でとらえる観点である。

だから「始まり」は対象の漠然とした表象でしかないが、「終わり」にまた「始まり」に戻った際の「始まり」とは本質、規定からとらえなおされた対象、つまり総体性として現れている。これが総体性であり、これをとらえるのが、経済学の使命であるとマルクスは考えている。

これはすでにヘーゲルが総体性の問題として提起していることであり、そこでは全体が総体性、つまり体系になっており、それをとらえるのが科学（Wissenschaft）であるとしている。

そこでは「始まり」と「終わり」が決定的に重要となる。それがヘーゲルの始原論である。マルクスは、それを経済学に応用しようとしているのだ。

しかし、マルクスは、正面からそれを言わない。

2-2

次に、こうした観点で経済学史（経済学の生成史）をとらえ直したのが、2-2である。

経済学の初期は「下降法」で始まり、根底をなすカテゴリーが明らかになってきた時点で経済学の体系化が始まり「上昇法」に転ずると言う。

そして、どちらが経済学の方法として正しいかと問いを出し、「上昇法」であるとする。これが1へのとりあえずの答えである。

このように経済学の発生史を例に出し、自説を検証するのが、マルクスの大きさであり、鮮やかさである。しかし、ここにも問題がある。

悟性的な二分法であることだ。実際の研究では「下降法」だけが使用されることはなく、「上昇法」だけの場合もない。両者はそれぞれのレベルで常に一体として使用されるのである。その際に、力点、重点の違いがあるだけである。体系性の自覚の有無はもちろん大きいが、両者を切り離すことはできない。

また、マルクスは「上昇法」を正しいと言うが、こうした言い方が悟性的である。「上昇法」には「下降法」が止揚されているから、とマルクスは言うだろうが、逆も正しいのだ。

また、この正しさはどう証明されているのだろうか。こうした歴史的な事実を出しても、それは証明にはならない。そのことはこの後で歴史と論理の違いでマルクス自身が述べていることではないか。

マルクスは、体系や「下降法」「上昇法」を出す前に、それらの前提である「発展観」の説明をするべきなのだ。それをしないから、わかりにくいのである。

2－3

後半で、突如、ヘーゲルの観念論への批判が始まる。これは唐突であり、わかりにくい。なぜヘーゲルの批判が必要なのだろうか。

それは2段落前半、2－1、2－2ではヘーゲルの発展観を踏まえて書いているから、それとの違いを強調したかったのであろう。また、3段落でも、ヘーゲルの『法の哲学』の「始まり」を例示するから、違いを強調しておいたのだろう。

しかし、これで両者の違いの説明になっているだろうか。マルクスが言っているのは、経済学は認識レベルであることだろう。経済学のカテゴリーは実在するのではなく、実在するのは現実の社会　家族、共同体、国家であり、その一つの側面（社会関係、経済関係、生産関係）をカテゴリーとして認識しただけである、だからカテゴリーが、現実社会に先立って存在することはない、と言う。しかし、「ヘーゲルは、実在的なものとは思考が生み出したものであるとする幻想に到った」とするのはとんでもない議論である。

私はこんなレベルで、ヘーゲルとマルクスの違いを説明することはできないと考える。

それよりも、この確認がなぜ必要なのかがわかりにくい。後に「主体」の重視を言うがそこにつながるのだろうか。

3

2では、発展をある特定の時代においてとらえ、その総体性を示唆しているのだが、3以降は、発展の過程的側面、歴史的側面をとらえていく。

冒頭に問いが立つ。歴史と論理の一致、不一致の問題である。

歴史の順番と言っても、未発達の社会と発展した社会の比較、そこでの経済学のカテゴリーの比較が問題である。

2－3の最後の、カテゴリーは、現実社会に先立って存在することはない、との主張を受け、カテゴリー内部での比較としては、歴史上の前後の順番があることを出す。

未発達の社会では、抽象的で単純なカテゴリーが支配する。発展した社会では、複雑で具体的で多様なカテゴリーが支配する。両者の関係は、複雑なカテゴリーとは、単純なカテゴリーを止揚しており、単純なカテゴリーは下位のカテゴリーになる。

こうとらえた時に、歴史の順番に、カテゴリーの順番が従っていることになる。歴史と論理の一致である。

例示として、前半ではヘーゲルの『法の哲学』の始まりの「占有」と「所有」を出している。この理解は正確で深い。しかし、ヘーゲルが経済学のカテゴリーは実在するのではなく、実在するのは現実の社会（家族、共同体、国家）であり、それをわかっていないとしているのは、あまりにヘーゲルをバカにした態度である。

後半の貨幣の例は、次の4で詳しく説明される。

なお、ここでは具体性が二つの意味で使われている。

（1）主体（社会）、家族・共同体・国家の意味

（2）カテゴリーの意味　カテゴリーの内部でより具体的カテゴリーという意味、つまり他のカテゴリーを止揚している

この区別の説明がないので混乱する。

4

3では歴史と論理の一致の側面が説明された。4ではその反対の歴史と論理の不一致の側面が説明される。

ペルーの例は例としてはふさわしくない。西欧の経済発展を唯一の発展としているところに、間違いがあると考える。

次の貨幣の例示こそが、重要である。

貨幣は古くから存在するが、最初の段階ではその社会の支配的なものにはなっていない。その社会の経済活動の隅々にいきわたっているものではない。それは他の共同体との境で、交易するときに例外的に存在する。その意味では単純とは言えない。その社会の基底的、根底的な存在ではない。

古代ギリシャやローマでもそうであり、現代でもスラブ社会でそうである。

これに対して、発展した社会でこそ抽象的で単純なカテゴリーが支配する。その社会の隅々にいきわたっている。これを単純化と呼ぶ。

この3と4での対比は、発展を理解するうえできわめて重要だが、マルクスがやっているような歴史と論理の一致、

不一致といった表現では到底理解できないだろう。

これは本質レベルと概念レベルの発展の違いなのである。ここでは普遍的個別と具体的普遍が問題になる。

こうした問題はあるものの、この貨幣の例示には、マルクスの凄みがさく裂している。

社会発展を考える時、その限界、制限、当為から、貨幣の意味を解き明かしていて、貨幣がいかにすさまじい威力を持っていたかがよくわかる。

ヘーゲルが、個人の限界→制限→当為からなる成長を説明していたが、社会も同じように限界とそれを克服する運動がある。そこに貨幣、交易、交換が現われる。他者のあるところに、自らの崩壊と発展がある。血縁の限界、地縁の限界と、それを超えた世界の出現である。

ローマ帝国の崩壊期に貨幣が流通した。それは傭兵に貨幣での支払いをしたことに始まる。これは実に面白い。傭兵によって、ローマは自滅していったわけである。

5、6、7

4で明らかにしたように、発展した社会でこそ抽象的で単純なカテゴリーが支配する。その具体的例示がここである。

それは人間の労働を一般的にとらえることである。つまり労働というカテゴリーである。ここは圧巻の迫力である。マルクスはアダム・スミスの労働価値説の生成の必然性を、発展の立場から説明している。それ以前の経済学説史、それぞれの意義と限界が位置づけられていて、マルクスの理解の深さがわかる。

5では、重金主義、製造業主義または重商主義、重農主義への発展過程が説明される。

6は圧巻である。この段落は、スミスが行ったことを、労働のすべての具体性からの抽象、一般化であるととらえた上で、それが社会における労働そのものの発展(賃金労働の一般化、契約関係の一般化)だとする。これは認識の運動を、その前提となる存在の運動からとらえるものだ。スミスの理論も社会(存在)の発展のゆえに可能になったということだ。

最後にアメリカ合衆国がその再先端の実現の地であるとする一方で、その対極にロシアを置いている。

この6では、存在の運動と認識の運動の関係があざやかに示される。存在の運動、つまり社会の発展があり、その社会の経済関係(カテゴリーで表現される)の発展があり、そこで労働が一般的に存在するようになり、それが労働についての認識の運動、認識の発展をもたらす。そこで労働、労働力というカテゴリーを認識することが可能になる。

ここに、存在の運動が先にあり、それが認識の運動を生むという関係が鮮やかに示されている。これがマルクスの唯物史観だが、それはヘーゲルの認識論と同じである。ヘーゲルは対象（存在）の認識が可能なのは、その存在が自らの本質を明らかにするように運動するからだと主張していた。

最後のアメリカ合衆国とロシアの例も強烈である。ヘーゲルの、理性的なものが現実的、現実的なものが理性的を思い出す。

さて、ここで示された存在の運動と認識の運動の関係は、そのまま存在と当為の関係になる。存在の運動、つまり社会発展や経済発展が、当為（憲法、法律）を発展させ確定させていく。ここにはマルクスからのその直接的な説明はないが、ここが重要である。

「個々人」が出てくるのがそれである。社会がブルジョアとプロレタリアートの二大階級となり、プロレタリアートの賃金労働が一般化する。プロレタリアートがブルジョアと賃金労働の契約をする際に、そこに法的には対等な「個人」と「個人」の関係が現れるようになる。これが近代の人格の尊厳性と自由、平等の根拠であるとスミスは考え、ヘーゲルも『法の哲学』第一部でそう考えているようだ。

労働の一般性は賃金労働の一般化になる。それがプロレタリアートとブルジョワジーとの間の雇用契約、その雇用契約の対等性を生む。それが男子だけではなく女性や子供にまで同じ労働契約がなされたことから、人格の対等、平等が一応社会的に確認された。これが反映されたものが人権である。

後にマルクスは「ユダヤ人問題によせて」でこの人権の抽象性、その自由・平等の内実の貧しさを問題にするのである。この自由が貧しくなるための自由でしかないと言う。

しかし人権という考えがここに確立し、自由と平等がそこで保障されたこと。これが人格、個人の尊厳のすべての始まりであるということもまた認めなければならない。以上のことを、マルクスはどこまで自覚的に意識的にとらえていたのだろうか。

マルクスは、ここでこそ、下部構造が上部構造を規定するとする「唯物史観」を出し、存在と当為の関係を説明すべきではなかったか。また、法学の一部だった経済学が自立したことをも説明するべきではなかったか。

なお、このスミスの労働価値説、労働の一般化の結果をもう一歩進めたのがマルクスである。労働力が商品になった、剰余価値の生成と資本の成立である。

7は、5と6の段落をまとめたもの。労働の抽象化はブルジョア社会の本質だとして8につなげている。

7は3、4の問いの答えになっている。発展した段階で、その本当の意味が分かる。発展と真理の関係であり、この詳しい説明を8で行う。

マルクスはこうした一般的な説明をしない。「発展」とは言わず、過去から現在に至る発展とは何かを言っているだけ。だから最も発展した現在から過去の意味づけをすることとの関係を8段落以下で説明する。

8

8は最も重要な段落である。ここまでは、2での総体性、3~7までの歴史性が区別されたままでつながらなかった。その両者が統合されるのがこの8だからである。

7を受けて、近代ブルジョア社会が対象となるが、これは労働一般からとらえられたブルジョア社会である。

人類の発展の最高段階としてブルジョア社会を説明する。だからそれは総体性の説明であり、かつ、歴史性の説明でもある。3~7に対しては、カテゴリーにおける順番から、社会全体の順番、発展を問う段階になっている。

ブルジョア社会を総体性として、それまでのすべてのカテゴリーを止揚している側面と、過去のすべての社会を止揚している側面がここで統一的に扱われる。

過去の社会はブルジョア社会(マルクスにとっての現在の社会)に止揚されるから、それまでの社会のすべてを自らの契機として止揚している。そしてカテゴリーは社会の中に止揚されるから、ブルジョア社会ではそれまでのすべてのカテゴリーを、自らの契機として止揚している。

最高の発展段階は過去の社会を止揚し、また過去の経済関係(カテゴリー)も止揚しているから、そこから過去の社会を理解することができる。

そこで、同一と区別の両側面をとらえる必要があるとマルクスは言う。

この社会全体をとらえる段階で、改めて問題になるのが、本質レベルの発展と概念レベルの発展との区別であり、それを出すのが目的なのである。

同一、つまりただ過去のそのままの延長というとらえ方、つまり本質レベルの発展観では、過去の社会を理解することはできないと言うのだが、これでは説明になっていない。

概念レベルの説明が必要なのに、本質論の一番最初の段階の同一、区別の関係から説明ができるわけがない。

概念レベルでは、古い社会、古い主体が滅び、新たな社会主体、新たな階級が、その階級の支配が現われる。ここには激しい対立が生まれる。支配階級の交代が起こり、支配的な経済関係の交代が起こる。「逆転」である。

このことが、マルクスが「対立的」、「自己反省」という観点を出す背景である。

経済学の論考の中で、「自分自身を批判的にみる」「自己批判」という言葉を出すのが、マルクスである。彼にとっては、存在から当為が出るので、経済学は倫理学でもあるのだ。スミスはまさに倫理を教えていた。

これは単なるお題目ではなく、自己理解と他者理解の統一を主張したいのだと思う。古い時代を深く理解し批判するためには、現在の問題、矛盾に気づき、強い問題意識（これが自己反省）が必要だと言いたいのだろう。正しいと思う。

しかし、結局、この段落でのマルクスは「道徳屋」に成り下がっていないか。それは「まったく限られた条件」（8の注⑯）とは何かを論理的にも、具体的にも説明しないし、できないからである。

最高の発展段階は過去の社会を止揚し、また過去の経済関係（カテゴリー）も止揚しているから、そこから過去の社会を理解することができる。

この点については、Ⅱ章とⅦ章で私見を詳しく述べた。

9

9では、概念レベルでの発展を人類史を振り返って確認し、今現在の近代ブルジョア社会の生成の必然性を確認する。近代ブルジョア社会の始まりとなるカテゴリーを示す。

最初に「主体」が問われる（2−3でのヘーゲル批判がここにつながる）。

ここでは、狩猟民族、漁猟民族、遊牧民族（散在農耕）、定住農耕が中心の古代社会や封建社会が説明され、近代の定住農耕諸民族、ブルジョア社会が順番に登場し、そこでの支配的な産業が説明され、その逆転が示される。

ブルジョア社会が生まれるまでは、土地所有のあり方、産業としては農業が他を支配した。「ブルジョア社会では、この農業と資本の関係が逆転する。農業は、ますます工業のただの一部門となり、資本に完全に支配されていく。地代も同じである。土地所有が支配しているすべての形態では、自然的関係がまだ優勢である。資本が支配している諸形態では、社会的、歴史的に人間が生み出した要素が優勢である」。「資本はブルジョア社会において、いっさいを支配する経済力である。それは、出発点をなし、かつ終点をなさなければならない」。

これはマルクスの唯物史観の応用である。しかし、マルクスはそれに言及しない。

しかし、ここで問題になっているのは主体なのだろうか。確かに、どの時代の、どの社会かが問われるのだが、それはそこでの支配的な経済関係、カテゴリーが基底をなし、それが始まりに来るべきだから。

問題は主体と言うよりも、支配的な産業の交代、カテゴリーの逆転、それにともなう主体の交代、支配階級の交代が問題なのではないか。つまり概念の発展の立場、支配階級の交代を提示したいのだろう。

そして、近代ブルジョア社会の始まりとなるカテゴリー、それはそれまでの社会の終わりとなるカテゴリーを示す。それは資本であり、そこでは資本がすべてを支配している。これが経済学の叙述の始まりに置かれなければならない。

一般的に言えば、「すべての社会形態には、それがあらゆるほかの生産に、したがってまたその生産諸関係が、あらゆるほかの生産の諸関係に影響をあたえているような生産があって、「それから始めなければならないからである」」であり、「資本はブルジョア社会において、いっさいを支配する経済力である。それは、出発点をなし、かつ終点をなさなければならない」。総体性の基底となるカテゴリー、つまり資本が答えになる。資本が、他のすべてを止揚し、支配している。この支配しているカテゴリーがそれまでの人類史上の全てを止揚している。これがマルクスの答えになる。

このマルクスの「始まり」の理解の深さには感服する。しかし、この問題は、発展における「終わり」と「始まり」の関係として取り上げ、そこでは発展の一種類を説明しなければならない。

10

これまでの展開をまとめたもの。他の全てを支配して止揚している資本が始まりに置かれなければならないことが確認されている。

11〜13

ここは10への補足である。

ここでは、同じカテゴリーなのに、社会発展の中で位置づけが変わる例を出している。

商業民族とユダヤ人についてが11、株式会社についてが12、国富についてが13である。

私が面白かったのは11段落だ。交易、貨幣、資本から、商業民族の特殊性を出し、さらにユダヤ人がなぜに西欧で嫌われ差別されてきたのかを明らかにしているところである。この素晴らしさは、認識や意識の説明に、まず存在の運動を示したこと。普通はこれができない。そして、それが認識にどう反映したかを説明する。

これはマルクス自身がユダヤ民族の一員であることを思うと、見事だと思うしかない。そこにまで唯物史観が貫徹されているからだ。

しかし、構成上の問題はある。11段落での商業民族の特殊性の説明は、3段落での貨幣の説明（ある共同体化の限界を超えるために生まれた）と関係する。

マルクスは、これまでの歴史か論理かという大きな議論を出しながら、そこで出した論点を整理せずに、ほっぽりぱなしできた。それを、この最終段階で補足しているのだ。ここは10段落の一般論の具体例だというだけではない。

14

これが1の問いの答えである。

しかし、ラストの答えの始まりが具体的に示されていないことには問題がある。

資本の説明から始まるが、その資本がどう示されるかを説明するべきである。

5　マルクスの問題

経済学の方法を読んだ人は、その内容の充実ぶりに、そこかしこで感動し、うなるのではないだろうか。マルクスが巨人であることには疑いの余地はない。貨幣の発生とその意味、スミスの認識が可能になった社会発展の説明、人間の解剖とサルの解剖の比較、自己反省の有無を問うこと、これらはマルクス以外には誰にもできないであろう。人類史の全体を見据えた視野の大きさとその洞察の深さに圧倒される。

また9でマルクスが「始まり」とは何かに簡潔に答えている。「すべての社会形態には、それがあらゆるほかの生産に、したがってまたその生産諸関係が、あらゆるほかの生産の諸関係に影響をあたえているような生産があって、〔それから始めなければならないからである〕」。

このマルクスの「始まり」の理解の深さにも感服する。これはヘーゲルの「始元論」とされ、ヘーゲルがその論理学の冒頭で論理学の始まりは何でなければならないかという問題を立てた、それのマルクスの答えである。ここからもマルクスのヘーゲル論理学の理解の深さがわかる。

また文章全体を、上昇法と下降法、歴史と論理との二つの対構造で貫いて、一応の答えを出しているのは、その論理的な能力の高さの証明である。

しかし、しかしである。わかりにくいのだ。それはまるで暗号のようなレベルであり、たくさんの解釈をよんだ。誰も理解できず、大混乱が起きている。

上昇法と下降法、歴史と論理という問いの立て方は、きわめて不適切な表現だったと思う。それが学者たちの遊びをもたらしている。

エンゲルスに、この『経済学批判』の書評があるが、それはさらにひどい。マルクスの言葉をなぞるだけである。

さて、マルクスのあまりのわかりにくさをどう考えたらよいのだろうか。なぜこうなってしまったのか。

根本的な理由は、マルクスの頭の中で整理されていないからである。

マルクスには発展一般とその中の特殊としての自分の経済学研究とが、きちんと整理されていないのだ。発展一般の定式化をするべきだった。本章3節の（1）を参照。

これは実はヘーゲル自身が十分にはできていない。しかし、マルクスはそれを自分で整理し直し、理解し直し、誰もが理解できるように定式化するべきだった。

マルクスはそうしなかった。それどころが、終始「発展」という言葉から逃げて、他の用語でごまかしている。それは、マルクスは結局ヘーゲルの発展観が理解できなかったのだと私は考えている。その「止揚」「観念化」「総体と契機」といった考えを理解できなかったのではないか。

それはフォイエルバッハの疎外論とヘーゲルの発展観の二つの相反する中心を持つ楕円がマルクスの軌跡であり、生き方だったからだろう。しかし結局はマルクスもヘーゲルが考えた問題にぶつかっていたわけである。それは発展とは何かという問題である。そしてマルクスはヘーゲルが出した答えを「観念論」として切り捨ててあったので、ヘーゲルとは別のやり方で、マルクスのやり方で、その問題に答えようとしたのではないだろうか。ただしそれはヘーゲルよりもさらにまずいやり方であった。

マルクスは自分の能力の低さ、理性レベルに届かないことが多い、そのことを本気で反省することがついになかった。それは悟性レベルを超えるための意識的な努力をすることがついになかったことを意味する。

そのことを指摘した人は誰もいないのだろう。その理由は、マルクスに対する賛同者においては、信仰的な態度であり、マルクスの敵対者の側からは、彼らもまた悟性のレベルなのであるから、それができるはずがない。エンゲルスも同じである。「盟友」かも知れないが、批判者ではない。

マルクスはこの「経済学の方法」を含む序説を書き終えていながら、公表することはなかった。それは自分の論理の不十分さにうすうす気がついていたからではないだろうか。

本章の最後に、重要なことを一つ出しておく。

この「経済学の方法」の文章の中には、唯物史観への言及がない。そのことに気づいた人はそれを不思議に思わないだろうか。マルクスの方法といえば、まずは唯物史観を誰もが思い浮かべるだろう。ところがその唯物史観についてては触れられていないのだ。7に生産、9で生産と生産関係の二項を出すだけである。それはなぜなのか。

この答えは、すでにV章6節の（3）に書いたので、くり返さない。

第Ⅶ章

時代の限界と時代を超えること

1 マルクスの直面した問題

(1) マルクスの直面した問題

I章とII章では存在の運動と認識の運動の関係を検討した。それは存在の運動の発展をいかに認識が追うことができるか。また時代の限界を超えた認識をどのように獲得できるのかが問題だった。

人はいかに生き、その時代と関わり、その時代を超えることができるのか。人間はその時代の発展段階の中でいかに認識し、いかにその発展段階を超えた認識を獲得することができるのだろうか。

こうした観点から、マルクスの資本主義社会の認識を考えてみる。

マルクスは当時の資本主義を理解する際に、資本家による賃金労働者の搾取を理解し、当為、限界から制限の論理を使って、この段階の資本主義を超えていくことを自らの使命（当為）としてとらえた。

マルクスが理解したことは、そこに資本主義社会の限界が制限となり、新たな当為（社会主義社会）が現れようとしていること、それをなすのはプロレタリアートであること。そして目標とする新たな世界として、社会主義の世界、国家の廃止、私有財産の廃止をあげた。しかしこれらは実現はしなかった。

マルクスは当時の資本主義の核心としてブルジョアによるプロレタリアートの搾取をとらえることはできた。それがマルクスの革命運動であり、大工業化の時代にその課題に応えたものだ。

しかしそれを超えた新しい世界を見いだすことはマルクスにはできなかった。その新たな当為はマルクスの段階にはまだ当為として現れてはいなかったからだ。

ではこのマルクスと、マルクスが批判する空想家とは何が違うのだろうか。マルクスは、自分たち科学的社会主義と空想的社会主義とを比較し、その違いを時代の発展段階の違いとして位置づけて説明した。

しかし、結局マルクスも、空想的社会主義と同じことをしているのである。そしてこれ以外にどうすることもできないのだし、また、それで良いのである。ただしマルクスが空想した夢は、『共産党宣言』でも、後年の『ゴータ綱領批判』でも、抽象的でほとんど内実がない。オーエンらの具体性に対して貧相である。これはどう考えたら良いのだろうか。

結局、マルクスにはそこでの葛藤や矛盾を解決できなかった。さらに、オーエンらを空想的社会主義とし、自らを科学的社会主義などと断言したものだから、その罪は重い。

（2）哲学史は時代を超える

一体、マルクスと空想的社会主義とは、どこがどう違うのだろうか。それはマルクスが言うような、時代の発展段階の違い、革命の主体となるべくプロレタリアートが現われているか否かの違いなのだろうか。

違うと私は考えている。

根本的には、それぞれの依拠した思想の違い、立場の違いが、その認識の違いを生んだと私は考える。

「空想家」たちはフランス啓蒙思想の立場でものを考え、マルクスはヘーゲルの概念的理解の立場で考えた。それだけの違いである。それをたかだか数十年の発展段階の違いとしてくるのは無理である。

マルクスが自らを「科学的社会主義」だと標榜することができたのは、彼の時代の発展のおかげではない。ただ、ヘーゲルがいてくれたからでしかない。ヘーゲルが発展的な理解方法を解明した後に生まれて、それを学べたからでしかない。「空想家」たちはヘーゲル哲学を学ぶことがなかった、それだけのことではないか。

一つだけ注をつけておく。これは思想内容の違いだけではなく、実際には思考能力の違いになる。ヘーゲルの認識方法を実行するためには、今現在の中に、未来に向けた矛盾、制限、新たな当為を見抜く能力が問われる。それを持たない限り、口だけのことで、「空想家」と変わらなくなる。

また、両者の違いを空想か科学かという区別、規定でとらえることも無理である。マルクスも、空想家も、頭の中から理論を出すしかないのである。マルクスも運動の目標、目的を思い描くときには、夢想家になるしかないのである。また、それで良いのだし、それが必要なのである。マルクスも大いに夢を語ればよいだけなのである。そしてそこに必然性などを言わず、その妥当性の検討は後日に期すと言えばよかった。

そうであれば、空想的社会主義と科学的社会主義との区別を絶対視したり、自己の科学的社会主義を絶対化することもなく、それを相対化することができたであろう。

マルクスが言うような、発展段階の違いが、違いとして意味を持つのは、発展的な理解の立場に立つ場合だけではないだろうか。空想家を批判したければ、それが啓蒙思想家の立場でしかないと言えばよいだけだった。

ヘーゲルのような発展的な理解が生まれるか否かは、時代の発展段階とは直接には関係がない。ヘーゲルが生きたのがヨーロッパの後進国ドイツであったことをどう考えるのか。またドイツ観念論の中からヘーゲル哲学は生まれたのだが、ヘーゲルにとって真に参考になる哲学者はアリストテレスしかいなかった。これをどう考えるか。

スミスの『国富論』はすべての人に公開されていた。しかし『法の哲学』を書くことができたのはヘーゲルだけだった。

つまり認識方法の根本は、大きくは人類史、哲学史の全体に依存しているのであり、それは時代や社会の発展段階からは、かなりの程度の自立性、独立性を持っているのだ。ただし、もちろん、哲学も思想も時代から超然とするものではない。大きく言えば時代の発展段階に規定される。例えばヘーゲルが自然から人間が生まれたことをもって、人間の使命は自然を完成させることとまで言えたのは、近代という時代背景からしか考えられない。アリストテレスには到底不可能であっただろう。

大きく見た時に、対象の認識はその対象の発展段階に規定されるのはその通りだが、それは個々の対象の認識を問う際であり、思想の根本の立場になると、どれだけ深く哲学史を踏まえているかにかかっている。そしてそれを理解し実行するには、それに必要な能力が求められる。

マルクスはその唯物史観のために、思想と哲学史を軽視しすぎている。自分がヘーゲル哲学にいかに依存し、依拠しているかの自覚が弱すぎるのではないか。

なお、この点では、エンゲルスは私と同様の視点をも示している。思想は、時代の影響を受けてそれを反映するのだが、「さしあたりのところは、手近にあった思想的材料に結びつかざるを得ない」(『空想より科学へ』一章の冒頭部分)。つまり空想的社会主義者は啓蒙思想の影響下にあったとしている。ただし「さしあたり」はそうであっても、選び直すことが人間にはできる。それには哲学史の学習が必要だし、自分の能力への反省が必要になるのだが。

(3) マルクスのヘーゲル批判

発展段階の違いが、違いとして意味を持つのは、発展的な理解をしようとする立場の人にとってである。

だから、それが真に問題になるのは、ヘーゲルやマルクスにとってである。マルクスにとっては、ヘーゲル哲学を考える際に、またヘーゲル哲学とマルクス自身の思想の関係、マルクス自身の思想の発展を考える時に重要になるはずだ。他者(ヘーゲル)の発展の理解と自己(マルクス)の発展の理解である。

マルクスはそこで、どこまで発展の考え方を貫くことができただろうか。

本来はヘーゲル哲学の理解においても、自らの唯物史観の生成の理解においても、それを概念的にとらえることが求められるはずである。その生成、展開、消滅の過程をとらえることとである。

まず、マルクスのヘーゲル哲学の評価方法について検討する。

マルクスはヘーゲル左派であったから、そのヘーゲル哲学との関係では、常に二面性を持つ。肯定と否定の二つの側面である。

すでに、本書I章第2節で、『資本論』第一巻の第二版後記からその二つの側面を紹介した。

前半は若き日のマルクスの評価であり、それは「弁証法の神秘的な面」への批判である。これはヘーゲル哲学を観念論とする批判である。

そして、それから三〇年ほどたって、マルクスのヘーゲルへの評価は絶大なものへと変わる。

自らを「あの偉大な思想家の弟子である」と率直に認め（以前は認めていない）、ヘーゲルの認識方法を「現状の肯定的理解の内に、同時にまたその否定、その必然的没落の理解を含み、一切の生成した形態を運動の流れの中でとらえ、従ってまたその過ぎ去る面からとらえ、何者にも動かされることなく、その本質上批判的であり革命的である」と讃えている。

そして、マルクスは確かにこの後者の「概念的把握」という方法を学び、それを駆使して、自らの思想を作り上げていった。

しかし、後記ではこうした絶賛の後に「弁証法はヘーゲルにあっては頭で立っている。神秘的な外皮の中に合理的な確信を発見するためには、それをひっくり返さなければならない」として、最初の論点に戻っている。つまり「弁証法の神秘的な面」への批判は終始変わらなかったのである。

ヘーゲルの弁証法は良いが、その観念論はダメであり、弁証法は学ばなければならないが、観念論の側面に注意して、そこは唯物論に転倒すれば良いというのだ。そして、これがマルクス信奉者には、しっかりと定着したヘーゲル評価となった。

これがマルクスの最終的なヘーゲルへの評価であることを、私は重視する。ここにマルクスのだめさが集約されていると考えるからだ。マルクスは、ヘーゲルに対しての真っ当な対応をしたことが一度もないのではないか。若き日はもちろんだが、高い評価をした際は「媚び」るのだ。共に間違いではないか。

このマルクスのヘーゲル評価の二面性は発展的な理解、時代の発展段階から思想を理解するものだろうか。断じて否である。

このマルクスの方法は、一般的な評価方法でしかない。つまりある対象をその良い点、悪い点、肯定面と否定面からとらえるという評価方法であり、極めて悟性的なものである。

肯定面と否定面の二つがただ並ぶだけで、両者がどう結びついているのかは分からない。評価の二面性がそのまま最後まで残されており、全体が一つに統合されることはない。

しかし、一つの偉大な思想に対して、それを二つに分けて、その弁証法は採用し、その観念論はとらない、そうしたことはできるものではない。すべては深く結びついているからである。

もし、ヘーゲルが観念論であり、そこに大きな問題があるのならば、ヘーゲルの概念的把握という認識方法にも重大な欠陥があるはずである。それを解明しなくて良いのか。

マルクスがヘーゲル哲学に対してなすべきだったのは、ヘーゲルへの批判そのものも概念的に展開することだった。その内在的な理解によって、その内在的な批判をすることだ。その肯定的理解の内に、その没落の必然性を示すことだ。それができていないのである。

もし、ヘーゲル哲学が観念論的であるという問題があるとしよう。その時、それをどうとらえるべきか。マルクスは空想的社会主義に対しては時代の発展段階の限界からその思想を説明していた。したがって、ヘーゲルについてもヘーゲルの時代の発展段階、時代の限界からとらえることになるのではないか。それはマルクスの唯物史観からもそうなるはずである。しかしそうした理解方法は見られない。

これは大きな問題である。マルクスの方法ではヘーゲル哲学を時代との関係で、発展的にとらえること、つまり概念的に理解することはできない。そうなると、そのヘーゲル哲学を、マルクスがどう継承するか、それを真に自覚的に行うことができなくなる。それは自分を見失うことだ。そして事実そうなってしまったのではないか。これには付論として本書に掲載した拙稿「ヘーゲル哲学は本当に『観念論』だろうか」を参照されたい。

なお、エンゲルスは最晩年に『フォイエルバッハ論』で、この点の修正をしている。

マルクスは、ヘーゲルが当時の君主制を支持したことを批判する。しかしエンゲルスは、ヘーゲルの真意を、当時のドイツ民族の程度（民度）が、君主制しか可能にしなかった、と理解している。

エンゲルスは、ヘーゲルの有名な「現実的なものは理性的であり、理性的なものはすべて現実的である」という言葉を説明して、「現実的＝必然性」の意味だと述べ、「必然的なものは結局のところ、理性的でもあることが明らかになる」という意味だと説明する。

そして、次のように述べる。

「これを当時のプロイセン国家にあてはめると、ヘーゲルの命題の意味するところは、だから、ただこういうことにすぎない。すなわち、この国家が合理的であり、理性にかなっているのは、それが必然的であるかぎりにおいてである。もしこの国家がそれにもかかわらずわれわれに悪いものに思われ、しかもそれが悪いにもかかわらず存在しつづけるならば、政府の悪さは、臣民たちがそれに照応して悪いという事実で正当化され説明される。その当時のプロイセン人たちは、自分たちにふさわしい政府をもっていたのである」。

しかし、そのエンゲルスも、ヘーゲルへの観念論とのレッテル張りは改めることがなかったし、正面からマルクスや自分たちの当時の未熟さを自己批判し、その間違いを正すことはできなかったのである。

以上でマルクスのヘーゲル批判の検討を終える。次にマルクスの自己理解、マルクスの思想自体の発展についてだが、ヘーゲルへの態度がそのまま、マルクスの思想の発展を大きくは規定した。Ⅳ章の5節、6節、Ⅴ章の7節で私見を述べたが、以下に、簡単にまとめておく。

マルクスはヘーゲルを真に継承することができなかった。ヘーゲル哲学そのものを大前提とし、その上で社会変革の部分だけを具体化した。革命の時代の革命の思想として。しかし自らの前提部はヘーゲルに委ね、それを新たに深めるということはしていない。結局マルクスはヘーゲルとフォイエルバッハの二点を中心とする楕円運動に終始し、その両者を止揚した一つの世界を作ることはできなかったのだ。

マルクスのヘーゲルに対する観念論批判は、こうした背景から理解しないと、その意味が分からないだろう。

（4）マルクスは時代の課題にこたえた

ヘーゲル哲学との比較では、マルクスには分が悪い。ヘーゲル哲学の方が圧倒的に上であるように私は思う。しかしそれだけでは、マルクスへの評価は不十分である。

では、なぜこれだけ大きな変革がマルクスの思想によってもたらされたのだろうか。ここをしっかりと考えなければならない。

マルクスが置かれた状況は、革命の時代であり、その革命を成功させるために、その頭脳になることがマルクスの使命だった。それを使命だと考えた。

その革命の時代との根拠は具体的には何だったのか。人類史上いまだかつてない巨大な生産力がすでに実現されている。その巨大さは空前絶後である。これによって人類解放の可能性がある。マルクスはこう考えたのではないか。

巨大な生産力の存在を証明する事実とは、経済恐慌である。その恐慌が巨大な生産力が既に存在していることを示している。したがってその恐慌の問題さえ解決できれば、その巨大な生産力が人類解放をもたらすに違いない。

その恐慌は階級対立、剰余価値の搾取、その根底の私有財産、さらに階級対立を維持する国家、こうしたものを解決すれば人類解放が可能になる。そう理解し、それに邁進したのがマルクスなのではないか。

彼の唯物史観とは、そのために生まれ、この新たな事態にとにかく対応するためのものだったのではないか。

ヘーゲルにはヘーゲルの時代の課題があったように、マルクスにはマルクスの課題があった。マルクスは時代の要請にまっすぐに答えようとしたのだろう。

マルクスの課題はヘーゲル哲学を発展させることではない。巨大な生産力が存在する以上、それを生かして人類解放を実現すること。それに邁進した。マルクスにはヘーゲルは必要ではなかった。『資本論』を書くときのみ必要とした。

そして、その態度は基本的に妥当だったからこそ、その思想が巨大な影響力を持ち、巨大な成果と効果を与えることになった。この限りでマルクスの一面性は致命的なものではない。むしろマルクスの時代状況の全体的把握は正しかったと言えるだろう。

マルクスは時代の子として、時代の要請に精一杯こたえようとしたのだ。

もちろん、そこには当然ながら、大きな見落としや意識されない前提もまたあった。その一つは、マルクスの時代とは工業化の内部での大工業化の段階であったことだ。そしてその段階では、物質的な生産、物質的な豊かさの段階としては、その思想は極めて有効であった。

しかし、時代は進んでいく。物質的生産よりも精神的生産、サービスや情報産業が中心になってくる。金融商品が生まれる。

また、工業化が進むと、自然破壊、環境破壊、公害が広がる。生産力には地球を破壊しない限りという限界があることが明確になった。

ここにおいてマルクスの一面性、部分性がハッキリとしてくる。

マルクスの時代、その後の人類の歴史では大転換が次々と起こった。

自然と人間の関係が大きく逆転した。それまでは自然の力が人間より大きかった。しかし生産力が巨大になり、人間が自然を支配できるかのように思いあがる結果となった。しかし環境破壊が起こり、生産力には限界があることが明確になった。

また、マルクスが自称した「科学」は簡単に宗教に転落することも明らかになった。個人崇拝、信仰的な態度、他者への強制、自己批判なし、自己相対化なしの態度の蔓延。個人を大切にしようとしたマルクスがその逆の事態を引き起こしてしまっている。

しかし、社会が個人より上だったものが、個人が上になるべき段階になっている。そこでは意識の内的二分の自覚と能力を高めるトレーニングこそが求められる。個人と組織の正しい関係が求められる。それは民主主義の徹底という課題になるだろう。

2 ヘーゲルの回答

(1) ミネルバの梟

人間はその時代の発展段階の中でいかに認識し、いかにその発展段階を超えた認識を獲得することができるのだろうか。つまり、人はいかにその時代と関わり、その時代を超えることができるのか。

この問題についてヘーゲルはどう考えていたのだろうか。

まず有名なミネルバの梟を取り上げる。すでにⅡ章の4節で引用し、ヘーゲルの真意を説明した。ここではその確認と補足をしておく。

「ミネルバの梟はたそがれがやってくるとはじめて飛びはじめる」。「哲学は世界の思想である以上、現実がその形成過程を完了しておのれを仕上げた後ではじめて、哲学は時間の中に現れる」。「哲学がその理論の灰色に灰色をかさねてえがくとき、生のひとつのすがたはすでに老いたものとなっているのであって、灰色に灰色ではその生のすがたは若返らされはせず、ただ認識されるだけである」(『法の哲学』の序文)。

ここでヘーゲルが、世界が完成しないとその認識は完全にはできないと主張しているわけではない。ヘーゲルは、世界に対して世界がいかにあるべきかを教えるような態度は間違っている、それは時代を飛び越えようとするものだ、と批判しているのである。

ただしここはヘーゲルがやや感情的になっており、ラストの灰色の比喩で若者(「若返る」「若返らせる」)と老人(「認識」や「老人」)を対置しているが、これは当たり前の事を言っているだけだ。しかし誤解する人も多いと思うので少し補足をしておく。

若者は無知蒙昧だから、たくさんの誤りを犯す。それを反省した時はすでに遅い。若い時の過ちは確かに取り戻すことはできない。しかし、それは若い時に過ちを犯さないことがいいという意味ではない。むしろ若い時は猪突猛進でバカなことをやりまくるのだがそれで良いのだ。そうした愚かさは必ず破綻する。しかし、そうした過ちの大きさ深さだけがその人の可能性なのである。そのことの苦しみ、悲しみ、怒りや切なさだけが、私たちを成長させ、深め、成熟させるからだ。もちろんその反省を真に深めていく限りでのことである。

その反省が本当のものになれば、それは契機となってその人の中で生きていく。それは古くなったり腐っていくことはない。その人の中で強く生きる。それを「灰色」と表現するのは一面的である。それは契機として生きる。その意味ではそれは常に若々しくよみがえり続ける。私たち人間はその中で生き、その契機も私たちの中で生きてゆく。それが契機となることであり、それは決して灰色ではない。そうした契機を自分の中に含み持ち、私たちは生き、成熟していく。それ以外の成熟の道はない。以上がヘーゲルの真意であると私は考える。

ミネルバの梟については以上で終わりだが、ここにはもう一つ「時代を超える」という論点がある。この問いに、ここで答えておく。

人は皆時代の子であり、哲学もまた時代の子である。では、この時代の子、および時代を越えるということについては、どのように考えたらいいのだろうか。

時代の子とはその時代の発展段階に認識は限定されるということである。それは当然だが、しかし同時に人間は時代を超えることができるのも事実である。

思想や文化は時代と空間を超えることができる。それは私たちが今もヘーゲルやマルクスを読み、プラトンやアリストテレスを読んでいるという事実から、誰もが分かることだろう。その事実は思想が時代を超えるということを意味する。

ヘーゲルの真意を考えるためには、ヘーゲルが歴史哲学、哲学史、宗教史、美術史といった講義を繰り返し繰り返し行なっていることを考えればよいだろう。

これは全て、人が時代を超えるということを前提にされている。

時代を超えるとは、未来予測ができるとか、新しい当為の側に立てるとかということではない。次の時代の契機となること、前の時代を止揚し、次の時代に止揚されること、これを意味する。

もちろん、その思想の大きさ深さによって、その契機としての大きさや位置づけが変わってくる。

思想や文化は時代と空間を超えることができる。しかしそれは精神的な産物に限られたことではない。人間の物質的な活動とその産物もまた時代を超えてきた。

私たち人間は過去の人類の生産物とその遺産を継承し、その上に自分の時代の生産を積み上げてきたのである。私たちの社会は先人たちがこのような形で時代を超えてきたことを事実として証明している。

しかし、ここまではまだ一般論でしかない。一人の人間が時代の限界の中に生きながら、時代を超えるとはどういうことか。その思想の大きさ深さとは何によって決まるのか。

ここには発展という理解の上での大きな問題がある。対象とする存在の発展段階によって、その認識は限界づけられる。それをどう超えるのか。時代の発展段階として時代の「始まり」や「終わり」にあっては、人はどう認識し、どう生きたら良いのか。

（2）プラトンの『国家』

こうした根本的な問題を問う時、やはりヘーゲルがその核心をついていると思う。

『法の哲学』の序文で、私が一番心惹かれるのは、プラトンの『国家』についての叙述部分である。

「私は以下の本論考中（一八五節の注解）に述べておいたが、空虚な理想のことわざと見なされているプラトンの『国家』ですら、本質的にはギリシア的倫理の本性よりほかのなにものをも把握しなかったのである。だからプラトンは、ギリシア的倫理のなかへ闖入してくるさらに深い原理〔主体的自由の原理〕を意識したとき、この原理はギリシア的倫理に直接的には、あるまだ満たされていない渇望として、したがってただ滅びとしてしか現われえなかったので、彼はまさに渇望からこの滅びにたいする救いをさがし求めざるをえなかった。しかも、いと高きところから来るのでなくてはならなかったその救いを、プラトンはさしあたりただ、あのギリシア的倫理の外面的な特殊な一形式のうちにしか求めることができなかったのである。この形式によってプラトンはあの滅びを圧伏することを考えたのであるが、それによって彼はギリシア的倫理のさらに深い衝動、自由な無限の人格性を、まさしく最も深く傷つけた。だが彼の理念のきわだった特徴の中心をなす原理が、まさしくその当時、世界の切迫している変革〔キリスト教の成立〕の中心となった軸であるということによって、プラトンは偉大な精神たるの実を示したのである」。

ここはわかりにくい表現である。ヘーゲルは、プラトンを高く評価しているのか、低く評価しているのか。どちらなのか、それがわかりにくい。

私はここを読みながら、時代を超えるとはどういうことか、自分が生きるのが終わりの時代、始まりの時代だった時に、どう生きたらよいのかを考えた。

ヘーゲルの主張をまとめれば次のようになる。

(1) プラトンの『国家』には、リアルな社会認識がなく、プラトンの理想の世界があるだけで、空虚な理屈でしかない。これが一般的な理解だが、ヘーゲルはこうした見解に反対している。
(2) 当時のギリシャ世界に、個人主義という欲求、衝動が生まれていた。これが、当時の新たな当為だったのだが、プラトンにはそれがギリシャ世界を破壊するものとしか理解できなかった。
(3) 本来は、その欲求の中に、問題の解決があるのだが、その欲求を真に普遍的にとらえたのはイエスであり、キリスト教である。そのはるか以前のプラトンにそれを求めるのは無理である。これが時代の限界。
(4) プラトンは、この欲求と闘おうとしたが、その欲求の内ではなく、その外側にあるギリシャ世界の倫理に頼るしかなかった。ギリシャ世界の内部から生まれた個人主義の要求を、ギリシャ世界の倫理をより根源的に深めることで抑え込もうとしたのだ。しかしこれは普遍性に対して、外的な特殊性で戦おうとするもので、敗北は見えていた。
(5) しかし、プラトンは偉大である。彼がギリシャ世界の倫理を深めた原理が、新たな世界と古代世界との転換点を明らかにしたからだ。

当時のアテネの状況を思い浮かべてみる。若者たちがアテネのためではなく、自分自身のためにだけ生きようとし始めた。これにどう向き合うかが、問われた。多くの市民たちは、これはアテネの危機である、ギリシャ精神の危機であると感じ、若者たちに反対し、可能ならその傾向を抑えようとした。

プラトンも変らなかっただろう。当時の若者たちに共感はできないし、その個人主義を人類のより深い欲求であり、真実であるとはとらえられなかった。むしろ、それをその根から完全に滅ぼすべく闘った。それが『国家』という著作である。

しかし、それは単なる外的な反応ではなく、実はプラトン自身の自己反省によってギリシャ精神の原理の反省、それを深めることで対抗しようとしたのだ。若者たちを生んだのは、まさにギリシャ精神だからである。それはどこでどう間違えたのか。その答えを出すべく、ギリシャ精神の全面的な反省をしたのが『国家』である。

これはギリシャ精神の限界を徹底的に明らかにすることになった。限界を深め、それを制限にまで深めたのではないか。そして、それによってプラトンは時代を大きく超えたと言っても良いのではないか。

ヘーゲルは、この『国家』を残したことで、プラトンが自らの偉大な精神を示したという。なぜか。何をもってそういうのか。

プラトンには、個人主義の意義、それが新たな当為であることを理解することはできなかった。その意味では保守反動である。時代を超える新たな当為を理解できなかったのだから、プラトンは時代を超えられなかった。

しかし、プラトンはそれと闘うために、ギリシャ世界の倫理を徹底的に深めようとした。それはプラトンにとっては、自己反省によって、自分とは何かを徹底的に明らかにしたことになる。それは古い世界の全体を、その原理原則にまで深めてとらえ直そうとした。そしてそれによって逆に、新しい世界とその原理原則を解き明かしているのではないか。それをヘーゲルは最大限に評価しているのだ。私はプラトンは、新たな当為と闘うことで、時代を超えたのだと思う。

ヘーゲルが「プラトンは偉大な精神たるの実を示したのである」と言う時、実はプラトンにヘーゲル自身を重ねていたのではないだろうか。時代が完成する時、哲学が現れると言うのだが、それはすでに古い世界の終わる時であり、その内部に自分を超える新しい世界が生まれようとしている。そして、その新しい世界によって自分の姿をハッキリと見られるようになる。それが限界が制限になるということの意味である。

自己の内部に自分を超えるものをとらえる力。それは自分の限界を知ることだが、それはまた自分の全体をとらえ直す力である。限界を制限に高め、次の当為を指し示す。それが彼の『法の哲学』ではないか。自己反省が第一である。

プラトンが『国家』でそうしたように、ヘーゲルは『法の哲学』を書くことで、マルクスの唯物史観を生み、それによって時代を超え、さらにはマルクスをも超えるものを残したのではないか。


人間は自分に可能な範囲で、全面的な認識に到達できる。一つの完成した認識。それは相対的なものでしかないが、個人にあって、その時代にあってやはり絶対的である、と言える。

そしてそれがそうであることは、『国家』や『法の哲学』が今も読まれ、現在の私たちの社会への批判足り得ている、いや厳しい批判として今も生きていることで証明されている。

それはなぜなのか。私たちの社会はそれを止揚したが、それは始まりが終わり、終わりが始まりという時代の結節点、人類史上のいくつかの分岐点を表しており、そこに人類の本質、概念が深く刻まれているからである。時代を超えたかどうかではなく、人類の概念をどれだけ深く表現できたかが大切なのである。


もちろんマルクスも同じである。社会主義の当為を明らかにし、資本主義社会の限界を制限として見せたことで、資本主義社会の変革を促した。社会主義という当為はそのまま実現はしなかったが、一つの重要な契機となって現在の資本主義社会の中に生きている。大工業化の時代の限界の中で、その矛盾を深めることがマルクスの使命だった。

資本主義社会の矛盾は、今コロナ渦の中で、大きな気候変動の中でさらに深まっている。その限界を制限にし、新たな当為を生み出すのは、私たちの役割である。

〔付論〕ヘーゲル哲学は本当に「観念論」だろうか

マルクス、エンゲルスは自らの立場を唯物弁証法、唯物史観とし、ヘーゲル哲学を「観念論的」弁証法だとして批判した。ヘーゲルの弁証法は哲学史上の最大、最高の遺産だが、それは観念論であり、「逆立ち」しているのでそれを唯物論の立場からひっくり返したのが唯物弁証法だというのだ。

しかし、このまとめは大きな間違いだったと思う。政治パンフレットのわかりやすさとしては良いが、そのわかりやすさとは、いかにも悟性的であり、他を一面的に切り捨て、発展的な理解、つまり弁証法からかけはなれたものだったからだ。

本来は、悟性の意義と同時にその限界を指摘し、仲間の人々には悟性を克服する学習運動をうながさなければならないはずが、その逆になってしまった。

「空想的」社会主義者に「科学的」社会主義を対置し、上部構造に下部構造を対置し、宗教に科学を対置し、両者を単純な対立関係とし、前者を切って捨てた。その結果、仲間や支持者の間に「観念」や「理想」や「夢」への蔑視、軽視の傾向を生んでしまった。

ヘーゲルはすでに「存在が意識を規定する」ことを明らかにしていた。それは彼の論理学が客観的論理（存在論と本質論）から主体的論理（概念論）がでてくることに端的に示されている。また、彼の哲学史、歴史哲学、法哲学などでも、このことは確認できると思う。ただし、ヘーゲルにあっては、この規定を精神史一般、人類史一般、民族一般の運動として考察していた。

これは「存在」の意味が抽象的で一般的なままにとどまっていたと言える。これを具体化、現実化したのが、マルクスの唯物史観である。つまり、「社会的存在が社会的意識を規定する」とし、それを経済と政治の関係としてとらえ、下部構造が上部構造を規定するとしたのである。これはヘーゲルの抽象的普遍を、一層発展させ、より具体化、現実化、個別化したのである。（以上は牧野紀之「価値判断は主観的か」による）

この時、マルクスは、自分が乗り越えたヘーゲルをどう批判し、どう評価するのが正しかっただろうか。

実際にマルクスが行ったことは、ヘーゲルを「観念論」だとし、「逆立ちしている」と批判することだった。これは、どこまで正しい批判だっただろうか。ただし、ここでの「正しさ」とはマルクスが到達した発展段階、唯物史観の立場からのものを言う。

ヘーゲルは確かに唯物史観には到達できなかった。そのことを指摘し、それを批判することは正しい。しかし、それをヘーゲルの「観念論」の責任にするのが正しかっただろうか。もちろんヘーゲルの叙述の中に、精神至上主義的な個所は多数指摘できる。しかし、同時に、かれが経済発展とその矛盾故の市場拡大の動き、経済を反映した法関係といった理解を示している個所を挙げることも簡単なことなのだ（『法の哲学』を参照）。

ヘーゲルにあっては、唯物史観で言うところの上部と下部への分裂が明確に意識されていなかったと言える。しかし、それを以って「観念論」と批判するのは妥当だろうか。ヘーゲルは「精神」という言葉で、市民社会も、その経済活動も含めていた。上部と下部の区別がなく、混在していたのがヘーゲル哲学であり、彼の時代ではなかったか。

マルクスのヘーゲル批判が、「観念論」という言葉の不適切な拡大だというだけではない。この批判の仕方には、もっとずっと根本的な問題が含まれている。マルクスが、唯物史観の立場から唯物史観で唯物史観をとらえるという「自己批判」をしていることは有名である（『哲学の貧困』第二部第一章第七の考察）。また「経済学の方法」（『経済学批判序説』第三）ではそうした「自己批判」なしの「他者批判」では一面的な考察しかできないと述べ、事実上「自己批判と他者批判の統一」を主張している。これは画期的な観点であり、自らが他と群を抜いて高い立場にあることを示すものだった。しかし、マルクスにも、実際にはそれはできていなかったのではないか。それがヘーゲルへの「観念論」だという批判の仕方に現れていないか。

マルクスは、ヘーゲルを観念論として批判するのではなく、ヘーゲルが唯物史観には到達できず、その思想を具体化できなかったと、批判するのが正しかった。

マルクスは、ヘーゲルの不十分さの理由を、ヘーゲルの「観念論」のせいにする（それこそが観念論的ではないか）のではなく、社会的、経済的発展段階の問題として考察すべきではなかったか（これが唯物史観だろう）。

つまり、ヘーゲルがそこに至らなかったのは、当時の発展段階がそこまで到達していなかったからだし、マルクスがそれを把握できたのも、彼の時代が、ドイツで資本主義が大きく発展し、大土地所有者とブルジョワジーの対立が激化した時期だったからに他ならない。こうした理解が、発展的理解（「自己批判と他者批判の統一」）と言うものだろう。

マルクスは、本来はこう言うべきだった。

「ヘーゲルは発展的な理解を明らかにするという巨大な仕事をした。それは近代市民社会の生成という時代を反映している。しかし、当時のドイツは資本主義の未発達な段階だったために、『存在が意識を規定する』というヘーゲルの定式は個人の、または歴史一般のレベルにとどまっていた。

しかし、ドイツでも近年急速に土地所有階級が没落し、資本家が成長し、資本主義を論理的に考察できる段階になった。それゆえに、ヘーゲルの限界を超えて、『存在が意識を規定する』という定式を、個人から社会全体に押し広げ、または歴史一般、民族史一般から具体化し、『社会的存在が社会的意識を規定する』と定式化できた。それが、私（マルクス）の唯物史観である。

しかし、ヘーゲルがそうであったように、私の考え『唯物史観』も時代の制約下にあり、その不十分な点は、次の時代の後継者に乗り超えてもらうことを期待する。そのためには、ヘーゲル哲学を徹底的に学び、その発展として私の唯物史観を理解し、その上で唯物史観をさらに発展させてほしい」。

ところが、マルクスはこう言うことができず、ヘーゲルを「観念論」だと切り捨ててしまった。それはマルクス自身の思想を「一面的」なものにした。これは大きな間違いだっただろう。これによって、彼の支持者たちが、ヘーゲルの弁証法、発展の考え方を継承することを難しくしてしまったからだ。

マルクスとエンゲルスは、「科学的」「唯物史観」「唯物弁証法」の立場を口にはしたが、実際にはそれを貫けず、他を「空想的」「観念論」などと切り捨てる一面性に陥った。そのために、彼らは、理想、夢、空想などを一般的にいけないもの、否定すべきものとし、その結果、夢や理想主義を馬鹿にする傾向、語れない傾向を生み、それらを語る他派や宗教者を理解する力を失った。マルクス自身、結局、夢の世界像を示せなくなった。

こうした批判の一面性、傲慢さが、宗教批判、国家批判にも出ているのではないか。

ところで、私が以上のことを言えるのは、今現在が高度経済成長が終わり、社会主義が破綻し東西冷戦が終わったという、かつてない未知の段階に到達しているからなのである。

（二〇一〇年一月二六日）

おわりに

1

本書の原稿は二〇二一年一月に完成する予定だった。すでに三〇年以上マルクスについて学習してきており、この三年ほどはマルクスの唯物史観や資本論について中井ゼミで集中的に取り上げて考えてきた。マルクスの思想について書くべきことはすでに固まっていて、それを書くだけのつもりだった。前著『ヘーゲル哲学の読み方』を書く時に、次の本はマルクスと決めてあり、その準備を進めてあったのだ。しかし一月に終わるはずの原稿執筆が三月にのび、五月になり、夏の終わりに伸び、そして一〇月までずれ込んでしまった。これは当初は考えられなかったことだ。

自分の考えの根本は変わっていない。マルクスの思想はフォイエルバッハとヘーゲル哲学の二つを中心点とする楕円運動だと考えている。しかしいくつかの点で私には不十分な点があった。

一つはマルクスの人生において、一八四八年の革命の挫折の前後の転換について重く考えるようになった。これは、マルクスの思想の発展をどうとらえるかという問題、前期のマルクスと後期のマルクスをどう関係させてとらえるかという問題、「初期マルクス」の理解の問題に関係する。

そこで、マルクスの人生とその時代背景を改めて学習した。そのために、城塚登『若きマルクスの思想』、廣松渉『唯物史観の原像』、吉本隆明『カール・マルクス』などを読み、そこで示されている参考文献などをながめた。

また、いわゆる「初期マルクス」のテキストである「ユダヤ人問題によせて」「ヘーゲル法哲学批判序説」

『経済学・哲学草稿』『ドイツ・イデオロギー』などを読み直した。
こうした作業のために時間がかかったのだが、それだけではない。

本書は私の三〇代までの人生の総括になった。

私は「マルクス主義者」ではないし、かつて一度もそうであったことはない。むしろ二〇代には、その政治主義に反発し、それと違うところから、もっと生活の根本、意識の根底から世界を変えることを考えていた。当時の私は政治闘争や経済の問題には関心がなく、文化の革命に専ら関心があった。それはライヒの『性と文化の革命』やカール・ロジャースの人間関係論、身体や心のひらき方、エコロジー運動や共同体運動である。しかしこうした運動に行き詰まり、限界を感じた時に、私の前に見えてきたのがヘーゲルとマルクスの世界であった。そしてヘーゲル、マルクスの研究者である牧野紀之の下での修業が始まった。それが私の三〇代である。

しかし今思うのは、一九六〇年代七〇年代に学生だった若者たちにとって、マルクス主義に賛成であろうが反対であろうが、または全くの無関心であっても、大きな違いはない。すべてがマルクスが設定した枠の中にあったと思うようになった。事実としてそうであった。本書では、その枠組みそれ自体を相対化し、その全体をはっきりと確認し、それを吟味したいと考えた

それを強く意識し始めたとき私の筆は止まった。一〇代二〇代の私自身の姿がまざまざと浮かんできた。六〇年代七〇年代の世界の動乱が思い出された。学生紛争が生活の日常の中にあった。大学は封鎖され、教授連が壇上に並ばされ、吊し上げられる。中国の文化大革命の小型版が全国のどこでも無数に繰り返された。

左翼の内部で共産党系と新左翼の対立があり、内ゲバで頭をかち割られた知人がいた。その最果ての連合赤軍事件。

「アメリカ帝国主義」のベトナム戦争への反対運動があった。世界中に起こった学生たちの反乱や共同体運動。性の解放、女性の解放。左翼だけではなく右翼の動きもあり三島由紀夫の割腹自殺もあった。

私は自分の二〇代の挫折に区切りをつけ、次のステージに進むために牧野紀之の下でヘーゲル、マルクスを学習した。牧野は『先生を選べ』の原則を厳しく追求するように方向転換し、そこでの成果を下にして、「自然生活運動」を試みた。それはマルクスが打ち出した、私有財産の止揚、精神労働と肉体労働の止揚、「一つ財布の共同生活」の実施を目標としたが、それをヘーゲルの発展の立場からそのレベルで実行しようとするものだった。しかしそれは二年もたずにあっけなく崩壊し失敗に終わった。それは、一九九〇年四月から九二年の三月までであり、私の三〇代後半の二年間である。その総括は牧野にはできていないので、私がしなければならない。その課題の前で私はたじろいだ。

それらを強く意識し、それに向けて答えることを目標の一つとして本書を書き上げた。まだまだ不十分だが、今の自分の力は尽くした。

2

二〇二〇年に『ヘーゲル哲学の読み方』を刊行した。これから私が自分の考えを展開していくために、その全ての基礎として最初はどうしてもヘーゲル哲学について書かなければならない。そこに私の立場を示さなければならないと、思い定めていた。そしてその次はマルクスの唯物弁証法と唯物史観を書くと決めていた。

ヘーゲルとマルクスの二人の思想が私にとっての大前提であり、そこから自分の考えを少しずつ作ってきたからである。この二人についての私の立ち位置を示した後で、やっと各論を展開できる。

ヘーゲルの弁証法とは、一言で言えば、発展の立場であり、その方法と能力である。この発展とは何かという問いに答えを出すことが、ヘーゲルの目的だったし、私の目的でもある。そしてその発展の立場から、マルクスの唯物史観を考えると、そこによくわからないものが出て来るのだ。

一番大きいのはヘーゲル哲学が観念論だという批判だ。

さらに、マルクスの上部構造を下部構造が規定するという命題も、よくわからない。これはヘーゲルの前提と定立の関係から考えなければならないし、絶対的真理観から考えなければならないと考えた。

そうした大きな観点とは別に私が一番考えたのは、マルクスの唯物史観の定式5の叙述である。ここは革命成功の条件を発展の立場からとらえており、私には最も重要な箇所に思える。しかし、ここがわかりにくい。比喩ばかりで、きちんとした説明になっていないように思う。

私は、それをもっとわかりやすく表現する代案をアレコレと考えたのだが、その結果、発展についての理解が深まったと思う。それをまとめたのが本書Ⅱ章3節の（5）である。

それらはすべて前著『ヘーゲル哲学の読み方』の中に出しておいた(例えば第Ⅱ部第4章や第Ⅴ部第5章)。本書での主張の伏線のつもりであった。これは私自身の発展観をつくる上での礎になった。

3

付論「ヘーゲル哲学は本当に『観念論』だろうか」は一〇年ほど前に執筆し、中井ゼミのメルマガに発表した文章である。

これは私にとって思い出深いものである。ここで初めてマルクスに対する私の立ち位置が定まったと思うからだ。

私が牧野紀之のもとでヘーゲルとマルクスを学んでいた時に、一つの疑問が私の中にあった。それは、マルクスによるヘーゲル批判で、ヘーゲル哲学は「観念論」であり、「逆立ち」しているというものだった。これは牧野の学習会では大前提であり、疑う余地のないこととされていた。しかし私は最初から、何かもやもやするものがあり、いつも納得できなかった。腑に落ちないのだ。しかし、誰ひとりそれに疑問を出す人はいない。私も自分のもやもやを言語化できない。どこにどう納得できないのかすら、最初はわからなかった。しかし、その違和感は強く、その疑問はいつもついてまわった。だんだんとおかしさが明確になっていった。まず「逆立ち」しているといった物言いが、いかにもバカっぽい表現だと思った。真っ当な批判ではない。それならば、ヘーゲル哲学は「観念論」だ、という物言いも同じほどのバカっぽさがそこにあるのではないか。自分の答えが出たのが、五〇歳になるころだった。その考えをまとめたのが、この付論である。

それからもう一〇年になるが、この一〇年はここに潜在的にあったものを明確な形で示すための時間だった。

この付論が基礎となって、やっと本書の形にまでまとまった。そして、今回のこの本が今後の研究のための基礎となる。

4

本年二〇二一年には、斎藤幸平氏の『人新世の「資本論」』がベストセラーになり、話題となった。環境危機とマルクスを結び付けた本だ。マルクス本がベストセラーになるのはいつ以来になるだろうか。

この本に大きな反響があったのは、地球温暖化対策としてのCO_2排出量の規制の運動の国際的高まり、「持続可能な開発目標」やＳＤＧｓへの強烈な批判があったからだろう。それは「アヘン」であり、真の解決策へと向かうことの障害となる。そしてそれを超える、真の環境保護運動のあり方を、正面から問題にしたことが大きな反響の理由だろう。

こうした斎藤氏の主張には私も同感である。

ただし、ＳＤＧｓの立場やCO_2削減を強引に外的におし進める立場の本質が何かを、その生成とここまでの展開の中で、具体的に明らかにしたいと思う。その政治的、経済的立場、社会関係の中での立場が何か。その限界と、それを超える運動が生まれる必然性とその条件を示したいからだ。

この本の反響が大きかったもう一つのポイントは、マルクスがその最晩年に、経済成長至上主義を引っ込め、エコロジーと共同体の思想に大きく転換していたという主張である。

これも内容としては、そういう可能性はあると思う。しかしan sich（潜在的可能性）をただちにfür sich（顕在化した思想）とは言えないだろう。

もし、マルクスにそうした考えの転換、変更があったとしよう。そこでの私の関心は、そうした内容よりも、そうした場合の革命運動の指導者の責任の問題にまず向かう。

社会運動のリーダーの責任とは、思想における重要な変化や変更があった場合には、それを公表することではないか。なぜ公表できなかったのか。自分の研究ノートや手紙は、公的なものではない。『共産党宣言』のロシア語版の前書きにちょこっと書くのでは到底その責任はとれない。以前の考えに現在の考えを対置し、その違いの意味を説明するのが、革命運動の指導者の最低限の義務であり、思想者に必要な誠実さではないだろうか。こうしたことがマルクスとエンゲルスには弱すぎる。

斎藤氏に、こうしたマルクスへの批判がないことが気になる。なぜなら、これは民主主義の問題の核心に関わるからだ。共同体を無条件に良しとするわけにはいかない。その中での個人のあり方が問われるからだ。近代以前の共同体には個人が存在しなかった。個人の出現は近代の資本主義社会と結びつく。しかし、個人がいると悪の問題が起こり、社会内部の対立・闘争が必然的に起こってくる。これに組織は、共同体はどう対応できるか。これが民主主義の問題だが、そこでは情報の公開と共有が不可欠だろう。

また唯物史観や唯物弁証法について、私有財産、分業、国家について、能力の格差の問題について斎藤氏はどう考えているのだろうか。

5

本書が可能になったのは、中井ゼミでともに学んでいる仲間のおかげだ。その一人であり、私塾・鶏鳴学園の同僚の松永奏吾は、原稿の校正や内容の検討に協力してくれた。

本書も前著と同じく社会評論社の松田健二社長に出版を引き受けていただいた。本書も校正段階で直しが多く、編集の本間一弥さんには尽力していただいた。深謝。

もちろん、すべては牧野紀之とヘーゲルとマルクスのおかげだ。こうした先達を持っていることのありがたさ。私の中に可能性があるならば、それを最大限に発揮して生きたいが、そのためには、それを引き出してくれる媒介がどうしても必要だ。それが彼らだ。そしてそれをどこまで生かせるか、それは私しだいだ。

二〇二一年一一月二日

現実の諸問題を哲学する場として中井ゼミを用意しています。大学生や社会人が学んでいて、現在は老若男女一〇人ほどが研鑽にいそしんでいます。

中井ゼミのスケジュールや成果に関心のある方は、以下からメルマガを購読してください。

【連絡先】
〒113‐0034
東京都文京区湯島1‐3‐6　Uビル7F　鶏鳴学園　中井ゼミ事務局
TEL　03‐3818‐7405
FAX　03‐3818‐7958

＊メルマガ購読
https://www.mag2.com/m/0000150863.html?l=rlw0466c56

〔著者紹介〕

中井浩一（なかい・こういち）

1954年東京生まれ。

京都大学卒業後、現在国語専門塾鶏鳴学園塾長。

国語教育、作文教育の研究を独自に続ける傍ら、90年代から進められている教育改革についての批評活動をした。

教育改革については、『高校卒海外一直線』（2002年 中公新書ラクレ）、『徹底検証・大学法人化』（2004年 中公新書ラクレ）、『大学入試の戦後史』（2007年 中公新書ラクレ）、『被災大学は何をしてきたか』（2014年 中公新書ラクレ）。編著に『論争・学力崩壊』（2001年 中公新書ラクレ）、共著に『研究不正と国立大学法人化の影』（2012年 社会評論社）などがある。

国語教育では、『脱マニュアル小論文』（2006年 大修館書店）、『「聞き書き」の力－表現指導の理論と実践』（2016年 大修館書店）、『日本語論理トレーニング』（2009年 講談社現代新書）がある。

こうした活動の根底にあるのがヘーゲル哲学の研究である。30歳代の10年間を牧野紀之氏のもとでヘーゲル哲学研究に没頭し、その発展の立場を獲得することをテーマとしてその後も研鑽してきた。

その成果として、『ヘーゲル哲学の読み方』（2020年 社会評論社）がある。

現代に生きるマルクス
思想の限界と超克をヘーゲルの発展から考える

2022年1月25日　初版第1刷発行

著者　：中井浩一
装幀　：中野多恵子
発行人：松田健二
発行所：株式会社 社会評論社
東京都文京区本郷2-3-10
電話：03-3814-3861　Fax：03-3818-2808
http://www.shahyo.com
組版　：Luna エディット .LLC
印刷・製本：倉敷印刷 株式会社